PAULO VINICIUS COELHO (PVC)

REI

O LIVRO SOBRE
O HOMEM
INCOMPARÁVEL
A QUEM TENTAM
SE COMPARAR
HÁ 70 ANOS

Planeta

Preparação: Elisa Martins
Revisão: Patrizia Zagni
Projeto gráfico e diagramação: Negrito Produção Editorial
Capa: Fabio Oliveira
Ilustração de capa: Ilustrablack / OIO, agência de ilustração

Dados Internacionais de Catalogação na Publicação (CIP)
Angélica Ilacqua CRB-8/7057

Coelho, Paulo Vinicius
Rei / Paulo Vinicius Coelho. – São Paulo : Planeta do Brasil, 2025.
272 p.

ISBN 978-85-422-3916-4

1. Jogadores de futebol – Brasil – Biografia 2. Nascimento, Edson Arantes do, 1940-2022 – Biografia I. Título

25-4514 CDD 927.96334

Índice para catálogo sistemático:
1. Jogadores de futebol – Brasil – Biografia

MISTO
Papel | Apoiando o manejo florestal responsável
FSC® C112738

Ao escolher este livro, você está apoiando o manejo responsável das florestas do mundo

2025
Todos os direitos desta edição reservados à
EDITORA PLANETA DO BRASIL LTDA.
Rua Bela Cintra, 986, 4º andar – Consolação
São Paulo-SP – CEP 01415-002
www.planetadelivros.com.br
faleconosco@editoraplaneta.com.br

SUMÁRIO

Introdução

O DIA EM QUE CONHECI O REI

No mundo depois de 1958, as pessoas já nascem conhecendo Pelé.

Quando você ouviu pela primeira vez o nome dele?

Na minha família, de origem portuguesa, meu avô chegou ao Brasil em 1955 e meu pai começou a torcer por Pelé.

De modo que em meu nascimento, o nome já era conhecido, repetido dentro de casa em todos os dias dos primeiros anos de minha vida.

Seu Luiz, meu pai, conta ter me levado no colo à festa da vitória sobre o Uruguai, depois da semifinal da Copa do Mundo de 1970. Ganhar da Celeste, vinte anos depois do Maracanazo, já representava o título, porque a Itália não significaria nenhum perigo.

Lá se foi o garoto de colo, dez meses de vida, para festejar o Rei.

Encontrei Pelé três vezes na vida.

Na primeira, o Rei foi à Vila Belmiro ajudar a procurar a taça do Mundial de Clubes do Santos de 1962 e 1963, que havia desaparecido dentro do estádio. O clube guardava suas relíquias preciosas numa sala fechada, sem luz nem glamour.

Não se sabe por que Pelé decidiu aceitar o pedido do editor da *Placar*, Celso Unzelte, e foi com o jovem repórter – eu – até a Vila Belmiro procurar no meio das quinquilharias.

Marcamos às 17 horas. Pelé chegou na hora marcada, rigorosamente em ponto.

Desceu de sua Mercedes-Benz e disse algo a seu motorista, como talvez o tempo que pretendia demorar no estádio. Cumprimentou a equipe da revista *Placar*, o repórter-fotográfico Nelson

Coelho e eu. Caminhamos até o hall dos elevadores da Vila. Na verdade, um elevador, num espaço mínimo.

A porta desgastada pelo tempo se abriu, Pelé entrou junto com a equipe da revista e um pai, na faixa dos 40 anos, saiu do ascensor olhando fixo para o Rei.

A porta já se ia fechando, quando o senhor, segurando a mão da filha – de não mais do que 5 anos –, disse:

"Pelé, Pelé... Ela quer muito o seu autógrafo".

O Rei segurou a porta com a mão direita, saiu do elevador, cumprimentou o pai, perguntou seu nome, abaixou-se, deu um beijo na garotinha, perguntou também o nome dela, autografou sua camiseta, levantou-se, apertou a mão do pai outra vez e só depois de cinco, dez minutos talvez, voltou para dentro do elevador.

Passamos uma hora dentro de um cubículo, a sala de troféus mal guardados da Vila Belmiro. Nada de encontrar a taça perdida.

O Santos, anos depois, pediu emprestado ao São Paulo o troféu conquistado no Japão, fez a réplica e a expõe até hoje no Memorial das Conquistas.

Saí daquele episódio impressionado com a tranquilidade, simplicidade e humildade do Rei.

Pela vida, só mais dois encontros.

Em 1998, Pelé treinava os jovens garotos do recém-inaugurado Centro de Treinamento que leva seu nome, pertence ao Santos e fica na entrada da cidade.

Havia muitos jornalistas lá dentro.

Fiz duas, três perguntas, não mais do que isso.

O terceiro encontro aconteceu na redação do diário *Lance!*, no Rio de Janeiro, em 2007. O Rei tinha sido contratado para a campanha de aniversário dos 10 anos do jornal. Passamos quase todo o dia juntos, a partir de um almoço na sede do diário, no centro da capital fluminense.

Pelé se interessava não apenas pela história do jornal, mas também pela maneira como os jornalistas trabalhavam. Fez perguntas sobre a rotina de trabalho, falou sobre sua vida e carreira e também sobre a rotina de cada um dos que estavam no almoço.

Tinha curiosidade pela profissão, mesmo já tendo passado por três Copas do Mundo como comentarista.

No final daquela noite, estava no Maracanã, com toda a equipe do *Lance!* e também com o governador do Rio de Janeiro, Sérgio Cabral, mais tarde preso por corrupção. Atendeu a todos com especial delicadeza.

Exibia a simplicidade real.

Não foi a primeira vez.

Em 1990, aceitou o convite da *Placar* para posar para a capa da edição de 20 anos da revista. Compareceu ao estúdio da editora Abril, na rua Professor José Leite e Oiticica, no Brooklin, zona sul de São Paulo.

Gastou ali algumas horas na sessão de fotos.

Ao final do trabalho, em vez de sair apressado, como faziam os craques daquele final de década de 1980, pegou a bola com a qual havia posado e pediu a cada pessoa presente no estúdio que a autografasse.

Depois, solicitou que pudesse levar a bola para sua sala de troféus.

Anos depois, o repórter fotográfico Nelson Coelho foi à residência real, na cidade de Guarujá, litoral norte de São Paulo. Entrou em sua sala de troféus e, diferentemente da taça do Mundial, esquecida pelo Santos, lá estava a bola com todos os autógrafos.

Pelé guardava todos os seus momentos como especiais.

Cada gol, cada tabelinha, cada companheiro de clube, cada companheira da vida.

Para ele, todo momento era absolutamente especial.

É provável que por isso tenha produzido tantos instantes inesquecíveis na história do futebol e da vida de quem conviveu com ele.

Este livro é uma oportunidade de contar seus acertos e também seus erros.

Quando ele completou 80 anos, uma amiga questionou por que tantas homenagens a um homem que demorou tanto a reconhecer a filha fora do casamento, Sandra Regina.

"Uma pessoa ruim."

Contestei. "Como ruim? Ele pode ter cometido um erro grande na vida, mas como a gente pode dizer ser ruim uma pessoa com a qual convivemos tão pouco?"

E contei a história do dia em que o Rei parou o elevador, para cumprimentar o pai de uma menina que, sem saber, já queria tanto seu autógrafo.

Esta pequena homenagem ao Rei é para contar um homem em sua expressão mais singela, seus acertos, seus erros, dos gols que marcou à relação com os filhos, das tabelinhas que realizou às mulheres que traiu.

Em que dia ela ouviu falar pela primeira vez sobre Pelé?

Como todos nós, possivelmente antes mesmo de nascer.

ILUMINADO

A luz.

A cidade de Três Corações nasceu da presença do português Tomé Martins da Costa à margem direita do Rio Verde. Encantava-se pelo ouro abundante existente na região. Ao se assentar, pediu licença para erguer uma capela consagrada aos três corações de Jesus, Maria e José.

Alojar-se à margem da cidade tinha o claro objetivo de explorar as riquezas das Minas Gerais. A cidade próxima a São João del Rey convivia com a descoberta de minérios, especialmente ouro.

Levou um tempo entre a chegada de Tomé Martins da Costa à região e a fundação da cidade que levaria o nome de Três Corações, em homenagem à Sagrada Família.

O fator mais importante para o nascimento da cidade foi a chegada de Dom Pedro II. Amigo do Imperador, Mariano Procópio cresceu em Barbacena e ajudou a levar a estrada de ferro do Rio de Janeiro até Juiz de Fora.

Morto em 1872, Procópio convenceu o Imperador a manter o desenvolvimento para a região. Em 1884, doze anos depois da morte de seu grande amigo, o próprio Dom Pedro II visitou a região de São João Del Rey, com a missão de expandir a estrada de ferro Minas & Rio. O desenvolvimento era precário. Três Corações ainda era uma vila. Até que a visita de Dom Pedro II demonstrou a intenção de ligar a Vila até a região de Cruzeiro, no Vale do Paraíba, em São Paulo.

A ideia fez com que o Império valesse a elevação da vila à condição de município. Era estratégico para o Imperador que o comércio tivesse seu caminho do interior de Minas Gerais até o estado de São Paulo.

Na mesma década em que Mariano Procópio levava a Dom Pedro II o interesse de expansão pelo interior de Minas Gerais, o desejo do transporte pelas principais cidades do sul mineiro e nordeste paulista, a ciência nos Estados Unidos fazia avanços muito importantes.

Nascido em Nova Jersey, Thomas Edison mudou-se para Nova York faminto e sem dinheiro. Queria se estabelecer como inventor independente, mas precisava encontrar maneiras de ganhar as condições mínimas para sobreviver.

Em 1871, três anos antes da elevação de Três Corações à categoria de município, Thomas Edison criou uma máquina automática para medir as cotações da Bolsa de Valores. Vendeu-a por US$ 40 mil e melhorou sua situação financeira. Casou-se. Seguiu sua trajetória de inventor. Sonhava transformar a energia elétrica na capacidade de iluminar ambientes. Seu desejo: criar a lâmpada.

Isso surgiu em 1879. Numa trajetória de invenções seguidas, depois de criar seu próprio centro de pesquisas, alcançou a glória pessoal – e mundial – de fazer brilhar por dois dias seguidos a lâmpada elétrica incandescente.

O sucesso de Thomas Edison nada tem a ver com a cidade de Três Corações do Rio Verde, que passou a se chamar apenas Três Corações por um decreto municipal de 1923.

Ocorre que um de seus moradores admirava profundamente o inventor da lâmpada elétrica incandescente.

João Ramos do Nascimento nasceu em Campos Gerais, a 38 quilômetros de Três Corações, em 2 de outubro de 1917.

João recebeu o apelido de "Dondinho" e passou a ser jogador importante no sul de Minas Gerais. Jogava em Campos Gerais quando recebeu a notícia de que deveria seguir para Três Corações para prestar o Serviço Militar. Não seria uma vida fácil, mas mudou-se para o município vizinho e passou a exercer seu dever, ao mesmo tempo que atuava como centroavante no Atlético, em Três Corações.

Admirava-se seu futebol. Foi também lá que conheceu Celeste. Moça nova, foi apresentada e encantou-se com o jovem jogador de 22 anos, quando chegou em 1939.

Quase paralelamente, chegava a Três Corações a maior novidade do interior do país daquela década: a lâmpada elétrica.

Inicialmente, a Igreja Matriz recebeu a iluminação em 1935. A pesquisa foi feita pelo historiador de Pelé, nascido em Três Corações, Fernando Ortiz, o Nando. Cinco anos antes do nascimento do Rei, Três Corações iluminou-se.

Foi só três anos depois que João Ramos do Nascimento, o Dondinho, conheceu Celeste Arantes.

Apaixonaram-se.

Dondinho seguiu servindo o Serviço Militar na cidade que ficava a 38 quilômetros de seu município natal e também começou a jogar futebol pelo Atlético de Três Corações. Tentava a sorte nas duas frentes. Se, por um lado, precisava encontrar outros trabalhos, se tentava conhecer e compreender times de futebol ali por perto, também decidiu aceitar o convite do Atlético Mineiro para tentar a sorte em Belo Horizonte.

Em 1939, seguiu para a capital mineira, sem muita esperança de jogar, mas com a certeza de que sua capacidade de fazer gols poderia ser muito útil ao maior campeão mineiro daquele tempo.

Discreto, disputou duas partidas pelo Atlético Mineiro, na capital. A derradeira, um amistoso contra o São Cristóvão, do Rio de Janeiro, no dia 7 de abril de 1940.

Àquela altura, já tinha se casado com Celeste Arantes, que estava grávida de três meses.

Dondinho entrou em campo no estádio de Lourdes, na região central de Belo Horizonte. Era titular do Atlético Mineiro, poderia ser sua chance de se juntar aos melhores, de ser uma lenda do futebol mineiro, como mais tarde foram Mexicano, Zé do Monte, Kafunga e Murilo, lendas do Galo nas décadas de 1940 e 1950.

Dondinho era centroavante. Não tinha premiação nem bom salário no Atlético de Três Corações. Mas em Belo Horizonte haveria bons prêmios por vitória e por gol marcado. No primeiro jogo, tentou um cabeceio e a bola passou raspando. No segundo, recebeu uma entrada desleal.

Em vez de brilhar como Kafunga e Murilo, o destino reservava outra coisa. Dondinho não fez gol de cabeça, sua característica, não chutou de esquerda, sua exigência, não finalizou de pé direito, sua especialidade. Machucou-se. Uma lesão no joelho.

Naquele dia 7 de abril de 1940, exatamente seis meses e meio antes de ser pai, Dondinho entrou em campo pelo Atlético Mineiro com Kafunga, Cafifa, Quirino, Evandro Becker, Bala, Jaime, Selado, Nicola, Manja e Resende. O técnico era Said Paulo Arges.

O São Cristóvão atuou com Magdalena, Oscarino, Hernández, Augusto, Picabea, Dodô, Joãozinho (Joaquim), Nestor (Nena), Vicente, Quinha e Mathias.

Selado e Mathias marcaram os gols do empate por 1 x 1.

Dondinho deixou Belo Horizonte e voltou para Três Corações. Já sabia que Celeste estava grávida havia três meses. Estava feliz. Decidiu dar ao filho o nome mais bonito: Edison.

A homenagem era a Thomas Edison – quem fez nascer a lâmpada incandescente e fez acontecer a luz na casa das pessoas. Dondinho estava encantado e resolveu homenageá-lo.

Como se chamará o bebê? "Edison."

Dondinho decidiu em conjunto com Celeste homenagear o inventor da lâmpada elétrica. A luz chegou a Três Corações em 1935, com a iluminação da Igreja Matriz. Não é precisa a data de chegada da iluminação pública, mas consta ter acontecido entre 1939 e os primeiros meses de 1940. Dondinho queria a luz, a que Celeste deu.

No dia 23 de outubro de 1940, aproximadamente um ano após a chegada da luz às ruas de Três Corações, Dondinho batizou seu primeiro filho: Edison Arantes do Nascimento.

Assim, com "i", que Pelé mais tarde pediria para retirar de seu documento.

Pelé nasceu assim, iluminado.

A avó paterna, Ambrosina, foi chamada pela mãe, Celeste, para ajudar a fazer o parto. Assim se fez. O menino, definido pela família como torto e magricela, recebeu a primeira definição de seu tio, Jorge: "Ele é bem preto".

Mais definitiva foi a maneira como a benzedeira convidada por Celeste para abençoar o filho logo depois do nascimento viu o recém-nascido. Olhou o menino e disse, sem medo de errar: "Esse menino vai ser rei".

A VIDA FOI SEU PRIMEIRO ZAGUEIRO

Pelé sabe que, logo depois da benzedeira, a segunda frase impactante ouvida em sua casa, após o nascimento, foi dita por seu pai, Dondinho. Tocou nas pernas do bebê, negras e magricelas, e afirmou: "Vai ser um grande jogador de futebol".

Celeste desprezava a ideia. Qualquer coisa, menos jogador. A vida era muito difícil dependendo da bola.

Dondinho foi centroavante. Mudou-se para Três Corações para cumprir o serviço militar, conheceu e se apaixonou por Celeste, passou a viver na cidade a 38 quilômetros de seu município natal e a jogar no Atlético, da cidade.

Era centroavante, alto, forte, 1,82 m. Mas o futebol não foi generoso com Dondinho na mesma medida de seu talento.

Há uma contradição histórica sobre sua maior oportunidade e seu grande problema na carreira.

Pelé costuma contar que a lesão no joelho que impediu seu prosseguimento no Atlético Mineiro foi em 1942. O historiador do Galo, Emmerson Maurílio, confirma a data do jogo amistoso que disputou contra o São Cristóvão: 7 de abril de 1940.

Pelé conta que, no final da década de 1960, quando o milésimo gol se aproximava, procurou-se pela certificação da informação de que Dondinho fez cinco gols em uma só partida. E que se encontrou o dado. Aconteceu pelo Yuracan, de Itajubá. Mas o centroavante forte, alto, poderia ter se tornado um profissional de mais alto nível.

Kafunga, Mexicano, Murilo, Zé do Monte... O Atlético Mineiro teve jogadores entre as décadas de 1940 e 1950 que ficaram na história.

Dondinho lesionou o joelho.

Seis meses antes do nascimento de seu primeiro filho.

Mais do que a frustração, a perda da chance num grande clube reforçou a pobreza. Pelé nasceu numa casa de quatro cômodos, feita à base de tijolos de segunda mão, que até hoje diz parecer sempre que vai cair. O primeiro zagueiro da vida de Edison foi a pobreza.

Celeste foi mãe aos 16 anos. Dondinho tinha 23.

Em 22 de julho de 1942, nasceu o irmão mais novo: Jair. A história do futebol contou quem era Zoca, jogador profissional do Santos, que disputou mais partidas nos aspirantes.

A vida ficou ainda um pouco mais difícil.

Não há relatos de ter faltado comida, mas a família se esforçava muito para que não faltasse o fundamental em casa. Não havia mais o sonho de ser jogador de futebol de alto nível.

Dondinho trabalhava na cidade de Três Corações e seguiu jogando em nível mais baixo até os 37 anos, pelo Luzitana, de Bauru, na região noroeste do estado de São Paulo. O clube foi fundado por Armando Garcia, proprietário da Casa Lusitana, um armazém que vendia de caixas de fósforos até tecidos e porcelanas.

Bauru era longe, mas a proposta significava um drible no maior zagueiro daquela época para a vida de Dondinho, Celeste, Pelé e Zoca.

A família chegou a Bauru no dia 15 de setembro de 1944, com a certeza de que Dondinho poderia prosseguir a carreira de jogador, mesmo com dores no joelho, e compartilhar a vida de atleta com a de funcionário da prefeitura da cidade paulista.

Esse era o ponto central para a mudança, aprovada pela mãe: um emprego. A vida era muito difícil, com o dinheiro incerto de um centroavante sem joelho e sem dinheiro certo no final do mês.

Ser funcionário da prefeitura mudaria a vida da família, razão pela qual Celeste aprovou imediatamente a transformação.

Mesmo morando a 484 quilômetros de Três Corações.

O menino Edison chegou a Bauru aos 3 anos de idade.

Tornou-se um menino muito mais paulista do que mineiro.

Só que semanas depois da chegada, o Luzitana se transformou em Bauru Atlético Clube. A proposta para o centroavante Dondinho seguia de pé, mas a certeza de que poderia compartilhar a atividade esportiva com um emprego público desapareceu.

Sob nova direção, o Bauru Atlético Clube desfez qualquer tipo de acordo com o governo municipal e a família passou a depender exclusivamente do dinheiro mirrado como jogador de futebol.

Resultado que Pelé, na infância, trabalhou como entregador do magazine. Todo dinheiro era importante.

Dois anos depois da chegada a Bauru, Dondinho brilhou na conquista do Campeonato Paulista do Interior. Não havia ainda acesso nem descenso no futebol de São Paulo, mas a final contra o Cruzeiro, do Vale do Paraíba, indica que, se houvesse, como passou a acontecer três anos depois, o Bauru subiria para a elite, para enfrentar os gigantes Corinthians, Santos, São Paulo, Palmeiras e Portuguesa.

Dondinho foi o artilheiro do interior, ou seja, um dinheiro apareceu, porque a instituição do bicho sempre existiu. Prêmios para quem faz gols e ganha campeonatos.

Por um período, a pobreza deu uma trégua. Mais um drible de Dondinho nas dificuldades. A conquista do Bauru Atlético Clube era uma resposta ao Noroeste, rival da cidade, que três anos antes venceu o Guarani na finalíssima do mesmo torneio do interior, jogando no Pacaembu. Ganhou a primeira partida por 1 x 0, gol de Fontes, e empatou a segunda por 0 x 0.

Premiação melhor ainda para os heróis do título do Bauru.

Mais ainda porque se festejava o cinquentenário da cidade naquele ano de 1946. Os heróis foram Zinho, Borracha, Gino Bacci,

Biguá, Pedrinho, Dinho, Ditinho, Serrano, Dondinho, Vicente e Demais.

Bauru foi fundada cinquenta anos antes, com a viagem de Azarias Ferreiras Leite, mineiro de Lavras, sul de Minas Gerais. O então presidente de São Paulo, Campos Salles, transformou a vila de Espírito Santo de Fortaleza em Bauru.

O primeiro documento com esse nome surgiu em 1856, depois da longa viagem de Felicíssimo Antônio de Souza Pereira, desde Lavras até um território perto de Botucatu. Ali registrou a posse, descrevendo o local: Bauru.

Uma cidade típica do interior do Brasil: a Igreja Matriz como ponto de referência da cidade e os meninos circulando a praça como pretendentes das garotas.

O orgulho da cidade, campeã do interior, em seu aniversário de 50 anos, ajudou com prêmios e prestígio para Dondinho. O menino Edison não era mais exatamente o fruto de uma família sem condição social.

Mas seguia com dificuldades financeiras.

A vida começou a se transformar sempre pelo futebol. "Toda a minha infância foi marcada pela bola", dizia Pelé.

Como Dondinho tinha prestígio, conhecimento, amigos e amor pela família, Pelé começou a jogar pelo Bauru Atlético Clube.

Ou melhor, pelo Baquinho.

Eram os meninos que iniciavam a adolescência e entravam nos times dos jovens do Bauru.

Ao mesmo tempo, quando Pelé se aproximava dos 13 anos, um antigo craque do Brasil mudou-se para Bauru.

Waldemar de Brito começou a carreira no Sírio, em São Paulo, passou por clubes gigantes, foi campeão carioca pelo Botafogo, em 1934, jogou no início da história do São Paulo Futebol Clube e disputou a Copa do Mundo de 1934.

Irmão de Petronilho, brasileiro que virou ídolo pelo San Lorenzo, em Buenos Aires, conhecido por ser o inventor da bicicleta.

Jogada em que Pelé seria um primor, décadas mais tarde.

Muito mais do que Petronilho, Waldemar de Brito foi importante. Pelé tinha 14 anos, jogava pelo Baquinho, quando o craque brasileiro da Copa do Mundo de 1934 chegou a Bauru, para dirigir o time profissional do Bauru Atlético Clube. Dondinho estava encerrando a carreira.

O dinheiro podia estar perto de acabar.

Mas uma nova vida estava prestes a começar.

MENINO MAGRICELA

Edison tinha 10 anos quando o projeto do Bauru Atlético Clube mudou.

Ou melhor, Edson, porque a família nunca assumiu a letra "i", escrita na certidão de nascimento. Ou "Dico", o primeiro apelido da infância, dado pelo tio Jorge, irmão de sua mãe, que colocou um singelo sufixo ao nome Edson. Ficou Edico e, logo depois, apenas Dico.

O próprio Jorge dá sua versão para o sobrenome da mãe, Arantes. O tio dizia que alguns agregados às grandes fazendas no interior de Minas Gerais, logo depois da Abolição da Escravatura, chegavam sem identificação familiar e recebiam autorização para usarem o sobrenome do fazendeiro.

Daí a família de Celeste – e de seu irmão Jorge – receber a alcunha Arantes.

Fato que o Luzitana havia mudado e se tornado Bauru Atlético Clube, que tinha como patrono o empresário João Gomes, comerciante na cidade de Bauru, a 345 quilômetros da capital, São Paulo.

O empresário bauruense era amante do futebol e tinha como ídolo o velho meia-direita da seleção brasileira da Copa do Mundo de 1934. Quase vinte anos depois, conhecidos em comum criaram a oportunidade de que convidasse Waldemar de Brito para dirigir seu time, o Bauru Atlético Clube.

Mesmo distante da Primeira Divisão, mesmo que o Campeonato do Interior de 1946 não tenha levado ao acesso – o que o Noroeste conseguiria em 1953.

Entre o torneio interiorano e o acesso do Noroeste, o nome da cidade ficou famoso na América do Sul, quando o Atlanta, de Buenos Aires, sofreu uma goleada por 8 x 2 em território bauruense, na mesma semana em que venceu o São Paulo, no Pacaembu, por 1 x 0.

Em setembro de 1953, o jornal *Diário de Bauru* publicou anúncio convidando as crianças da cidade para uma peneira, um teste feito com jogadores de 8 a 16 anos. Pelé estava com 12, perto de completar seu 13º aniversário, e nem precisava ler o anúncio, porque seu pai estava até a alma envolvido com o BAC.

Nesse caso, com o projeto do Baquinho.

Menos de um mês depois do anúncio, o Baquinho estreou contra o Gérson França F.C. com empate por 3 x 3. No segundo jogo, os meninos mostraram o que podiam fazer e golearam por 21 x 0 o São Paulo F.C., que ainda não era o Tricolor do Morumbi, porque o estádio só seria inaugurado em 1960.

A repórter Kátia Perin contou a história do Baquinho e com ela ganhou o prêmio Esso de Jornalismo, em 1990, descrevendo a goleada com o detalhe de que houve um gol a cada três minutos: 21 x 0! O menininho mirrado, magricela, definido assim pelos adversários, marcou inacreditáveis sete vezes. Lembra que Dondinho anotou cinco vezes numa partida pelo Yuracan, de Itajubá? Pois o filho Edson, o Dico, marcou mais ainda: sete!

No campeonato da Liga Bauruense de 1954, o Baquinho jogou 33 vezes e marcou 148 gols, média de 4,5 por jogo. Faltando seis partidas para o final do torneio, o jovem time dos garotos peneirados em 1953 já era o campeão.

Um dos prêmios oferecidos por João Gomes foi levar os meninos para jogar no Pacaembu, na preliminar de Ferroviária x América de São José do Rio Preto. A partida contra o Flamengo, do bairro da Vila Mariana, zona sul paulistana, registrou a vitória de 12 x 1 para o Baquinho.

Quem cuidava dos garotos, assim como do time principal do BAC, era Waldemar de Brito. Consta que faltando poucos minutos para a equipe entrar em campo contra o Flamengo, da Vila Mariana, Waldemar deu pela falta de Dico.

Ao perguntar onde ele estava, foi informado de que o garoto de 13 anos tinha saído do vestiário para comprar amendoim. Ao sair para procurar seu craque, encontrou Dico tentando voltar para dentro do estádio, barrado por um segurança, que não acreditava que um garoto tão mirrado, com uma porção de amendoins nas mãos, poderia estar falando a verdade sobre voltar ao vestiário.

Se Dico não tinha ingresso, não poderia entrar no estádio.

O menino de 13 anos estava perto de chorar diante do segurança, quando o treinador puxou-o pela orelha, deu uma bronca e mandou que se preparasse para o jogo.

Só como revanche da tensão, Dico marcou seis dos doze gols que deram a vitória ao Baquinho.

Waldemar já estava encantado com Dico e preparava o terreno para levá-lo para um grande clube de São Paulo. O Baquinho teve duas fases bastante distintas. Uma entre 1953 e 1954, com os garotos da cidade. Outra a partir de 1956, quando Dico já não estava e a fama se espalhou por todo o interior. Vinham garotos de Marília, Jaú, Botucatu, cidades da região.

Os primeiros anos tinham Osmar como capitão, escolhido por Waldemar de Brito por ser o mais estudioso e responsável dos jovens. Grillo era carioca e dizia desde os primeiros anos de vida que seria jogador de futebol. Seu pai, mestre de obras, foi transferido para o interior de São Paulo e ele se interessou pelo Baquinho assim que ouviu falar do projeto.

Paçoca era o outro craque do time, um pouco mais velho do que Dico. Seu pai era dono de uma fábrica de doces, nos fundos de sua casa. Zoel era o goleiro, filho do goleiro Zinho, do time principal do BAC. Foi o arqueiro quem levou o filho e o entregou às mãos de Waldemar de Brito, porque queria que jogasse junto com o herdeiro do amigo Dondinho, com quem jogou no time adulto.

Aniel era jogador de meio de campo, cursou Medicina nos anos seguintes.

Esquerdinha era rival. Jogava no Noroestinho, também em Bauru. Certa vez, foi encarregado de marcar Dico. Foi bem, mas sofreu muito com a derrota de 4 x 1. Se você não pode vencê-lo, junte-se a ele. Esquerdinha foi jogar no Baquinho, junto com o menino que tentou marcar.

Maninho era o ponta-direita. Dizia-se que quando a bola caía no seu pé, o drible estava pronto e o gol quase feito. Preparava jogada para outros dois atacantes: Dalph e Miro.

Naquele tempo, Bauru era uma cidade pequena e extremamente religiosa. Em 1936, havia sido fundada a Liga Católica, com a capela da Santa Casa, onde as missas eram conduzidas pelo padre João Van del Hust. Além dos passeios dominicais à Igreja, o que movimentava a cidade era a Rádio Clube. O que ajudou no desenvolvimento foi a chegada à cidade da Companhia Antarctica Paulista, sem contar os trilhos do trem, da linha Noroeste.

O município tinha 65 mil habitantes no início da década de 1950 e todas as características das pequenas e médias cidades do interior do país naquele momento. Fossem os passeios e os encontros familiares na igreja, fossem as paqueras na praça em frente à Matriz.

A cidade era religiosa a ponto de Dico não poder disputar partidas nos domingos de manhã. A mãe, Celeste, fazia questão de que a família fosse toda reunida à capela.

O técnico dos meninos, Waldemar de Brito, conformava-se com a decisão familiar. Não se continha, no entanto, quando o menino ia aos campos de terra batida em Bauru.

"Ele tinha medo de que eu me machucasse", o Rei costuma lembrar.

Waldemar de Brito passou a vigiar Pelé em todas as escapadelas do adolescente. Mas só o que seduzia o garoto era a bola e os campinhos bauruenses.

DO SANDUÍCHE ÀS PRAIAS

A cidade adotiva do menino Edson tornou-se extremamente conhecida no país, especialmente no estado de São Paulo, pelo nome do sanduíche que pediu emprestado o nome do lugar: Bauru. O dono da receita era Casimiro Pinto Neto, estudante da Faculdade de Direito da Universidade de São Paulo, no Largo São Francisco, centro da capital paulista.

A história conta que, na década de 1930, o estudante, apelidado de "Bauru", estava atrasado para a aula e encostou num restaurante denominado Ponto Chic, no Largo do Paissandu, a 2,3 quilômetros da faculdade. No balcão, pediu ao chapeiro Carlos que retirasse o miolo do pão e incluísse queijo.

Com a iguaria pronta, Casimiro alertou Carlos que pretendia mais uma albumina, de que sentiu falta. Entrou assim o rosbife.

Carlos já ia fechando outra vez o sanduíche e Casimiro pediu mais vitamina: "Põe aí um tomate". E concluiu: "Este é o verdadeiro Bauru".

Nos anos 1950, São Paulo tinha 2,2 milhões de habitantes, mais de trinta vezes a população bauruense e dez vezes mais do que Santos. A cidade mais populosa do país ainda era o Distrito Federal, Rio de Janeiro, com 2,3 milhões.

Dico já tinha 15 anos quando seu destino parecia ser procurar um grande clube. Também já era chamado de Pelé. Ele se lembrava do goleiro do time de seu pai, em São Lourenço, chamado Bilé. Caía para fazer defesas imitando o amigo do pai e pronunciando equivocadamente seu nome: "Defende, Pilé!". Na rua, as crianças trocavam o "i" pelo "e". Bilé virou Pelé.

Waldemar de Brito viu o garoto fazer gols e mais gols durante dois anos de trabalho no Baquinho. A maior dificuldade para o menino ainda era conciliar os jogos com os estudos e a família ficou muito feliz ao perceber que, depois de dois anos de time infantil do BAC, ele tinha perdido um ano de escola. "Apenas" um ano, ou seja, terminou o quarto ano do ginásio aos 15 anos, em vez de concluir aos 14.

Este olhar era importante também para quem via no futebol o futuro do menino.

Waldemar de Brito passava a vida na capital, viveu em Bauru dirigindo o Baquinho, mas tinha contatos fortes nos grandes clubes. Fosse no São Paulo, onde jogou duas vezes, entre 1933 e 1934, outra vez uma década mais tarde, entre 1943 e 1944. Também no Palmeiras no ano seguinte. E tinha contatos em Santos, por ter concluído a carreira na Portuguesa Santista, em 1946.

Depois de três anos no Baquinho, Waldemar de Brito decidiu sair definitivamente de Bauru, pensando em trabalhar em clubes maiores. Os meninos ficaram tristes. "Foi como se tudo tivesse terminado", conta Pelé, no livro *Pelé: minha vida em imagens*. Ele afirma: "Talvez ele sentisse que já tinha nos levado o mais longe que podia, mas foi triste vê-lo partir".

Curioso que o garoto mal sabia quem era Waldemar de Brito, quando chegou ao interior de São Paulo. Era o pai, Dondinho, quem contava em casa, com entusiasmo, como seria uma honra ter um craque do passado no convívio diário, nas instalações do Bauru Atlético Clube e cuidando dos jovens talentos.

Famoso por ser quem era e também por ser o irmão de Petronilho de Brito, craque do San Lorenzo, campeão argentino de 1933, famoso por ter sido o inventor da bicicleta, a jogada que consagrou Leônidas da Silva e, depois, houve quem atribuísse a criação a Pelé.

Não, essa não foi obra do Rei.

Waldemar de Brito foi embora, mas sua cabeça ficou. Semanas depois, o craque da seleção brasileira na Copa do Mundo de 1934 reapareceu no interior paulista, para conversar com a família.

A conversa levava em conta todas as circunstâncias e dificuldades de adaptação de um garoto de 15 anos em uma cidade muito maior do que Bauru e longe da relação familiar. O centro do futebol brasileiro estava nos grandes clubes do Rio de Janeiro ou de São Paulo.

Especialmente no Rio, Waldemar poderia ter espaço para incluir Dico num período de treinamentos no Vasco ou no Flamengo. De infância, Dico era vascaíno.

Mas Waldemar apontou para Santos.

Não para a Portuguesa Santista, mas para um clube grande, recém-campeão paulista, que tinha quebrado um jejum de vinte anos sem o troféu. O Santos teve um time extraordinário em 1927, o primeiro ataque com cem gols no torneio estadual. Outra equipe muito forte, campeã em 1935. Voltaria a ser protagonista na luta por troféus a partir dos anos 1950 e, especialmente, depois da efetivação do treinador Luiz Alonso Perez, o Lula, famoso por contratar e desenvolver jovens jogadores.

Waldemar não pensava apenas nas relações pessoais, que poderiam representar mais atenção a seu tesouro, o menino-artilheiro. Pensava também em viver numa cidade pequena, que não desse o susto da mudança traumática para cidades acima de 2 milhões de habitantes.

Santos era uma cidade de ruas estreitas, espremidas entre os canais que as ligavam até as praias do Gonzaga, Boqueirão e José Menino.

Gonzaga, a mais movimentada região no início do século 21, quase não possuía prédios ao seu redor. Nenhum arranha-céu, apenas edifícios de três ou quatro andares, na parte final da praia. Na praça José Bonifácio, a Ninfa de Náiade servia para os passeios noturnos de jovens e adolescentes, com pouquíssimos veículos motorizados por perto.

Os torcedores que iam à Vila Belmiro seguiam a pé pelos canais até chegar ao estádio, a 2,6 quilômetros da praia. Dava para aproveitar o sol da cidade até o início da tarde, jogar bola na areia dura do Gonzaga, almoçar num restaurante à beira-mar e seguir caminhando até o Alçapão, como é descrito no hino extraoficial do Santos, o Leão do Mar: "Santos, sempre Santos, dentro ou fora do Alçapão".

Nos anos anteriores à efetivação de Lula como treinador, não era bem assim. O Santos era um time forte dentro de casa e frágil quando enfrentava os rivais da capital. Em 1953, último ano das vacas magras, o time disputou catorze partidas como visitante e venceu apenas três. Na temporada seguinte, a primeira de Lula, foram sete, o mesmo número da que veio depois, a do título paulista.

Após vinte anos, o Santos foi campeão paulista com um esquadrão montado por jogadores experientes, provenientes de clubes mais tradicionais, e outros descobertos lá dentro da Vila Belmiro.

O elenco campeão foi composto de jogadores revelados na base, como Del Vecchio, Pepe e Carlinhos; garotos como Zito, Vasconcelos, Ramiro, Álvaro e Pagão; outros experientes como o goleiro Manga, o zagueiro Ivã, os médios, Urubatão e Formiga, Alfredinho e o ponta Tite como atacantes.

No jogo do título, contra o Taubaté, na Vila Belmiro, o herói foi o ponta-esquerda Pepe. Foi dele o gol que encerrou a agonia de vinte anos sem troféus, com uma cobrança de falta violenta da intermediária, sua característica.

Já era o dia 15 de janeiro de 1956 quando a história santista começou a mudar. "Ao ganhar o Paulista, entendemos que a vida do time ia se transformar", relata Pepe. Havia só 8.500 torcedores na Vila Belmiro para assistir ao jogo da quebra da fila. Álvaro fez 1 x 0 aos 15 minutos do primeiro tempo, Bento empatou para o Taubaté aos 9 do segundo tempo e Pepe definiu a vitória aos 20.

Todos os personagens em campo marcaram a vida de Pelé, que desembarcaria no litoral paulista naquele mesmo ano de 1956. Até mesmo o treinador do Taubaté, Aymoré Moreira, que dirigiria Pelé na Copa do Mundo de 1962. Mas um deles viu a chegada do garoto com especial atenção: Pepe.

WALDEMAR TROUXE UM GÊNIO

José Macia, o Pepe.

O mundo sempre se referiu ao personagem dessa maneira. Até mesmo Josep Guardiola, seu xará, a quem Pepe dirigiu como técnico do Al-Ahli, do Catar, em 2004. "Ele me perguntava tudo sobre como era a vida no Santos, com Pelé", seu Macia costuma dizer.

Mas a vida era antes de Pelé. Ou é melhor definir como a.P e d.P.

Antes de Pelé…

Pepe vivia em São Vicente e treinava todos os dias na Vila Belmiro. Percorria de bonde os oito quilômetros entre o centro da cidade vizinha e os arredores do estádio Urbano Caldeira. Era assim a cidade litorânea no meio da década de 1950.

Naquele início de 1956, ele já podia passar pelo túnel do Monte Serrat, construído pelo prefeito Rubens Ferreira Martins, que passou a batizar o trajeto por baixo da montanha a partir de 1963, após sua morte. Antes, o caminho para a região da orla, onde está a Vila Belmiro, precisava ser feito por cima do morro.

A construção do túnel encurtou o caminho do bonde, que deixava Pepe todos os dias em frente à Santa Casa, construída em 1945. Dali até o estádio, que também servia como campo de treino, o trajeto era de apenas quinhentos metros, percorridos a pé com tranquilidade, exceto pelo sol forte e eventuais tempestades de verão.

Pepe define a cidade de Santos daquela época como bucólica. "Eu saía da mercearia do meu pai, em São Vicente. Pegava o ônibus e levava trinta minutos até mudar de município. Depois o bonde, que levava mais quinze minutos, até eu descer na altura da Beneficência."

A vida era treinar e depois voltar para a mercearia do pai, até o time começar a crescer. Os treinos passaram a levar mais tempo, a vida em torno da Vila Belmiro, a ganhar outros ingredientes. A padaria, do outro lado da rua, a barbearia, do Didi, a paisagem que até o século 21 mantém traços da arquitetura, com edifícios baixos e pouca gente caminhando pela avenida Princesa Isabel.

Quando Waldemar de Brito visitava a cidade, fosse as instalações da Portuguesa Santista, onde encerrou a carreira, fosse visitar os amigos do Santos, costumava encostar no Bar do Espanhol, do outro lado da rua, em relação à barbearia do Didi.

Pepe estava ali, no domingo, 22 de julho de 1956. À tarde, enfrentaria o São Bento, de São Caetano do Sul, pela quinta rodada do Campeonato Paulista em que os santistas tentavam o bi. Aproveitou para ir à barbearia, horas antes do jogo.

Dondinho e Dico saíram de madrugada de Bauru, num trem da Companhia Paulista, com destino à estação da Luz, na região central de São Paulo. Tinham encontro marcado com Waldemar de Brito. O menino ficou assustado com os arranha-céus paulistanos, mas aconchegado pelo pai e pelo técnico que o descobriu. Almoçaram cedo, num restaurante na própria estação, e seguiram em um ônibus da viação Expresso Brasileiro com direção à Baixada Santista.

Dico encantou-se com a estrada. A pista norte, de subida da serra, da Via Anchieta, tinha sido inaugurada em 1947, a pista sul, de São Paulo para Santos, apenas em 1953. Eram três túneis para subir em direção à capital, apenas dois para descer, o que significava a observação atenta do abismo, que pode dar medo, e, ao mesmo tempo, a beleza de ver o mar ao longe, com a vista lá de cima da serra.

Roberto Carlos só gravou "As Curvas da Estrada de Santos" em 1969. "Se você pretende saber quem eu sou, eu posso lhe dizer. Entre no meu carro, na estrada de Santos, e você vai me conhecer."

Pelé começou a entender o que seria dele próprio naquelas curvas, olhando de cima o mar calmo da cidade que Waldemar de Brito havia escolhido para que ele vivesse.

Dondinho, Waldemar e Dico chegaram aos arredores da Vila Belmiro, para assistir à partida contra o São Bento, de São Caetano do Sul, por volta das 13 horas. Pepe conta que ainda estava na barbearia quando escutou que Waldemar de Brito estava nas redondezas, no Bar do Espanhol. Saiu do salão do Didi e encontrou com o descobridor de talentos. "Eu não tinha muito contato com o Waldemar, mas o conhecia. Ouvi que ele estava tomando um refrigerante e fui conversar com ele rapidamente", conta Pepe.

O herói do título de 1955 aproximou-se de Waldemar de Brito e ouviu uma frase, que diz jamais ter se esquecido: "Eu vim trazer um gênio". Afirmou e apontou para o garoto, vestido com um terno simples. Um dos responsáveis pela descoberta de talentos na Vila, Ernesto Marques, disse a Pepe: "Dizem que ele faz gols em todos os jogos".

Em minutos, Pepe se aproximou do garoto, para cumprimentá-lo, ser gentil, recebê-lo na cidade, no ambiente onde viveria. "Ele estava tenso. Me cumprimentou com o braço estendido e quase quebrou a mão", lembra-se Pepe.

Waldemar de Brito tinha ingressos para Dondinho e seu filho assistirem à partida Santos x São Bento. O primeiro tempo foi difícil e terminou em 1 x 1. O meia-direita Bota, do São Bento, abriu o marcador, aproveitando falha do goleiro Manga aos 12 minutos. Tite, usualmente pela esquerda, mas atuando pela direita, empatou a partida aos 35 minutos. Na segunda etapa, Vasconcelos marcou duas vezes e o Santos venceu por 3 x 1.

Foi a quinta vitória consecutiva dos santistas, o que levava à liderança incontestável do Campeonato Paulista. O Santos era o único participante com 100% de aproveitamento nas primeiras cinco partidas do campeonato.

Pelé conta que, no começo da partida, já se pegava torcendo pelo Santos. Havia 5.300 espectadores no estádio da Vila Belmiro.

Sob a tutela de Waldemar de Brito, desceu ao vestiário e foi apresentado aos outros jogadores e ao técnico Lula.

Se tudo desse certo, se seu período de testes funcionasse, ele poderia viver na pensão de dona Georgina, onde viviam os jogadores santistas vindos de lugares distantes. Ele mal sabia que a sorte já havia sido decidida.

Seu destino seria o time juvenil, mas o treinador principal já sabia de quem se tratava, da fama de fazer gols em todas as partidas, da ideia de fazê-lo transitar entre os juvenis e os profissionais, para ganhar experiência.

Lula recebeu o sinal de Waldemar de Brito e cumprimentou o menino: "Então, é você o Pelé?".

O DESCOBRIDOR

"Meu pai foi um dos maiores injustiçados da história do futebol brasileiro. Inventaram esta história de que ele só jogava as camisas para cima, mas não era verdade. Ele tinha olho clínico para descobrir grandes craques."

A frase de Marcos Alonso Perez refere-se a Luiz Alonso Perez, o Lula. O amigo de Waldemar de Brito, que recebeu Pelé em sua chegada à Vila Belmiro, começou a dirigir o Santos em 5 de junho de 1954.

Era o oitavo ano da gestão de Athiê Jorge Coury e o início da consolidação do Santos como time grande. Seis meses depois de assumir o comando técnico, Lula tinha absoluta convicção de que o time que comandava seria campeão paulista ou pelo menos lutaria até o final pelo troféu.

Não era ainda o time de Pelé.

Mas o clube havia contratado jogadores importantes, como Vasconcelos e Del Vecchio.

Perdeu Walter Marciano, negociado com o Vasco. Em teoria, era o melhor jogador da equipe na primeira temporada sob o comando de Lula, a de 1954. Mas a direção entendia a importância do negócio, o dinheiro envolvido na venda para um clube importante como o Vasco e a capacidade de substituição existente pelos jogadores jovens do elenco.

A negociação envolvia o pagamento de Cr$ 1 milhão e mais a cessão em definitivo de Alvinho, jogador do Vasco. Só que o jogador não quis deixar o Rio de Janeiro, mas assim mesmo se fez a negociação.

Para reforçar o ataque, Lula foi buscar o ponta-direita Alfredinho, do Linense.

No início da campanha, o importante jornalista da imprensa santista, De Vaney, indagou ao técnico do Santos se ele julgava mesmo possível seu time brigar pelo título estadual, que não alcançava havia vinte anos. "Acredito só, não. Eu tenho certeza", ele respondeu.

Havia problemas, no entanto, para reorganizar a equipe, depois da saída de Walter Marciano. Lula testou Ramiro, um cabeça de área, na função de meia-direita. Não deu certo. Alfredinho revezava-se com Carlinhos na ponta direita, mas muitas vezes o ponta-esquerda, Tite, ocupava o lado direito, com Pepe do lado oposto.

O time vinha mostrando mais força a cada rodada. Na segunda, contra a Ponte Preta, na Vila Belmiro, venceu por 6 x 3 e deu noção do que era seu ataque. Lula arrancou elogios pela visão tática das partidas. Em Taubaté, o Santos saiu atrás no marcador. O treinador puxou Tite e Álvaro para trás e avançou Zito, da cabeça de área para a meia direita.

Funcionou tanto que o jornalista Antonio Guzman, conhecido nos anos 1980 por seu programa na rádio Gazeta com posições conservadoras, elogiou a interferência do técnico: "Está de parabéns, Lula, pela modificação introduzida no modo de jogar de seus homens e as instruções que deu aos seus jogadores".

A virada veio com gols de Álvaro e Vasconcelos.

O time de Lula terminou a campanha do primeiro turno na liderança, com dez vitórias, dois empates e apenas uma derrota, encerrando série invicta de onze partidas, em Campinas, contra o Guarani.

O Santos não cedia jogadores para a seleção brasileira desde Cláudio Christóvam de Pinho, em 1942. Ao final da primeira metade do campeonato, Hélvio, Álvaro, Formiga, Tite e Vasconcelos foram convocados para o Troféu Bernardo O'Higgins, contra o Chile, em Santiago.

O delegado-geral da Portuguesa de Desportos, Francisco Barreiro, empolgou-se com a beleza do futebol do Santos, no clássico contra o Palmeiras. Declarou que mirava a repetição do título de 1935.

Curiosamente, a Portuguesa impôs a derrota mais dolorida daquela fase de consolidação do Santos como candidato a todos os títulos. Atribuída ao cansaço, mas não foi só isso. Como as contas não se pagavam, já que a bilheteria da Vila Belmiro era pequena, o clube partiu para três amistosos no Recife, que resultaram nos empates por 1 x 1 contra Náutico e Santa Cruz e por 2 x 2 contra o Sport.

No retorno, desgaste? O Santos venceu o XV de Piracicaba por 2 x 0, o Linense por 5 x 0 e a Ponte Preta por 4 x 2 antes de cair diante da Portuguesa por 8 x 0. Não era só pela viagem, mas pela qualidade do adversário, que muita atenção prestava ao crescimento santista e preparou-se para o confronto.

Foi o maior debacle santista na história do futebol profissional do Brasil. Seguiram-se um 5 x 0 sobre o Guarani, único time a vencê-lo no turno, e outra derrota, por 3 x 1 para o São Paulo, no Pacaembu, com Del Vecchio desperdiçando pênalti.

Depois de perder o clássico, faltavam cinco rodadas para ser campeão, mas o campeonato estava apertado. Foram cinco vitórias e duas derrotas, estas nas três últimas rodadas, para o São Bento, em São Caetano do Sul, e para o Corinthians, na Vila Belmiro. Mesmo assim, o time chegou à última rodada precisando apenas vencer o Taubaté, na Vila Belmiro, para ser campeão após vinte temporadas.

Álvaro fez 1 x 0 aos 15 minutos do primeiro tempo e Pepe marcou de falta, aos 20 da segunda etapa, onze minutos depois de Berto empatar para o Taubaté. O susto da possibilidade da perda do título modificou-se para a enorme festa da torcida do Santos, naquele tempo ainda restrita à Baixada Santista.

O título não parou o ímpeto da construção de um clube de primeira categoria. A busca por jogadores jovens no interior do país, como Pelé, e por reforços que dessem peso de experiência prosseguiu.

O noticiário informava em 1955 que o Santos tentava a contratação de Zizinho, vice-campeão mundial de 1950, por empréstimo do Bangu. Também Ademir de Menezes, em final de carreira no Vasco.

Mas o time seguia sua trajetória de jogadores jovens e com futuro promissor. Até porque metade do time titular foi convocada para disputar o Campeonato Sul-Americano: Zito, Del Vecchio, Álvaro Formiga, Vasconcelos e Tite.

Até o presidente, Athiê Jorge Coury, foi convidado a chefiar a delegação da seleção brasileira em jogos na Argentina.

No início de 1956, o jornal *O Estado de S. Paulo* publicou matéria sobre o excesso de contratações de veteranos pelos três grandes clubes da cidade de São Paulo. O Santos era apontado como exceção.

No meio de 1956, Flávio Costa deixou a seleção brasileira para dirigir o Porto, em Portugal. Abriu-se o cargo de treinador nacional e Lula foi cogitado. Mas havia uma grande polêmica sobre sua impossibilidade de ser treinador da seleção, por não possuir o diploma de Educação Física.

Pior do que a exclusão foi a crítica de que seu título de 1955 tinha sido sorte de principiante, depois de três derrotas, na reta final do Campeonato Paulista de 1956, contra os três grandes da capital: 0 x 4 para o Corinthians; 1 x 2 contra o Palmeiras; 1 x 3 contra o São Paulo.

Pela segunda vez, a proximidade do título deixou os meninos da Vila impressionados e correndo riscos.

Mas, outra vez, a personalidade do jovem time do Santos fez superar a adversidade e ganhar o título num clássico contra o São Paulo, vitória por 4 x 2, no Pacaembu, diante de 51 mil torcedores, a maior parte são-paulina.

Foi nesse clube, agora vencedor, que Pelé passou a jogar a partir de 1957.

A ESTREIA

Pelé sempre contou que nas noites mais tristes da Vila Belmiro, depois de ter chegado a Santos, muitas vezes pensou em desistir. Numa noite fria do inverno de 1956, sem companhia e aparentemente sem chances, por ser apenas um garoto de 16 anos não completados ainda, pensou em fugir.

Arrumou a mala, colocou lá dentro suas chuteiras, calções e meiões, sentou-se no quarto, pensou várias vezes, levantou-se e partiu.

A concentração ficava lá mesmo, embaixo da concentração da Vila Belmiro. Pelé foi saindo pelos corredores estreitos e escuros, disposto a chegar logo em casa e abraçar dona Celeste, sua mãe.

No meio do caminho, quando já parecia estar chegando à rua, ouviu uma voz:

"Menino, aonde pensa que vai?"

"Vou embora!"

"Não vai, não! Pode voltar já para o seu quarto que só de manhã você pode ser liberado pelo seu diretor."

Impossível dizer o nome do segurança que salvou a carreira de Pelé e ajudou o futebol do Brasil a ser pentacampeão do mundo.

Athiê Jorge Coury teve uma história com o Corinthians de Santo André. Presidente do Santos entre 1945 e 1971 e, portanto, durante a maior parte da Era Pelé, Athiê foi goleiro santista na década de 1920 e fez seu debut contra o time do ABC paulista, em 9 de outubro de 1927, na Vila Belmiro. Vitória por 9 x 0, não sofreu nenhum gol e talvez isso lhe tenha criado alguma dívida de gratidão.

Athiê poderia ter sido o primeiro goleiro da seleção brasileira em Copas do Mundo. Chegou a ser convocado um mês antes do embarque para o Uruguai, mas a cisão entre a Associação Paulista de Esportes Athleticos (APEA) e a Confederação Brasileira de Desportos (CBD) sofreu uma ruptura e os jogadores paulistas não foram a Montevidéu.

Na ocasião, o Brasil foi representado exclusivamente por jogadores cariocas, além de Araken Patusca, do Santos, incluído como jogador do Flamengo, sem jamais ter defendido a camisa rubro-negra.

Corinthians, de Santo André?

Não tinha nada a ver com o Sport Club Corinthians Paulista, fundado em 1º de setembro de 1910, no bairro do Bom Retiro, na capital paulista, e que também marcaria a carreira do Rei.

Em Santo André, como em São Paulo, a referência foi o Corinthian Football Club, time inglês que, em excursão pelo Brasil no final da década de 1900. Apesar de o Corinthians Brasileiro ter sido fundado no Bom Retiro, bairro da zona central de São Paulo, se popularizou na zona leste, inspirou a criação de times na capital e, ali pertinho, no ABC.

A região formada por Santo André, São Bernardo do Campo e São Caetano do Sul ainda não era famosa pela indústria, que ali chegou principalmente na década de 1950, com as empresas automobilísticas – Volkswagen, Mercedes-Benz e Ford no B, de São Bernardo, e General Motors no C, de São Caetano.

O acesso a Santo André é sempre um pouco mais longo. Ou se passa por São Bernardo, ou por São Caetano, ou por São Mateus, bairro da zona leste paulistana. Na região ainda bucólica do ABC, o nome Corinthians proliferou na década de 1910.

O Corinthians de São Bernardo chegou a jogar a Primeira Divisão do Campeonato Paulista. O Corinthians de Santo André, não. Apenas a zona interior, dos times descontentes com a Associação Paulista de Sports Athleticos. Ganhou a poderosa Taça Guaraná Espumante, da segunda divisão.

Por que o Santos, campeão paulista, jogaria contra o Corinthians, de Santo André, em 1956, 33 anos depois da disputa da segunda divisão dos times descontentes?

Porque Athiê tinha uma dívida de gratidão com o clube contra o qual estreou e porque o Santos tinha uma pequena folga na tabela, sem espaço para longas excursões.

O Campeonato Paulista de 1956 teve pausa para o Santos entre 29 de agosto e 9 de setembro.

No dia 7, o técnico Lula embarcou seus jogadores num ônibus para o ABC. Pouco depois do fim da subida da Serra do Mar, virada à direita, busca pela avenida Pereira Barreto, em São Bernardo do Campo, sentido Santo André. Pouco adiante do centro da cidade ficava o campo da Vila Alzira, bairro de pequenas casas de famílias de origem italiana, onde ficava o pequenino estádio Américo Guazzelli.

Ali jogava o goleiro Zaluar. Na verdade, nem jogava.

Zaluar Torres Rodrigues era o goleiro reserva do Corinthians, da periferia de Santo André, e só podia atribuir ao destino a honra de ter sofrido o primeiro gol do Rei do Futebol.

O jogo não fazia muito sentido, o goleiro titular era Antoninho, o Santos apenas queria ocupar a data vazia no meio de uma turbulência na campanha do bicampeonato paulista e até o jornal *O Estado de S. Paulo* cometeu uma gafe.

A entrada de Pelé no lugar de Del Vecchio, aos 16 minutos do segundo tempo, foi informada com erro de grafia. Pelé virou "Telé", por uma ficha técnica. Entrou em campo com a camisa 15 e havia apenas 2.500 torcedores no estádio para presenciar a cena.

Aos 36 minutos do segundo tempo, o zagueiro Hélvio disputou uma jogada pelo alto. A bola sobrou no meio de campo para Pelé. O garoto dominou e arrancou com a bola dominada. Passou pelo volante Schank, driblou o zagueiro Chicão, invadiu a área, levantou a cabeça, tocou entre as pernas do goleiro Zaluar, que havia substituído Antoninho, no intervalo.

Foi o sexto gol da goleada santista por 7 x 1. O sétimo foi marcado por Jair Rosa Pinto, titular da seleção brasileira na Copa do Mundo de 1950 e dono da camisa 10 daquele Santos – também o primeiro 10 do Brasil em Copas do Mundo, porque antes de 1950 não havia numeração nas camisas.

Foi o primeiro troféu conquistado por Pelé, o Troféu Independência.

Zaluar percebeu a glória de sofrer o primeiro gol do Rei. Até o final da vida, em 1995, distribuía seu cartão de visitas com seu nome completo e o fato que marcou sua trajetória: "Zaluar Torres Rodrigues – Goleiro do Primeiro Gol de Pelé – 7/9/1956".

07/09/1956
Santos 7 x 1 Corinthians F. C. (Santo André)
Local: Estádio Américo Guazzelli – Santo André/SP
Público: 2.500
Renda: Cr$ 39.910,00
Árbitro: Abílio Ramos
Santos: Manga; Hélvio e Ivã (Cassio); Ramiro (Fioti), Urubatão e Zito (Feijó); Alfredinho (Dorval), Álvaro (Raimundinho), Del Vecchio (Telé), Jair Rosa Pinto e Tite. Técnico: Lula
Corinthians F. C.: Antoninho (Zaluar); Bugre e Chicão (Itamar); Mendes, Zico e Schank; Vilmar, Cica, Teleco (Baiano), Rubens e Dore. Técnico: Jaú
Gols: Alfredinho 33' e 44', Del Vecchio 35' e 61', Álvaro 36', Pelé 81' e Jair Rosa Pinto 89' – Vilmar 84'

DO CHORO DE DONDINHO AO SORRISO DE ZIZINHO

Um menino de 9 anos vê o pai chorar.

Não é uma cena habitual.

No Brasil, talvez mais do que em outros lugares. Não ter comida para pôr em casa é de cortar o coração. Mas num lugar onde mães assumem os lugares paterno e materno, porque pais põem filhos no mundo e vão embora, é mais fácil ver a mulher da casa assumir o papel e chorar pela dificuldade de alegrar os filhos.

Dondinho chorou.

Pelé tinha 9 anos no dia 16 de julho de 1950, data tratada no país do futebol como trágica, embora a palavra mais certa seja perdedora.

A seleção brasileira tinha Barbosa, Augusto e Juvenal; Bauer, Danilo e Bigode; Friaça, Zizinho, Ademir, Jair e Chico. Perdeu do Uruguai de Máspoli, Matías González e Tejera; Gambetta, Obdulio Varela e Andrade; Ghiggia, Julio Pérez, Míguez, Schiaffino e Morán.

O ídolo de Pelé era...

Dondinho.

Seu pai, centroavante que passou a ter dificuldades na carreira depois de sofrer lesão grave no Atlético Mineiro, poderia ter ido muito mais longe no futebol. Na cabeça de menino, talvez até estar no *scratch* que disputava a primeira final de Copa do Mundo.

Mas Dondinho não estava. E chorou com a virada do Uruguai, construída em treze minutos, gols de Schiaffino, aos 21 da segunda etapa, e de Ghiggia, aos 34. Treze minutos para a eternidade da memória de Pelé.

Daqueles onze brasileiros vestidos de camisa branca com o escudo da Confederação Brasileira de Desportos (CBD) no peito – era assim que a seleção se apresentava –, o mais querido jogador para Pelé era Zizinho, o número 8. Era também tratado como ídolo. Pelo menos, pela maneira como se usa a palavra no mundo do futebol.

Ídolo mesmo era Dondinho.

Pelé queria ser como seu pai.

E jogar como Zizinho.

Calhou de Pelé disputar seu primeiro campeonato como profissional contra Zizinho.

Contratado pelo São Paulo, aos 36 anos, estreou num clássico contra o Palmeiras, vencido pelo Tricolor por 4 x 2. Era novembro de 1957, faltavam doze jogos para o final da campanha e o treinador húngaro, Béla Guttmann, entendeu que precisava de um jogador experiente para comandar os jovens. Trouxe o veterano craque da seleção de 1950 do Bangu, onde atuou por sete anos.

O Santos do início da Era Lula já havia vencido o bicampeonato, mas perdeu Vasconcelos com uma fratura na perna e ganhou o jovem fenômeno vindo de Bauru.

O Santos foi o segundo melhor time da fase de classificação do Campeonato Paulista e tinha dois pontos a mais do que o São Paulo quando Zizinho foi contratado.

Seguiu com gols de Pelé em profusão, no primeiro campeonato em que foi o goleador. Tudo encaminhava para o tricampeonato do Santos.

Menos Zizinho.

A chegada do ídolo do Rei mexeu com a classificação do Campeonato Paulista, a partir de sua estreia. O terceiro jogo de Zizinho aconteceu na Vila Belmiro, um sábado, 7 de novembro. O craque da Copa de 1950 marcou uma vez. Pelé, nenhuma. O São Paulo marcou seis gols. O Santos, só dois.

Zizinho fez de pênalti, mas o significado de seu desfile pelo gramado da Vila Belmiro foi incrível para o Campeonato Paulista.

07/11/1957
Santos 2 x 6 São Paulo
Local: Estádio Vila Belmiro – Santos/SP
Público: cerca de 17.800
Renda: Cr$ 713.975,00
Árbitro: Johann Prubil (ING)
Santos: Veludo; Getúlio e Dalmo; Fiote, Ramiro e Zito; Tite, Álvaro, Pagão, Pelé e Pepe. Técnico: Lula
São Paulo: Poy; De Sordi e Mauro; Dino, Riberto e Vítor; Maurinho, Amauri, Gino, Zizinho e Canhoteiro. Técnico: Béla Guttmann
Gols: Victor (c) e Tite (p) – Canhoteiro (2), Amauri (2), Maurinho e Zizinho (p)

Pelé não jogou bem nem teve contato com o seu jogador preferido da Copa de 1950. Tímido, não se aproximou, não contou a ele que viu seu pai chorar pela derrota para o Uruguai.

O encontro mais feliz ficou para o Pacaembu, no segundo turno da fase final daquele Campeonato Paulista. O Santos seguia um ponto atrás e precisava vencer o rival para ter chance concreta de ganhar o tricampeonato.

O encontro teve direito a fotografia para a posteridade, publicada nos jornais da capital. Zizinho de camisa branca com listras horizontais, vermelha e preta, do São Paulo, Pelé de camisa listrada na vertical, em preto e branco. Os dois posaram lado a lado; o sorriso de Pelé estampava sua felicidade por poder conviver com o ídolo.

Afonsinho marcou o primeiro gol para o Santos, aos 11 minutos.

Um susto para o Pacaembu, repleto por 40 mil espectadores, cuja maioria torcia por Zizinho – o Santos ainda era um clube de pouca torcida.

O meia-direita Amauri empatou para o São Paulo, aos 36 minutos, e Zizinho virou, aos 40.

Pelé, outra vez, foi discreto.

Tite empatou para o Santos, aos 33 minutos da segunda etapa, de pênalti.

> 03/12/1957
> São Paulo 2 x 2 Santos
> Local: Estádio Pacaembu – São Paulo/SP
> Público: 40.008
> Renda: Cr$ 1.645.405,00
> Árbitro: Johann Prubil (ING)
> São Paulo: Poy, De Sordi e Mauro; Dino, Vítor e Ademar; Nei, Amauri, Gino, Zizinho e Canhoteiro. Técnico: Béla Guttmann
> Santos: Veludo; Getúlio e Dalmo; Ramiro, Zito e Urubatão; Tite, Jair da Rosa Pinto, Afonsinho, Pelé e Pepe. Técnico: Lula
> Gols: Afonsinho aos 11 min, Amauri aos 36 min e Zizinho aos 40 min do primeiro tempo; Tite (p) aos 33 min do segundo tempo

Talvez Pelé tenha se apagado nos dois encontros com Zizinho. Ele jamais admitiu isso. Os dois resultados, somados à vitória sobre o Palmeiras no penúltimo dia do Campeonato Paulista, levaram o Santos à liderança, com 29 pontos, na véspera do clássico São Paulo x Corinthians.

Ou seja, o Santos estava bem situado.

Mas tinha só um ponto de vantagem sobre os dois rivais da capital, o que significava que só teria chance de título em caso de empate, que forçaria um triangular para definir o vencedor. Se houvesse um ganhador entre são-paulinos e corintianos, este seria o campeão paulista.

Zizinho não marcou, mas conduziu o recital e a vitória por 3 x 1, com gols de Amauri, Gino e Maurinho. Ao final do jogo, o ponta--direita são-paulino, Maurinho, passou a mão pela cabeça do goleiro Gylmar, do Corinthians, e iniciou uma das grandes confusões da história das decisões do Paulistão.

O São Paulo alcançou os 30 pontos e deixou o Corinthians dois atrás, em terceiro lugar. Em segundo ficou o Santos, de Pelé.

Em seu primeiro campeonato completo, Pelé foi vice-campeão. Teve a honra de ficar um degrau abaixo de quem foi seu ídolo como jogador: Tomás Soares da Silva, o Zizinho.

Um dos homens que não impediram seu pai de chorar.

O INÍCIO NA SELEÇÃO

Pelé demorou dez meses entre sua estreia no Santos e a chegada à seleção brasileira. Tem craque que não chega ao time nacional em dez anos. Pelé levou dez meses! Exatamente 33 partidas e 25 gols.

Depois de jogar em Santo André, enfrentou o Jabaquara num amistoso, em novembro de 1956. Depois, disputou o Rio-São Paulo, vencido pelo Fluminense, em que o Santos fez campanha modesta e chegou apenas em quarto lugar.

Pelé marcou oito vezes no torneio interestadual, cinco a menos do que Waldo, do Flu, o artilheiro.

Foi o único torneio oficial que disputou antes de chegar à seleção, convocado pelo técnico Sylvio Pirillo, para um amistoso contra a Argentina.

Três coisas chamaram muito a atenção do selecionador nacional para o novo camisa 10 do bicampeão paulista, o Santos.

Primeiro, uma atuação de gala contra o América, no Maracanã, na penúltima rodada do Rio-São Paulo. O jogo em que o jovem repórter Armando Nogueira relatou ter tido seu primeiro contato com o craque. O texto a seguir, retirado da edição especial da revista *Placar*, publicado na ocasião dos 50 anos do Rei, contém duas imprecisões de mestre Armando. Pelé marcou um dos quatro gols santistas na vitória por 4 x 0 sobre a equipe do Rio de Janeiro.

Fiquemos com a beleza do texto:

Conheci-o numa noite remota no Maracanã. Acabara de marcar dois dos cinco gols que o Santos enfiou no América, paixão de Lamartine Babo. Fui vê-lo de perto no vestiário. Tinha, então, 16 anos. Era franzino, uma criança. No corpo retinto reluzia ainda o suor do jogo. Perguntei-lhe:

– Quem é o melhor centroavante do Brasil?

– Eu – respondeu com naturalidade.

– E o melhor meia-esquerda?

– Eu também – já agora com um sorriso.

Deixei o Maracanã sem saber direito se acabara de conhecer um pirralho convencido ou um eleito dos céus.

Como estávamos no ano de 1957, o leitor já percebeu que minha dúvida não durou muito tempo. O menino do vestiário ganharia, com o Brasil, já no ano seguinte, o Mundial da Suécia.

A imprecisão de Armando Nogueira confunde-se com um texto de Nelson Rodrigues, que diz ter assistido ao nascimento de um Rei em outro confronto contra o América, em fevereiro de 1958. Dessa vez, documentado em coluna do dramaturgo na *Manchete Esportiva*, intitulada "A Realeza de Pelé".

Foi a primeira vez em que foi chamado de Rei.

Nelson espantou-se com a juventude de Pelé, apenas 17 anos, e com o talento de quem anotou quatro dos cinco gols do Santos, na vitória por 5 x 3 contra o América.

Talvez aqui a confusão de Armando Nogueira, ao citar que Pelé marcou dois dos cinco gols sobre o América.

São dois jogos diferentes.

América 0 x 4 Santos, em 29 de maio de 1957, um gol de Pelé. Aquele em que possivelmente Armando Nogueira entrou no vestiário e Pelé tinha 16 anos.

América 3 x 5 Santos, em 26 de fevereiro de 1958, partida em que a Realeza anotou quatro vezes e Nelson Rodrigues escreveu uma crônica colocando Pelé como seu personagem da semana, destacando seus sucessos.

Além da atuação de gala contra o América, na penúltima partida do Rio-São Paulo, contou a favor da chamada de Pelé, por Sylvio Pirillo, o fato de muitos clubes do Rio e de São Paulo terem se recusado a ceder jogadores. O Botafogo havia excursionado para a Venezuela e os cachês das viagens internacionais pagavam muito bem aos times naquela época.

Por causa disso, o Botafogo não cedeu Nílton Santos, Didi e Garrincha. O Flamengo recusou-se a liberar Dequinha e Dida. A ausência de Didi, capitão do jogo anterior, contra Portugal, produziu a decisão de Sylvio Pirillo de oferecer a braçadeira de capitão a Bellini, pela primeira vez em sua trajetória na seleção.

E por último, uma sequência de amistosos de um combinado de atletas do Santos com os do Vasco da Gama, no Maracanã.

Foram amistosos contra o Belenenses, de Portugal, o Dínamo Zagreb, da Iugoslávia (hoje Croácia), o Flamengo e o São Paulo.

Na soma dos quatro confrontos, Pelé marcou cinco vezes. O primeiro jogo, contra o Belenenses, teve o jovem camisa 10 com o uniforme do Vasco: camisa preta com listra diagonal branca. Pelé marcou três gols.

Já no Rio, disputou, contra o São Paulo, o último dos quatro amistosos.

Uma semana depois, Brasil x Argentina, no Maracanã.

No meio de semana, um jogo-treino contra o Canto do Rio, vencido por 8 x 1, em General Severiano.

No clássico sul-americano, os argentinos foram melhores.

O veterano meia Ángel Labruna, do grande time do River Plate, apelidado de "*La Máquina*" na década de 1940, jogava aos 38 anos de idade. Fez 1 x 0, aos 14 minutos, jogada do ponta-direita Herrera, do San Lorenzo, que ofereceu o passe de calcanhar para a lenda argentina ficar frente a frente com o goleiro Castilho e marcar.

Pelé poderia ser filho de Labruna, nascido 22 anos depois, em Três Corações. Entrou no intervalo do primeiro para o segundo tempo, no lugar de Del Vecchio, seu companheiro no Santos.

Durante o entretempo, os 80 mil espectadores presentes ao Maracanã gritaram seu nome.

Um lançamento de Moacir para Pelé, aos 32 minutos do segundo tempo. O futuro Rei viu-se frente a frente com Carrizo, goleiro mítico do futebol argentino. Teve a calma dos deuses e desviou à esquerda do arqueiro. O Brasil empatava a partida.

No minuto seguinte, Castilho repôs a bola com as mãos. O passe procurava o lateral-esquerdo Oreco, mas alcançou o pé de Labruna, que rapidamente ofereceu a bola para Juárez marcar.

O placar ficou 2 x 1 para os argentinos e isso fez com que o resultado chamasse mais a atenção do que a estreia do Rei. No dia seguinte, na *Manchete Esportiva*, Nelson Rodrigues escreveu uma coluna intitulada "Por que perdeu o Brasil". Falava da atuação, não do autor do gol de empate.

Pelé não foi notado pelo genial escritor.

Pelo público e pela história, sim.

Três dias depois, um segundo amistoso, desta vez em São Paulo, pela Copa Roca. O torneio em homenagem ao antigo presidente argentino, Julio Roca, aconteceria em duas partidas e o saldo de gols ofereceria o troféu ao vencedor, ou seja, o Brasil precisava vencer os argentinos por dois gols de diferença.

Pirillo repetiu sete titulares da partida do Maracanã. No Pacaembu: 38 mil espectadores. Todos tiveram a sorte de ver Pelé jogar como titular pela primeira vez.

A camisa 13, usada na estreia no Maracanã, deu lugar ao número 8. Luizinho, o Pequeno Polegar, usualmente proprietário do número 8 no Corinthians, vestiu-se com a 10 no Pacaembu.

Aos 21 minutos, uma falta cobrada por Oreco bateu na barreira e voltou desviada para Mazzola. O centroavante do Palmeiras foi cercado por três zagueiros e abriu-se o espaço na meia direita. Mazzola deu o passe. Pelé entrou sozinho e desviou do goleiro Carrizo, marcando o gol.

No segundo tempo, o lateral Vairo, do River Plate, derrubou Pelé dentro da área, mas o árbitro austríaco Erwin Hieger não deu o pênalti. Aos 11 da segunda etapa, Zito passou para Mazzola, que driblou o zagueiro Biagioli e chutou forte, no canto. O Brasil venceu por 2 x 0.

Pelo regulamento, haveria prorrogação de 30 minutos em caso de uma vitória para cada seleção. Ao final desse período suplementar, o campeão seria quem tivesse o maior saldo de gols.

Pelé conquistou seu primeiro troféu pelo Brasil, marcando nos dois jogos contra a grande rival Argentina.

1958 – O ANO DA REVOLUÇÃO

"Chega de Saudade" é uma canção cuja letra foi escrita por Vinicius de Moraes e musicalizada por Tom Jobim, em 1956. Foi gravada pela primeira vez, na voz de Elizeth Cardoso, em abril de 1958. Foi mais ou menos nesse momento que o Brasil treinava para a Copa do Mundo da Suécia, a primeira para a qual o Brasil se preparou com refinamento e intercâmbio.

Enquanto Tom e Vinicius compunham, o Brasil excursionava pela primeira vez pela Europa. Em abril de 1956, a seleção jogava contra Portugal, Suíça, Áustria, Tchecoslováquia e Itália. A viagem continuaria pelo início de maio, com jogos contra Turquia e Inglaterra.

Nunca antes a seleção tinha pensado quanto o intercâmbio ajudaria o futebol do Brasil.

O que "Chega de Saudade" tem a ver com o desenvolvimento da seleção? Não tem nada e, ao mesmo tempo, tem muito a ver. Tinha a ver com um momento de alegria, liberdade e felicidade do país. Os anos de Juscelino Kubitschek como presidente da República, a construção de Brasília, os ventos democráticos, a nova música, um novo cinema e teatro... o Brasil explodia nas artes e nos esportes.

Em 1959, seria campeão mundial de basquete.

Neste mesmo ano, João Gilberto gravaria o disco *Chega de Saudade*, que inauguraria oficialmente o movimento musical da Bossa Nova.

No início de 1958, houve eleições para a presidência da Confederação Brasileira de Desportos (CBD), a entidade responsável pela organização dos esportes – e do futebol – do país. João Havelange, representante do Brasil na Olimpíada de Berlim, em 1936, como atleta de polo aquatico, assumiu o cargo para dirigir 24 modalidades esportivas, não apenas o futebol.

Mas, país monoesportivo, a prioridade brasileira era a preparação para a Copa do Mundo.

Havelange escolheu Paulo Machado de Carvalho, diretor do São Paulo Futebol Clube, campeão paulista de 1957, para ser o dirigente responsável pela estruturação do time e a sua preparação. Ao mesmo tempo, sinalizava para a pacificação entre paulistas e cariocas, o que preocupava todas as preparações de seleções do Brasil desde o primeiro Mundial, em 1930, quando os paulistas romperam com a federação da então capital federal e o país foi representado apenas por jogadores de clubes do Rio de Janeiro.

Um fiasco que terminou com eliminação. Depois da primeira partida, derrota para a Iugoslávia por 2 x 1, uma nova vitória iugoslava sobre a Bolívia provocou o retorno precoce da seleção.

Em vez de Sylvio Pirillo, o primeiro treinador a escalar Pelé na seleção brasileira, ou de Osvaldo Brandão, que não convocou o jovem craque, mas classificou o Brasil para a Copa, Paulo Machado de Carvalho escolheu Vicente Feola.

Gordo e sem exercer a profissão de técnico havia dois anos, Feola tinha vínculo exclusivo com o São Paulo, desde que o clube paulista incorporou o velho time do Estudantes Paulista, em 1937. Foi o treinador dos títulos estaduais de 1948 e 1949, voltou a ser assistente, seguiu entrando e saindo da chefia, até receber o húngaro Béla Guttmann, integrante da comissão da seleção da Hungria na Copa do Mundo de 1954.

Guttmann era mais uma etapa do intercâmbio. Campeão paulista de 1957, com Feola como assistente, mudou o panorama tático do novo país do futebol.

Não tanto quanto Pelé e Garrincha.

Pelé chegou à Copa do Mundo machucado. Jogou e foi lesionado no último amistoso da seleção brasileira, contra o Corinthians, no Pacaembu.

Isso condicionou sua presença como reserva nos dois primeiros jogos da Copa do Mundo. A lesão e a juventude perderam para a fama maior de Dida, o maior goleador da história do Flamengo antes de Zico.

Garrincha tinha questões de avaliações equivocadas da comissão técnica, embora seja sempre exagerado dizer que os exames psicotécnicos ou os excessos de dribles tirassem-no dos jogos. Sim, julgava-se que uma certa irresponsabilidade pudesse perder jogos e jogadas.

Pelé era diferente. Perdeu o lugar muito por causa da lesão.

Mas calhou de os dois entrarem no time juntos, na terceira e salvadora partida da seleção brasileira. A segunda foi o empate com a Inglaterra, o primeiro o x o da história das Copas do Mundo.

Surpreende o primeiro o x o ser um jogo da seleção brasileira. Pois foi a última partida de Copas do Mundo antes das estreias de Pelé e Garrincha.

Inaugurar Pelé e Garrincha juntos em Copas do Mundo foi como iluminar a música mundial com "Chega de Saudade". Como se terminasse uma nostalgia antiga, de algo que ainda não se tinha visto, de futebol de alta energia e busca eterna pelo gol.

A seleção brasileira tinha medo da União Soviética. Dizia-se ser o futebol científico, campeão olímpico em Melbourne, 1956. Os computadores da França diziam que os soviéticos ganhariam o Mundial pela ciência aplicada ao esporte.

Pois bastou começar o jogo para franceses, ingleses, alemães e até mesmo os russos mudarem de ideia. O jornalista francês Gabriel Hanot, editor do jornal *L'Équipe*, decretou: "Os três minutos mais incríveis da história do futebol".

Do pontapé inicial, bola para Garrincha e o ponta brasileiro deu três dribles pelo lado direito, caiu, levantou-se e seguiu caminhando em direção ao gol. Logo depois, Garrincha recebeu de Didi, entrou em diagonal e chutou forte, na trave esquerda do goleiro Yashin. Por fim, Didi fez passe pelo meio e deixou Vavá frente a frente com o gol. Brasil 1 x 0.

Pelé apareceu mais no segundo tempo. Uma tabela de cabeça com Vavá e Pelé, em seu segundo cabeceio, deixou Vavá frente a frente com Yashin. O chute saiu prensado e enganou o mítico goleiro soviético.

O Brasil estava estreando na Copa do Mundo.

A COPA CONHECE PELÉ

O passe de Pelé ajudou Vavá a decidir o jogo contra a União Soviética e deixou o centroavante machucado. O chute dividido permitiu ao beque russo acertar o pé direito do centroavante brasileiro e não houve tempo para a recuperação de Vavá para as quartas de final contra o País de Gales.

Pelé teria Mazzola como novo companheiro. Um centroavante de 21 anos, do Palmeiras, já negociado com o Milan, da Itália, e um ponta de lança magrelo de 17 anos. Se tinha já um passe para gol na Copa do Mundo, faltava o gol da consagração, o primeiro de sua trajetória em Mundiais.

Os galeses não tinham tradição no futebol, exceto pelo fato de serem britânicos, terra da invenção do futebol. O Reino Unido não se filiou à Fifa em sua fundação, em 1904, por se julgar o detentor dos direitos sobre o esporte que criou. A condição para a filiação, depois da Segunda Guerra Mundial, foi a de que fossem aceitas as quatro federações do futebol britânico: Inglaterra, Irlanda do Norte, Escócia e País de Gales.

Por isso, a Copa do Mundo passou a poder contar com as quatro bandeiras e a Olimpíada até hoje tem apenas a *Union Flag*, a flâmula azul, branca e vermelha das quatro nações britânicas unidas.

Gales é o país do rúgbi, mas seu time de futebol, pela primeira vez na Copa do Mundo, tinha um centroavante gigante, o único convocado de fora do Reino Unido, recém-premiado como artilheiro do Campeonato Italiano, pela Juventus.

John Charles tinha 27 anos.

Pelé, 17.

O jovem craque estava entrando no time titular da Copa do Mundo. John Charles, saindo.

O melhor atacante galês sofreu uma pancada no jogo-desempate da fase de grupos, contra a Hungria, e não pôde atuar contra a seleção brasileira. Sem ele, os galeses perdiam a opção dos cruzamentos para a grande área, enorme especialidade britânica.

Também se tornavam um time mais rigoroso defensivamente, em busca apenas da velocidade dos contra-ataques.

O Brasil era diferente. Didi dava a cadência e o pensamento no meio de campo. Garrincha, o drible e a irreverência pela direita. Zagallo era o símbolo da disciplina, compreendia a necessidade do jogo, completava o meio de campo, se fosse necessário.

Pelé representava tudo isso junto: imprevisibilidade.

Podia dominar a bola e organizar o jogo ou partir em velocidade com dribles e tabelas até se infiltrar na área e definir a jogada num toque.

Mesmo assim, o País de Gales não concedeu espaços. Fez uma atuação segura do ponto de vista defensivo. O Brasil não criou nenhuma oportunidade de gol e, para piorar, os galeses começaram a dominar a partida nos quinze minutos iniciais da primeira etapa.

Aos 3 minutos, Gylmar fez sua primeira defesa, ao segurar firme um chute do ponta-direita Medwin. Garrincha começou a driblar e Pelé criou duas oportunidades. A reação brasileira se cristalizava a partir dos dribles de seu ponta-direita e da imprevisibilidade do número 10.

O 25º minuto do segundo tempo entrou para a história do futebol.

Bola lançada para Mazzola pela direita. O centroavante do Palmeiras disputou com o lateral-esquerdo Hopkins, do Tottenham. Ganhou a disputa com um bico para trás, pelo alto. Didi entrou de cabeça, na risca da meia-lua da grande área. A bola chegou para Pelé, à altura de sua barriga, perto da marca do pênalti.

Pelé estava marcadíssimo pelo zagueiro Mel Charles, do Swansea – irmão mais jovem de John Charles –, e por Stuart Williams, do West Bromwich. Num toque sutil, fez a bola passar à frente do peito de Mel Charles. Finalizou na sequência, com incrível agilidade, antes que Stuart Williams pudesse fazer a cobertura. Venceu o goleiro Kelsey, do Arsenal, que sequer teve tempo de se atirar ao chão.

Imediatamente, Mel Charles levou as mãos à cabeça. Pelé deu dois saltos, com as duas mãos para cima. Não deu o soco no ar, marca registrada de suas comemorações pelo restante da carreira. Seus pulos de alegria pareciam mais extravasar a energia de um adolescente, radiante por ganhar um presente da família.

O presente não era seu. Era para a Copa do Mundo, regalada com o primeiro gol de seu maior gênio.

O jogo seguiu.

Inspirado pelo golaço de Pelé, Garrincha partiu para cima do lateral-esquerdo Hopkins. Driblou-o, entrou em diagonal e chutou forte, sem ângulo. O goleiro Kelsey espalmou para escanteio com a ponta dos dedos.

Pouco depois, o centroavante Mazzola aproveitou um cruzamento da direita, deu uma bicicleta e venceu o goleiro galês. O árbitro belga Erich Seipelt marcou falta de Pelé e anulou a jogada.

Garrincha cobrou um escanteio, Pelé subiu muito mais do que Mel Charles e cabeceou na trave. Poderia ter sido o segundo gol do Brasil, tornando a classificação mais tranquila, menos dramática.

Seria o segundo gol de Pelé em Copas do Mundo. Mas este ficou guardado para a semifinal contra a França.

Na história das Copas, ficou marcado também o Nya Ullevi, estádio com capacidade para 53 mil espectadores construído especificamente para a Copa do Mundo e marcante por receber o primeiro gol do Rei na cidade de Gotemburgo, no sudoeste da

Suécia. Em Hindas, estância situada a 35 quilômetros de Gotemburgo, onde ficava concentrada a seleção brasileira.

Há uma curiosa história sobre a relação da imprensa brasileira com a estância de Hindas. Em 2009, o narrador Braga Junior, uma das vozes do rádio na Copa da Suécia, foi questionado pelo jornalista Marcelo Duarte, durante o programa *Loucos por Futebol*, da ESPN Brasil, sobre o que entendia sobre Hindas.

Braga Junior respondeu: "Hindas? A gente não ia até Hindas. A imprensa ficava em Gotemburgo. A gente só ia para lá quando acabava o dinheiro. Daí, nós batíamos à porta e dizíamos: 'Doutor Paulo, acabou nosso dinheiro'".

Doutor Paulo Machado de Carvalho, empresário da imprensa, do grupo Record, que incluía a rádio Panamericana, oferecia o dinheiro necessário. Difícil dizer se ficou na história como Marechal da Vitória por sua competência diretiva ou por ajudar quem formava opinião pela imprensa.

Fato é que foi lá, em Hindas, a 35 quilômetros do estádio Nya Ullevi, que Pelé dormiu sua primeira noite, depois de ser coroado.

O MANTO E O CRAQUE SAGRADOS

O jogo seguinte ao primeiro gol de Pelé foi a semifinal contra a França, sensação da Copa do Mundo até então, dona do melhor ataque, com apenas uma derrota, para a Iugoslávia, em quatro partidas, e o melhor ataque de todos: 15 gols, média de 3,75.

O artilheiro do Mundial era Just Fontaine, autor de 8 gols até ali, 13 ao final do torneio, até hoje o maior goleador de uma única edição de Copa do Mundo.

Fontaine, nascido em Casablanca, no Marrocos, de nacionalidade francesa, sempre marcava. Marcou mesmo, o de empate, depois de Vavá fazer 1 x 0. Mas Pelé marcou três.

Três gols, entende?

O primeiro, cruzamento de Nílton Santos. Abbes, o goleiro francês, saltou e largou a bola no pé de Pelé, que só empurrou de pé esquerdo. Era seu segundo gol em Copas.

E o seu segundo gol no jogo, o quarto da seleção, nasceu de uma jogada em que a zaga entrou com tudo sobre Vavá, que não tinha ginga. A bola subiu e sobrou para Pelé chutar forte, de pé direito.

O quinto do Brasil, ao receber de Didi, sem deixar a bola cair, chutou no ar. Brasil 5 x 1. A França diminuiria no final.

Esse jogo será mais detalhado no capítulo "O Atleta do Século", porque tem total relação com a admiração dos franceses pela magia de Pelé. A partir daqui, a consagração total viria na final contra a Suécia, dona da casa.

O Brasil havia saído de Hindas, na região de Gotemburgo, sudoeste sueco, para jogar a decisão em Estocolmo, a capital. Os donos da casa tinham camisas amarelas e calções azuis, uniforme idêntico ao da seleção brasileira, exceto pelas meias amarelas, em vez de brancas.

Choveu em Estocolmo pela manhã. O medo de que o campo pesado atrapalhasse o Brasil desfez-se pela enorme categoria da seleção e pelo fato de os suecos cobrirem o campo com uma lona, como se fosse um torneio de tênis, para proteger o espetáculo da decisão.

Eram elegantes.

Se estivesse pesado, o campo provavelmente favoreceria os donos da casa. Elegantes, preocuparam-se com o esporte.

O contratempo mais preocupante foi o sorteio dos uniformes, que indicou que o Brasil não poderia usar seu conjunto de camisa e calção titular. Não havia um reserva e a falta de sorte preocupou o chefe da delegação, Paulo Machado de Carvalho.

O dirigente que ficou conhecido como Marechal da Vitória – pela liderança e por ser diretor da maior empresa de comunicação de São Paulo na época – indicou que fossem compradas camisetas azuis. Poderiam ter sido verdes, pela bandeira nacional, mas a seleção já tinha jogado de azul na Copa de 1938 e o "marechal" tirou um truque da cartola. Disse ao time que o novo uniforme daria sorte, porque o azul era a cor do manto de Nossa Senhora Aparecida, padroeira do Brasil.

Os donos da casa saíram na frente, com gol de Nils Liedholm, ídolo do Milan, da Itália, campeão olímpico pela Suécia dez anos antes, em Londres. Nunca o campeão do mundo tinha marcado o primeiro gol da final. A superstição podia se juntar à cor do manto, azul com números amarelos.

Didi foi o craque da Copa do Mundo.

Pelé, o grande craque da finalíssima contra os donos da casa.

Aos 17 anos e 8 meses, é o mais jovem jogador a fazer gol em final de Copa. O francês Mbappé aproximou-se da realeza em 2018, em Moscou, ao se tornar o mais jovem, desde Pelé, a fazer gol em final de Copa do Mundo.

Tinha 19 anos, não 17.

Marcou uma vez, não duas.

Os exageros da juventude e da quantidade de gols marcados ajudaram a reforçar o mito e a realeza. Como ter tanta maturidade, suficiente para marcar três vezes, num jogo tão importante?

Alguém poderia dizer que Garrincha não tinha noção de onde estava. Por mais que sejam mitos os contos de que Mané perguntava se ia jogar de novo contra o time do uniforme do São Cristóvão, em 1962, com Pelé nunca houve esse tipo de brincadeira.

O Rei viu seu pai chorar quando o Brasil perdeu a final da Copa do Mundo de 1950, para o Uruguai. Aos 9 anos de idade, entendeu a importância do futebol para seu país – e sua família. Prometeu a Dondinho que lhe daria o título mundial, ao vê-lo aos prantos após a derrota para os uruguaios.

Cumpriu completamente sua promessa.

O Brasil entrou em campo com Djalma Santos no lugar de De Sordi, machucado. Houve a versão de que o lateral do São Paulo sentiu a dura missão de marcar o ponta Skoglund, o melhor sueco. Não é verdade. Djalma Santos, lateral da Portuguesa de Desportos, de São Paulo, entrou em seu lugar e anulou o brilhante ponta da seleção da Suécia.

Pelé poderia estar nervoso o suficiente para justificar uma atuação ruim, pálida, tímida... Em vez disso, marcou dois gols na goleada por 5 x 2 que garantiu ao Brasil o seu primeiro título mundial.

Depois de sofrer o gol de Liedholm, o Brasil virou o jogo com dois gols de Vavá.

Quando o jogo estava 1 x 1, Pelé chutou de fora da área e acertou o travessão do goleiro Svensson, da Suécia. Logo depois, o ponta sueco Skoglund encobriu o goleiro Gylmar e Zagallo tirou em cima da linha, de cabeça.

Parece estranho Zagallo tirar em cima da risca fatal e pode até ser um engano, por conta da qualidade das imagens da época, mas Zagallo era mesmo uma formiguinha, que participava de todas as ações, ofensivas ou defensivas.

Aos 10 do segundo tempo, a jogada mais bela da história das finais de Copa. Nílton Santos cruzou e a bola caiu no centro da área, no peito de Pelé. O zagueiro Gustavsson tentou interceptar. O toque do menino encobriu sua cabeça e caiu do outro lado. O chapéu completo terminou em conclusão direta para o fundo das redes. O chute fez a bola entrar no alto, à direita do goleiro Svensson.

Zagallo marcou o quarto gol, aproveitando um bom passe de Didi, aos 23 minutos do segundo tempo.

O quinto gol viria quando o placar marcava 4 x 2, o relógio anotava 45 minutos do segundo tempo, o título perdido em 1950 estava irremediavelmente conquistado, mas ainda faltava a cereja do bolo.

Zagallo cruzou, o goleiro Svensson subiu para cortar o cruzamento, sem sucesso, porque Pelé saltou com seu 1,72 m de altura e desviou de cabeça.

O Brasil campeão mundial oito anos depois de perder a taça para o Uruguai. Pelé, autor de dois gols na decisão e seis na disputa do campeonato, consagrava-se como o jogador jovem mais brilhante do planeta.

Era impressionante sua capacidade de se movimentar por trás dos zagueiros, de voltar ao meio de campo e de levantar o braço, pedindo a bola em sua direção, com apenas 17 anos. O braço erguido demonstrava a total ausência de medo, nenhuma insegurança, a perfeita noção de que aquilo que estava por ser feito era exatamente o que saberia produzir.

O drible em velocidade, em direção ao gol, somado à capacidade de colocar o pé por cima da bola e dizer que aquele momento não era de atacar, mas de silenciar por poucos minutos, para depois gritar com uma arrancada, um drible ou um gol.

Pelé era a completa novidade aos 17 anos.

Diferente de Puskas, da Hungria, o craque mais pesado e experiente de quatro anos antes, em 1954. Oposto de Ghiggia, do Uruguai, que não tinha a magia de Garrincha, mas a arrancada em direção à meta rival.

Didi foi eleito o craque da Copa.

Pelé era o anúncio de em que o futebol ia se transformar.

A síntese do jogo de potência e velocidade com a técnica e a cadência dos velhos tempos.

A MÍSTICA DA CAMISA 10

Repare em Luizinho. O Pequeno Polegar vestia a 8 no Corinthians e jogou com a 10 na seleção brasileira, no jogo que valeu a primeira taça a Pelé.

Sabe por quê? Antes de Pelé, isso não tinha quase nenhuma importância. O número mágico do futebol inglês era o 7, do ponta-direita Stanley Matthews, derrotado pelos Estados Unidos na Copa do Mundo do Brasil, em 1950, mas emblema britânico com a bola nos pés.

A primeira partida com números às costas da história foi a final da Copa da Inglaterra de 1933. Em 29 de abril daquele ano, no estádio de Wembley, o Everton alinhou com números de 1 a 11, enquanto o Manchester City, seu adversário, jogou com 12 a 22.

A aproximação da Copa do Mundo de 1950, no pós-Guerra, fez com que a novidade chegasse finalmente ao Brasil. Em 1948, os clubes do Brasil passaram a atuar com numeração. Mas o 10 não era um símbolo.

Na decisão do Campeonato Carioca de 1948, o Botafogo venceu o Vasco em General Severiano. O número 10 alvinegro era Otávio, num time formado por Oswaldo Baliza, Gérson dos Santos e Nílton Santos; Ávila, Rubinho e Juvenal; Paraguaio, Geninho, Pirillo, Otávio e Braguinha. O vascaíno era Ipojucan. Craque brasileiro da época, Ademir Menezes vestia a 8.

Dois anos mais tarde, na Copa do Mundo de 1950, o primeiro número 10 do Brasil foi Jair Rosa Pinto.

Meia-esquerda do Palmeiras, teve seu manto queimado no Flamengo, depois de perder por 5 x 2 para o Vasco. "Não queimaram a camisa do Jair. Queimaram uma camisa do Flamengo, com o número 10." O craque morreu jurando que não era a sua camisa, mas "apenas" uma camisa com o número que utilizava.

Pelé deu outra relevância ao número 10.

E um golpe do destino teve tudo a ver com a criação de uma lenda a partir de um número.

Na terceira Copa do Mundo com numeração nas camisas, a Confederação Brasileira de Desportos (CBD) enviou a lista dos inscritos sem seus respectivos números. Membro do comitê organizador do Mundial da Suécia, o jornalista uruguaio Lorenzo Villizzio preocupou-se com os jogadores que conhecia e numerou aleatoriamente os seus desconhecidos.

Pelé ainda não havia enfrentado nenhuma equipe uruguaia, o que só aconteceria em 1959, no Campeonato Sul-Americano disputado na Argentina. E, mesmo assim, Villizzio teve a premonição:

1	Castilho	12	Nílton Santos
2	Bellini	13	Moacir
3	Gylmar	14	De Sordi
4	Djalma Santos	15	Orlando
5	Dino Sani	16	Mauro
6	Didi	17	Joel
7	Zagallo	18	Mazzola
8	Oreco	19	Zito
9	Zózimo	20	Vavá
10	Pelé	21	Dida
11	Garrincha	22	Pepe

Zagallo era o ponta-esquerda e deveria vestir a 11, mas inverteu seu número com Garrincha, ponta-direita, portanto 7, que teve de usar a 11. Didi era o camisa 8 do Botafogo e vestiu a 6, Gylmar, o goleiro, jogou com a 3.

Os únicos casos de camisa ajustada à tradição foram Bellini, zagueiro-central que, em muitos clubes, usava a 2. E Pelé.

Embora houvesse clubes em que o número 2 fosse do zagueiro-central, no Vasco, Bellini jogava com a 3. Então, Pelé foi o único jogador apontado para usar o mesmo número utilizado no clube em que atuava.

Mesmo que Puskas vestisse a 10, na Copa de 1954, ou Fritz Walter, o melhor jogador da Alemanha campeã mundial na Suíça, quatro anos antes. O mito nasceu na Copa do Mundo da Suécia. A partir de Pelé.

Depois disso, Overath, Kempes, Maradona, Roberto Baggio, Zinedine Zidane, Sneijder, Messi...

O número 10 nunca mais representou a mesma coisa no futebol mundial.

O PRIMEIRO DESAFIANTE

Di Stéfano é melhor do que Pelé.

É?

Até o fim dos tempos, uma geração de argentinos que o viram em ação pelo River Plate, apelidado de "*La Máquina*", e outra de espanhóis, torcedores do Real Madrid, dirão que "*La Saeta Rubia*" (A Flecha Loira), apelido de Alfredo Di Stéfano, jogou mais do que Pelé.

No Brasil, isso já valeu uma broma sobre o ego argentino: "Di Stéfano foi o melhor jogador do mundo e um dos melhores da Argentina". Isso porque os argentinos contemplam a história de Di Stéfano, assim como a de Maradona, de Rinaldo Martino e de Lionel Messi.

Se eles divergem sobre qual o maior jogador da história do país, o Brasil nunca tergiversou sobre o melhor do Brasil e do planeta: Pelé!

Nos meses seguintes à conquista do título mundial do Brasil, na Suécia, Pelé só crescia de produção. Saiu da campanha do vice-campeonato estadual de 1957, da derrota para o ídolo Zizinho, para uma incrível formação do Santos, capaz de conquistar o Campeonato Paulista pela terceira vez em quatro anos.

Pelé se juntava à geração de Pepe, Tite, Del Vecchio, Ramiro, Pagão e Urubatão, campeões de 1955, e Jair Rosa Pinto, vencedor em 1956. A eles e a Pelé, uniram-se o lateral-esquerdo Dalmo e o ponta-direita Dorval.

O Santos marcou 143 gols durante a campanha do título estadual, goleou o Corinthians por 6 x 1, venceu todos os clássicos, menos o último, de empate por 2 x 2 com o São Paulo, quando já era campeão antecipado.

Dos 143 gols, Pelé marcou 58 (40%).

O título veio com goleada impiedosa sobre o Guarani, na Vila Belmiro. Nos 7 x 1, Pelé marcou quatro vezes.

14/12/1958
Guarani 1 x 7 Santos
Local: Estádio Brinco de Ouro da Princesa – Campinas/SP
Público: 11.724
Renda: Cr$ 534.405,00
Árbitro: Juan Brozzi
Guarani: Valter; Valdir, Bidon e Bené; Antonio Rosa e Gonçalves; Friaça, Villalobos, Fifi, Benê e Boquita. Técnico: Godê.
Santos: Manga; Ramiro e Dalmo; Getúlio, Urubatão e Zito; Dorval, Jair Rosa Pinto, Pagão, Pelé e Pepe. Técnico: Lula
Gols: Pelé aos 18 min e aos 38 min do primeiro tempo; Valdir (c) aos 3 min, Pelé aos 8 min e aos 34 min, Pepe aos 10 min, Antonio Rosa aos 16 min e Dorval aos 19 min do segundo tempo

Tudo isso nos seis meses seguintes ao título mundial fazia com que o espanto e a ideia de que Pelé já era o melhor se espalhassem pelo Brasil. Ainda que a velocidade da informação não fizesse chegar à Europa tudo o que Pelé continuava fazendo, também sua trajetória de gols entre Gotemburgo e Estocolmo reforçava essa ideia.

Enquanto Pelé brilhava nos campos paulistas, Alfredo Di Stéfano era referência nos gramados europeus. Eis a diferença: estava no centro da informação, transitando entre Madri, Lisboa, Paris e Londres, fazendo gols com a camisa do Real Madrid, o mais poderoso time de seu continente.

Até chegar à Espanha, Alfredo Di Stéfano percorreu um longo caminho. Era 14 anos mais velho do que Pelé. Nasceu em Buenos Aires, em 4 de julho de 1926. Estreou no River Plate em 1945, época em que o apelido "*La Máquina*" homenageava o campeão argentino de 1941 e 1942.

Aos 20 anos, Di Stéfano foi emprestado ao Huracán. Retornou ao River em 1947, onde foi campeão. No ano seguinte, uma enorme greve paralisou o torneio na Argentina e permitiu uma oportunidade de negócio para um dirigente colombiano levar craques de toda a América do Sul para seu país.

Alfredo Senior, presidente da Liga Dimayor, da Colômbia, viajou a Buenos Aires para convencer os grevistas de que poderiam jogar em outro país não filiado à Fifa. Em vez de comprar Di Stéfano do River Plate – e também Pedernera, Nestor Rossi e outros craques –, os colombianos dariam o dinheiro para os jogadores, e não para seus clubes.

A formidável descoberta levou Di Stéfano para a Liga Pirata, desfiliada da Fifa, entre 1948 e 1953. No final do terceiro ano, os antigos donos dos contratos pediram uma medida à Federação Internacional. No Congresso de Lima, no Peru, em 1951, a Fifa determinou que, a partir de 1953, os jogadores voltariam a seus clubes de origem.

O Barcelona, então, preparou a compra de Di Stéfano do River Plate, mas o Real Madrid, que conheceu pessoalmente o talento do craque argentino numa excursão a Bogotá, acertou a transferência com Alfredo e com o Millonarios, seu time do momento.

O impasse se deu em 1953. O Barcelona argumentava que Di Stéfano era seu por tê-lo comprado do River Plate, o dono do contrato. O Real Madrid contra-argumentava que pagou caro ao Millonarios. A Federação Espanhola julgou o caso e definiu que Di Stéfano passasse quatro anos no país, intercalando temporadas em Madri e na Catalunha. O Barcelona desistiu, descontente com a solução salomônica.

Di Stéfano se tornou símbolo de um período vitorioso do Real Madrid, que coincidiu com o início da história da Copa dos Campeões da Europa, o primeiro torneio continental de clubes do planeta.

Quando Pelé explodiu, na Suécia, em junho de 1958, Di Stéfano já era tricampeão da Europa. Nos seis meses seguintes, enquanto o craque brasileiro desfilava pelo estado de São Paulo, Di Stéfano passava em branco pelo Real Madrid.

Seria o goleador da campanha do quarto título europeu consecutivo, mas com 6 gols marcados entre março e maio de 1959. Não no segundo semestre de 1958, período dos 58 anotados por Pelé no Paulista. Ao mesmo tempo, Di Stéfano seria artilheiro do Campeonato Espanhol, disputado entre agosto de 1958 e maio de 1959, com 23 gols, menos da metade do que Pelé fez pelo Santos.

Pode-se argumentar que gol não é o único fator para definir um craque e que os adversários do Santos podiam ser mais frágeis do que os do Real Madrid. Tese discutível, levando em conta que o volume de exportações de jogadores era mínimo e o país campeão do mundo tinha times fortes no interior, talvez tanto quanto na Galícia, do Celta, na Andaluzia, do Sevilla, nas Astúrias, de Oviedo e Sporting Gijón, ou mesmo na Catalunha, do Espanyol.

Também vale a lembrança de que Di Stéfano foi artilheiro daquele campeonato, mas o campeão foi o Barcelona. O Real Madrid conquistou seu quarto título seguido da Copa dos Campeões da Europa numa final contra o Stade Reims, da França, vencida por 2 x 0, com um gol do hispano-argentino Di Stéfano.

A decisão aconteceu em 3 de junho de 1959, onze meses depois de Pelé ter marcado três vezes contra a seleção da França, que tinha seis titulares pertencentes àquele Stade Reims: Jonquet, Penverne, Leblond, Piantoni, Vincent e Just Fontaine, artilheiro da Copa do Mundo, com 13 gols.

Com tudo isso, junho de 1959 se tornou o mês do confronto entre o melhor da Europa, Di Stéfano, e o melhor da Copa do Mundo, Pelé. Tecnicamente, nem era assim, porque Didi foi o brasileiro eleito melhor jogador do Mundial, na Suécia.

De qualquer modo, o desafio estava posto. Di Stéfano x Pelé. Real Madrid x Santos.

O jogo, marcado para 17 de junho de 1959, duas semanas após o tetra europeu do Real, era o décimo quarto jogo de uma longa excursão do Santos pelo Velho Continente. Na década de 1950, sem transmissões de televisão, sem contratos de patrocínio, a receita dos clubes brasileiros vinha da bilheteria e dos cachês conquistados nas viagens internacionais.

Com Pelé, os valores pagos ao Santos aumentaram e o número de partidas também. Nos treze compromissos anteriores ao Real Madrid, os santistas venceram nove, empataram dois e perderam dois, para o Gent, da Bélgica, e a Internazionale, da Itália.

O clássico contra o Real Madrid começou com Pelé brilhante. Logo aos 10 minutos do primeiro tempo, o craque brasileiro driblou dois jogadores e chutou forte, de fora da área. A bola fez uma curva e enganou o goleiro espanhol, Berasaluce: Santos 1 x 0.

Nos trinta minutos seguintes, o ponta-direita Mateos marcou três vezes. Três vezes com assistências de Alfredo Di Stéfano.

Aos 9 do segundo tempo, Pelé invadiu a área e sofreu pênalti, cobrado violentamente por Pepe. A partida voltou a ficar equilibrada, com placar de 3 x 2 para os donos da casa. Puskas marcou 4 x 2 para o Real Madrid e Coutinho diminuiu outra vez para o Santos. O placar se fechou com 5 x 3 para os madrilenhos com gol de Gento, aos 37 do segundo tempo.

O jogo terminou com elogios do técnico argentino, Luis Carniglia, que dirigia o Real Madrid, para Pelé: "Pelé teve grande facilidade de chutar e muita malícia. Carrega muito bem a bola e infiltra perigosamente". Gradim, técnico do Vasco, estava em Madri, elogiou a atuação de Di Stéfano e lamentou a aproximação do fim de sua carreira pela idade.

O diário *Marca*, de Madri, destacou a atuação de Di Stéfano e definiu-o como o melhor jogador do planeta. O jornal *AS*, também da capital espanhola, julgou a atuação do campeão europeu superior pela fragilidade defensiva do Santos. De fato, o time brasileiro sofreu cinco gols.

Pelé tinha 18 anos. Di Stéfano, 32.

Nunca mais se enfrentaram.

O Santos sempre alegou que pediu diversas vezes a revanche e o Real Madrid cobrava alto para disputar um amistoso. Na opinião santista, por rejeitar o risco de perder para o melhor time do planeta. Em 1965, num torneio em Buenos Aires, o Real Madrid empatou com o River Plate e se classificou para a decisão contra o Santos, vencedor por 4 x 1.

O Real Madrid já não tinha Di Stéfano, que estava no Espanyol, de Barcelona.

A DECEPÇÃO NA COPA DE 1962

A maior frustração de Pelé foi a lesão que o tirou da Copa do Mundo do Chile logo no segundo jogo do Mundial, empate por 0 x 0 contra a Tchecoslováquia. Atenuada apenas pela conquista do bicampeonato contra a mesma Tchecoslováquia, exatamente duas semanas após a lesão da virilha.

Não é exatamente um argumento verdadeiro o de que o Marechal da Vitória, Paulo Machado de Carvalho, fez tudo certo para ser bicampeão mundial. Pelo menos, não em 1962, no Chile.

Semelhantemente ao que aconteceria na Inglaterra quatro anos depois, a Confederação Brasileira de Desportos (CBD) convocou inicialmente mais de quatro dezenas de jogadores para a parte inicial da preparação.

Quatro goleiros: Gylmar (Santos), Valdir (Palmeiras), Laércio (Santos), Castilho (Fluminense).

Oito laterais: Djalma Santos (Palmeiras), Jair Marinho (Fluminense), Joel (Botafogo), De Sordi (São Paulo), Nílton Santos (Botafogo), Altair (Fluminense), Rildo (Botafogo), Ivã (América).

Nove zagueiros: Bellini (Vasco), Djalma Dias (Palmeiras), Aírton (Grêmio), Mauro (Santos), Aldemar (Palmeiras), Calvet (Santos), Barbosinha (Vasco), Jurandir (São Paulo), Zózimo (Bangu).

Seis meio-campistas: Zequinha (Palmeiras), Zito (Santos), Mengálvio (Santos), Chinesinho (Palmeiras), Carlinhos (Flamengo), Didi (Botafogo).

Catorze atacantes: Garrincha (Botafogo), Julinho (Palmeiras), Jair da Costa (Portuguesa), Prado (São Paulo), Vavá (Palmeiras),

Benê (São Paulo), Amarildo (Botafogo), Pelé (Santos), Coutinho (Santos), Quarentinha (Botafogo), Pepe (Santos), Zagallo (Botafogo), Germano (Flamengo), Nei (Corinthians).

Não havia condição de todos serem testados da maneira correta, nem de o time se formar de um jeito a ganhar entrosamento em apenas quarenta dias, entre o primeiro amistoso depois da convocação total, 21 de abril, e a abertura da Copa, 30 de maio.

Para piorar, Pelé sentia uma pequena dor na parte superior da coxa, com muita frequência. Chegava ao final dos treinamentos sempre poupado, por causa do que se dizia "uma dorzinha".

Mesmo assim, disputou todo o amistoso contra o Paraguai, que abriu a preparação final, após a convocação dos 41 atletas. Fez um golaço, o segundo da goleada por 6 x 0, e deu um passe para Vavá marcar o quinto.

Começaram os cortes. Julinho sofreu distensão muscular. Se Pelé também tinha uma dorzinha, sinal de que a preparação poderia estar sobrecarregada. Aírton, zagueiro do Grêmio, único chamado de fora do Rio ou São Paulo, foi retirado do grupo pelo excesso de zagueiros.

Suspeitou-se de que teria recusado um convite do São Paulo, treinado por Aymoré Moreira, seu treinador na seleção. Confusão entre ser técnico de clube e do Brasil ao mesmo tempo.

Luiz Mendes, brilhante jornalista gaúcho radicado no Rio de Janeiro, tinha outra versão. Dizia que Aírton foi cortado por ter tentado, e fracassado, um drible em Pelé.

Aymoré cobrou responsabilidade de seu beque.

Pelé ainda fez outros cinco amistosos e cinco gols antes de estrear na Copa do Mundo contra o México, no dia 30 de maio.

Em nenhum deles Aymoré Moreira escalou o time da estreia, que atuou junto pela primeira vez contra os mexicanos: Gylmar; Djalma Santos, Mauro, Zózimo e Nílton Santos; Zito e Didi; Garrincha, Vavá, Pelé e Zagallo.

Pela numeração, 21, Zagallo não seria o titular, não fosse a lesão de Pepe, contra o País de Gales, no dia 12 de maio. Pepe vestia a 11, o que indicava que seria o titular.

Zagallo era segurança pela experiência da titularidade de quatro anos antes.

Na estreia, a seleção começou a partida jogando mal. Pelé também não estava bem. Só Garrincha lembrava o jogador que se estava acostumado a ver, com dribles no lateral-esquerdo Sepúlveda, que tentava parar-lhe com faltas seguidas e violentas. O árbitro suíço Gottfried Dienst, o mesmo que quatro anos mais tarde validaria o gol mais polêmico da história das Copas, da Inglaterra contra a Alemanha, não viu pênalti de Sepúlveda em Zózimo.

O primeiro gol saiu dos pés de Garrincha, que deixou Nájera para trás, atraiu o zagueiro Villegas, entregou a Pelé. Cercado por Sepúlveda, o Rei fez o levantamento e deixou Zagallo finalizar de cabeça: 1 x 0.

No segundo, Pelé dividiu com força, contra Villegas, Reyes e Sepúlveda. Ganhou de todos e finalizou no canto de Carbajal.

A estreia com 2 x 0 deu tranquilidade.

Pelé e a dorzinha, não.

Nos três dias antes da segunda partida, contra os tchecos, o Rei terminava os treinos como goleiro, para poupar a coxa, região que parecia ser a atingida.

O Brasil começou a partida chutando uma bola na trave.

Logo depois, Didi deu a bola a Pelé. Ele driblou, chutou de longe e a bola tocou de novo no poste, direito dessa vez.

Pelé chutou, parou e fez cara de choro.

Era a virilha que o incomodava tanto.

Tentou jogar pela ponta direita, cair pela ponta esquerda, ficou fazendo número, porque não havia substituições.

Aos 25 minutos do primeiro tempo, a Copa do Mundo tinha terminado para ele.

Ou pior, porque ninguém fez exatamente esse diagnóstico. Pelé passou dias tentando se recuperar depois daquele empate insosso contra os tchecos.

Os espanhóis tinham Ferenc Puskas, carrasco da seleção brasileira, melhor camisa 10 do futebol mundial antes do aparecimento daquele incrível meia-esquerda brasileiro.

Sem Pelé, a seleção entrou tremendo contra a Espanha. Didi errava passes. Era raríssimo ver Didi errar um passe, quanto mais assim, no plural.

O Brasil só precisava do empate contra os espanhóis e, mesmo assim, parecia morto de medo. Então, Puskas dominou a bola longe de seus marcadores. Não se definia se quem chegaria mais próximo a ele seria Zito, ou Mauro, ou Djalma Santos. O húngaro, que podia jogar pelo país onde residia, deu o passe para Adelardo, que chutou de longe. Um belo gol espanhol.

Zózimo passou a ser o marcador individual de Puskas no segundo tempo e a seleção brasileira melhorou. Mesmo assim, o ponta-direita Collar tentou invadir a área e foi calçado por Nílton Santos. O brasileiro deu um passo à frente e o árbitro entendeu que a falta havia acontecido fora da área.

Há quem garanta que nem falta foi, mas os europeus reclamaram pênalti.

Na cobrança, Zito tirou pelo alto e Puskas acertou uma linda bicicleta. Gol da Espanha. O árbitro chileno Sergio Bustamante anotou jogo perigoso e anulou o tento.

O Brasil estaria eliminado na fase de grupos, no ano em que foi bicampeão mundial.

Então veio Amarildo, apelidado por Nelson Rodrigues de "O Possesso" justamente nesse jogo.

Primeiro, Garrincha passou por três marcadores e fez o cruzamento. Amarildo apareceu na segunda trave de cabeça. Fuzilou, mas o goleiro Araquistáin conseguiu interceptar de maneira surpreendente.

Na jogada seguinte, Zagallo puxou seu marcador pela esquerda e fez o cruzamento. Amarildo antecipou-se aos zagueiros e desviou com categoria. O Brasil empatava a partida aos 27 minutos e o resultado já garantia a vaga nas quartas de final.

Mas o jogo seguia perigoso. E sem Pelé.

Amarildo, seu substituto, tinha 21 anos e só seis jogos pela seleção brasileira e acabara de marcar seu primeiro gol.

Garrincha já tinha 29 e carregou pela direita. Devagarinho, sem pressa, usando o placar a seu favor. Parou. O marcador parou junto.

Do nada, arranca e vai à linha de fundo com incrível velocidade. Cruza e Amarildo aparece de surpresa para tocar a testa na bola. Brasil 2 x 1.

Era o início da Copa do Mundo de brilho de Garrincha e do sucesso de Amarildo. Incrível, o substituto de Pelé.

O Rei estava de fora, mas com um enorme sorriso no rosto. A seleção seguia com chance. Pelé ainda tinha esperança de se recuperar para as finais.

No sábado, 9 de junho, uma semana depois da lesão, o doutor Hilton Gosling, médico da delegação brasileira, informou em tom otimista que Pelé voltaria a treinar na segunda-feira, um dia depois da partida contra a Inglaterra, pelas quartas de final.

De qualquer maneira, estaria ausente da semifinal, caso o Brasil avançasse. A informação é de que, provavelmente, poderia disputar a final se a seleção conseguisse a classificação. Da data da entrevista até a finalíssima seriam oito dias de recuperação.

A Inglaterra era a rival das quartas de final, em sua quarta participação em Mundiais. Nunca tinha alcançado a semifinal, o que dava favoritismo ao Brasil, campeão mundial.

Foi o melhor jogo de Garrincha. Primeiro levou um drible de um cachorro que invadiu o gramado do estádio Sausalito, de Viña del Mar. O ponta brasileiro tentou apanhar o invasor. Não conseguiu. O inglês Jimmy Greaves evitou o drible e tirou o cão do local do jogo.

Fora isso, Garrincha fez o que se esperava de Pelé. Gol de cabeça, raro na carreira do número 7, anotou aos 32 do primeiro tempo, após cruzamento de Zagallo em cobrança de escanteio.

A aparente tranquilidade desapareceu sete minutos depois, quando Gylmar rebateu na trave um chute de longe de Jimmy Greaves. No rebote, Hitchens empatou a partida. Foi o placar até o intervalo.

Cobrança de falta também seria assunto para Pelé, ou Didi. Quem cobrou foi Garrincha, aos 8 minutos da segunda etapa. A bola explodiu no peito do goleiro Springett e voltou na cabeça de Vavá, marcando o segundo gol do Brasil.

Chute de fora da área era assunto do Rei. Foi num deles a lesão na virilha. Garrincha tentou também e meteu no ângulo de Springett. O Brasil fez 3 x 1 e foi à semifinal da Copa do Mundo pela segunda vez consecutiva.

Na terça-feira, véspera da semifinal contra os chilenos, donos da casa, Pelé foi a campo treinar com bola. Doutor Gosling dizia que ele estava clinicamente apto. Curado de uma distensão na virilha depois de apenas uma semana? Gosling garantia que sim.

Aymoré Moreira tinha medo de incluí-lo na equipe e mesmo de levá-lo ao estádio. O frio intenso do inverno do Chile poderia criar problemas. Se estivesse em campo, a lesão poderia se agravar. Então, adeus final!

Além do que, Garrincha estava bem.

Em 19 partidas na história das duas seleções, os chilenos só tinham um triunfo contra os brasileiros, no Campeonato Sul-Americano extra de 1956, quando a CBD enviou uma equipe só com paulistas. Os adversários tinham jogadores importantes e o apoio da torcida. Mereciam respeito, portanto.

"*Com Didi o sem Didi los haremos hacer pipi.*" Os cartazes espalhavam-se por Santiago, com a confiança dos torcedores.

Quem jogava com os dois pés igualmente no time brasileiro? Pelé! Garrincha de novo substituiu essa função. Zagallo cruzou da esquerda, Amarildo furou uma tentativa de bicicleta, Vavá não conseguiu finalizar, Garrincha ajeitou com a direita e chutou de canhota: Brasil 1 x 0, aos 9 minutos.

O segundo, de cabeça, aos 31 minutos.

Garrincha fez quatro gols de maneiras inusuais nos diferentes jogos do campeonato. De pé esquerdo, de cabeça, de fora da área. Toro diminuiu para o Chile, no final do primeiro tempo, mas o ímpeto caiu por terra logo no terceiro minuto da segunda etapa, com gol de Vavá. Passe de Garrincha.

Zagallo fez um cruzamento, Garrincha passou pela bola e Vavá marcou: 4 x 2 foi o placar final.

O Brasil estava na decisão. E Pelé?

No dia seguinte à semifinal, as notícias eram boas sobre o Rei, e não sobre os demais.

Zagallo e Vavá sofreram pancadas na perna, Garrincha levou uma pedrada vinda da arquibancada, Didi sofreu um ferimento no rosto.

Pelé seguia em tratamento, fazendo compressas com gelo e com calor, intercaladas. Mas Hilton Gosling seguia dizendo que ele teria condição de jogo. Um pouco para acalmar o noticiário, um pouco porque acreditava em seu trabalho e queria valorizá-lo.

"Todos terão condição de jogar", dizia a matéria do jornal *O Estado de S. Paulo*, dois dias antes da finalíssima do bi.

O Brasil amanheceu no sábado com a notícia, vinda de Santiago, que ninguém gostaria de ouvir. O técnico Aymoré Moreira afirmou com todas as letras: "Pelé não jogará". Foi no final da sexta-feira a declaração que estampou os jornais do sábado.

O médico Hilton Gosling reforçou que o Rei estava curado. Aymoré Moreira dizia que Pelé não jogava havia duas semanas e que a parada tirava sua melhor condição física: "Não é favorável escalar um jogador sem suas melhores condições", afirmou o treinador.

A final seria contra a Tchecoslováquia, vencedora do duelo semifinal contra a Iugoslávia, e que fez nascer uma lenda sobre Garrincha, que teria se espantado ao saber que a seleção jogaria outra vez contra o rival que tem o uniforme do São Cristóvão, do Rio de Janeiro.

A seleção tcheca entrou em campo toda de branco e o Brasil, com a formação dos três jogos seguintes à lesão de Pelé.

Amarildo com a camisa 20.

Garrincha abençoado.

Não existia cartão vermelho naquele tempo. Garrincha se envolveu em um entreveiro com o lateral Eladio Rojas, na semifinal, e foi expulso do gramado. Foi a julgamento, um dos mais suspeitos da história das Copas. O bandeirinha Esteban Marino saiu do Chile de avião. Teve até interferência do primeiro-ministro brasileiro, Tancredo Neves, para tentar a liberação. Garrincha pôde jogar a decisão. Mas estava muito gripado.

Masopust fez 1 x 0 para os tchecos aos 14 minutos do primeiro tempo.

Amarildo passou pelo lateral Tichy e pelo zagueiro Pospichal, olhou o goleiro Schrojf e encobriu-o. O empate dois minutos depois de sair atrás no marcador.

A tranquilidade mesmo só veio aos 25 da segunda etapa. Amarildo cruzou da esquerda, o goleiro Schrojf falhou outra vez e Zito marcou de cabeça.

Aos 34, cobrança de lateral, Djalma Santos cobrou para a grande área, Schrojf saiu pessimamente e soltou na mão de Vavá: Brasil 3 x 1.

Bicampeão do mundo.

Pelé festejou igual, como se fizesse parte de toda a campanha. No íntimo, tinha uma frustração, revelada anos mais tarde, que o fez cogitar até mesmo não atuar em 1970. Mas era o mais jovem jogador bicampeão mundial da história. Aos 21 anos, tinha duas vezes a maior glória do futebol no mundo.

MUNDIAL DE CLUBES DE 1962

A distensão na virilha direita que tirou Pelé da Copa do Mundo do Chile foi a lesão mais grave de sua carreira.

Mesmo com os médicos da seleção brasileira afirmando que ele estava curado, que tudo estava bem, que clinicamente estava liberado para disputar a finalíssima contra o Chile e que só não atuou porque Aymoré Moreira não confiava em sua condição física depois de ter passado duas semanas sem atuar.

Com tudo isso, a lesão durou!

Da decisão contra a Tchecoslováquia, disputada em 17 de junho, até o início das finais da Libertadores, em agosto, Pelé não entrou em campo. Viveu uma rotina de exames, gelo, medicamentos.

Enquanto isso, o Santos entrou na sua primeira disputa de Taça Libertadores da América.

A contusão de Pelé contra a Tchecoslováquia aconteceu no dia 2 de junho, segundo compromisso do Brasil no Mundial do Chile. Só voltou aos campos em 5 de agosto, 63 dias depois da profunda dor na virilha.

A Libertadores nasceu para se contrapor à Copa dos Campeões da Europa, com a ideia de se criar um Mundial de Clubes. Para indicar representantes ao torneio sul-americano, a Confederação Brasileira de Desportos criou a Taça Brasil, competição que reunia campeões de todos os estados com futebol profissional no país. O Santos perdeu a final de 1959 para o Bahia, o que fez do time do Nordeste o primeiro representante do Brasil na Libertadores. O Palmeiras foi campeão paulista do mesmo ano e, por isso, os santistas só retornaram à Taça Brasil em 1961, com outra final contra os baianos, dessa vez vencida por 5 x 1, três gols de Pelé.

Consequência disso, o Santos faria sua primeira participação na Libertadores no ano de seu cinquentenário, com o compromisso de vencer.

Estreou contra o Deportivo Municipal, da Bolívia, venceu por 4 x 3, desfalcado de Coutinho, sem gols de Pelé e com Tite decidindo quando restavam nove minutos de jogo.

O jogo de volta, na Vila Belmiro, teve um gol do Rei, substituído no segundo tempo por Coutinho, também autor de um tento.

Pelé ficou fora, por lesão, no jogo de Assunção, contra o Cerro Porteño. Poupado também na segunda partida, foi chamado às pressas pelo técnico Lula, quando o placar apontava vitória apertada por 2 x 1, no intervalo. Pelé fez dois gols e o Santos goleou por 9 x 1, com participação do Rei também em dois gols de Pepe e um de Coutinho.

A Libertadores parou para esperar a Copa do Mundo e retornou em julho, com o Santos enfrentando a Universidad Católica, do Chile, duas vezes sem Pelé.

Era a maldita virilha.

Dorval saiu da ponta direita e vestiu a camisa 10 na primeira semifinal, em Santiago. Jogou mal na nova função e houve empate por 1 x 1. O técnico Lula mudou de ideia na Vila Belmiro e escalou Cabralzinho, ponta de lança, mas muito inferior à qualidade do titular.

A vitória suada foi conquistada com gol do capitão, Zito, aos 36 minutos do primeiro tempo.

O adversário da final seria o Peñarol, campeão das duas primeiras edições da Libertadores.

Pelé estava ausente havia 22 partidas. Seu último jogo, contra o Palmeiras, foi vencido por 5 x 3, em 18 de março, antes da viagem para se preparar para a Copa do Mundo e servir a seleção brasileira até o final de junho. Quinze ausências até a conquista do bicampeonato e mais sete compromissos que não pôde atender depois do retorno do Chile até o início das finais contra o Peñarol.

Pois nos dois primeiros jogos da decisão, Pelé também não conseguia chutar.

Em Montevidéu, contra os bicampeões sul-americanos e sem Pelé, Lula decidiu escalar Coutinho com a camisa 9 e Pagão com a 10, como ponta de lança. Campeão mundial pela seleção brasileira, como reserva de Vavá, Coutinho demonstrava fome de bola, marcou duas vezes. O equatoriano Spencer descontou o marcador para os uruguaios.

O Santos fez 2 x 1.

A 24ª e última ausência de Pelé aconteceu no confuso jogo de volta da final da Libertadores, na Vila Belmiro.

O equatoriano Spencer marcou 1 x 0 para o Peñarol. Dorval empatou em jogada pela ponta direita, aos 19 da primeira etapa. Mengálvio virou para o Santos e o primeiro tempo terminou 2 x 1.

A segunda etapa começou com gol de Spencer, aos 4 minutos. Dois giros de ponteiro do relógio depois, já estava 3 x 2, com gol de Sasía.

Após a confirmação do gol, o árbitro Carlos Robles foi atingido por uma garrafa e o jogo ficou paralisado por 1 hora e 26 minutos. Robles, chileno, foi acusado de ter assaltado a seleção brasileira no Campeonato Sul-Americano de 1959, em Buenos Aires, quando Nelson Rodrigues escreveu que Robles "assassinou o gol de Garrincha".

O árbitro saiu de campo escoltado, em direção ao vestiário. Atendido pelo quarto árbitro, o brasileiro João Etzel, recebeu visita do presidente da Federação Paulista, João Mendonça Falcão, e do técnico Lula, do Santos. O treinador saiu do vestiário absolutamente desapontado, argumentando não compreender a decisão do árbitro de reconhecer a vitória do Peñarol e encerrar o jogo.

Depois de 1 hora e 26 minutos, sob proteção policial, às 00h12 da sexta-feira, 3 de agosto, o jogo foi reiniciado.

Prosseguiu até os 32 minutos do segundo tempo, quando Pagão, herdeiro da camisa 10 de Pelé, empatou o jogo em 3 x 3.

Logo depois do empate, dessa vez o árbitro assistente Domingo Massaro foi atingido por uma garrafa. Mais doze minutos de paralisação. No retorno, o Peñarol estava mais perto do gol da vitória, que forçaria a terceira partida, em Buenos Aires. O empate daria o troféu ao Santos, sem Pelé.

Aos 35 minutos da segunda etapa, após cobrança de escanteio, o uruguaio Sasía atirou um punhado de terra no rosto do goleiro Gylmar. No minuto seguinte, o árbitro Carlos Robles encerrou o jogo. Santos campeão! Campeão?

O jornal *O Estado de S. Paulo* estampou em sua edição matutina, de 3 de agosto: "Santos empatou: é campeão da América". Na coluna ao lado, em tom crítico, titulava: "Robles quis parar a partida; alegou falta de garantia".

No dia seguinte, a página de esportes dizia: "O Santos talvez perca os pontos e dispute 3ª partida".

A solução só se deu cinco dias depois, em reunião da Confederação Sul-Americana, em Buenos Aires. Na edição de 8 de agosto, quarta-feira seguinte à partida da Vila Belmiro, a Conmebol anunciou que a vitória foi atribuída ao Peñarol por 3 x 2, em função de o árbitro chileno, Carlos Robles, ter considerado a partida encerrada aos 6 minutos da segunda etapa, logo depois de ter sofrido uma agressão com uma garrafa atirada das arquibancadas. Argumentou que só realizou os minutos finais do jogo para não correr risco de morte. Assim, o Congresso da Confederação Sul-Americana atribuiu o dia 17 de agosto como nova data para a definição do campeão.

O presidente do Santos, Athiê Jorge Coury, negou-se a disputar o jogo, o que arrastou a nova data para o dia 30 de agosto, em partida a ser disputada no Monumental de Nuñez, em Buenos Aires.

Na mesma página onde se anunciava que o Santos teria de jogar o terceiro jogo, *O Estado de S. Paulo* afirmava: "Santos x Juventus no Pacaembu: Pelé escalado".

Era a tensão pós-Copa, a preocupação em ter o melhor jogador do planeta de volta à sua melhor forma. Ele já havia voltado a jogar uma semana antes, contra a Prudentina, no estádio Félix Marcondes, em Presidente Prudente. Exatos dois dias depois da confusão de sexta-feira de madrugada, o Santos já estava no interior de São Paulo, quase na divisa com o estado do Paraná. Foi lá que Pelé reapareceu com a camisa branca do Santos, dois dias depois da final da Libertadores, dois meses depois de sua liberação para a seleção brasileira, para disputar a Copa do Mundo.

Entre o segundo e terceiro jogos das finais contra o Peñarol, o Santos teve Pelé e ganhou da Prudentina por 2 x 0, venceu o Juventus no Pacaembu, pelo mesmo marcador, fez 4 x 2 no clássico contra o Palmeiras, descansou o Rei contra o Taubaté (1x0), goleou o Jabaquara por 5 x 1, com três gols do melhor jogador do planeta, e empatou com o Guarani por 1 x 1, em Campinas.

O compromisso seguinte foi em 30 de agosto, data atrasada pela recusa do Santos em aceitar a remarcação da final.

Desta vez, o Peñarol teria de enfrentar PELÉ.

A violência seria uma das armas para pará-lo. Aos 7 minutos, Caetano atingiu o craque. Pelé caiu. Enorme susto para a torcida. Quatro minutos mais tarde, tabela com Coutinho, o camisa 9 finaliza e a bola desvia em Lezcano. Assim, enganou o goleiro Maidana e o time brasileiro marcou 1 x 0, no começou do primeiro tempo.

O show veio na segunda etapa. Logo aos 3 minutos, triangulação de Pelé, Dorval e Pepe. A bola sobrou para o melhor dos craques finalizar, de fora da área, forte e sem defesa.

Quase no final do jogo, Pelé dominou na intermediária, fez longa e linda jogada individual e tocou na saída de Maidana. Não deu tempo nem sequer para a saída de bola.

Os torcedores do River Plate começaram a finalíssima empolgados com o Peñarol, em busca do tricampeonato para o Uruguai.

Rapidamente foram seduzidos por Pelé.

Aquela final mostrou três visões diferentes do futebol brasileiro. A primeira, de que o Santos sobrevivia sem Pelé, mas era muito melhor com ele; a segunda, de que a violência não era um privilégio dos vizinhos e a Vila Belmiro atirando garrafas em direção ao árbitro era símbolo disso; a terceira era de que Pelé mudava tudo, até a direção do vento e dos gritos de torcidas.

Naquele momento, Pelé já era o mais carismático dos craques do mundo. Além de ser o mais decisivo, autor de dois gols na primeira conquista internacional, oficial, de um clube brasileiro.

PELÉ NO MUNDO DOS CLUBES

A Libertadores da América começou em 1958.

A rigor, não. Só em 1960, os clubes campeões de Argentina, Brasil, Chile, Paraguai e Uruguai começaram a disputa, planificada a partir do exemplo europeu de montar um torneio entre todos os vencedores de seus torneios nacionais.

No dia 18 de outubro de 1958, o brasileiro José Roberto de Freitas, presidente da Confederação Sul-Americana de Futebol (Conmebol), enviou à Uefa carta informando que iniciaria o processo do torneio de clubes da América e que isso viabilizaria o sonho das duas entidades de realizar uma disputa entre os dois continentes:

> Después de conversaciones con muchas instituiciones, hemos recebido, en principio, el apoyo de Argentina, Chile, Paraguay y Uruguay, para la realización del Campeonato Sudamericano de Associaciones Campeones y por las informaciones telegráficas provenientes de Europa se sabe que el Brasil también, de acuerdo com las declaraciones hechas por el Dr. Havelange, Presidente de la Confederación Brasileña de Deportes, concuerda com la idea original.

A mensagem enviada ao presidente da Uefa, Pierre Delaunay, fez com que o Brasil criasse a Taça Brasil, o primeiro torneio nacional de clubes. O Santos chegou à final, mas perdeu para o Bahia e adiou de 1960 para 1962 a sua estreia na disputa continental de clubes.

Para o Santos, foi um adiamento providencial.

A estreia aconteceria no ano de seu cinquentenário e se iniciou com uma excursão à América do Sul, com escalas programadas até chegar à estreia, na altitude de La Paz, na Bolívia.

Entre 7 de janeiro e 18 de fevereiro, data da estreia, o Santos realizou 11 amistosos. Do Equador, contra o Barcelona de Guayaquil, a Montevidéu, percorrendo o continente de norte a sul, para se testar contra rivais de todos os espectros e estilos.

Pelé marcou ao todo nove vezes, esteve presente em todas as partidas e só não balançou as redes em quatro das onze partidas em que foi escalado.

Não fez gol na Bolívia.

Era diferente de tudo para o Rei jogar na altitude de 3.625 metros. Por mais que tivesse viajado o planeta inteiro, nunca jogou em outro lugar mais alto. Foram três viagens apenas, as duas outras numa excursão de 1971, quando já era tricampeão mundial e tinha 31 anos de idade.

Nas derrotas brasileiras na Bolívia, a crítica nas décadas seguintes variou entre dizer ser impossível jogar em condições tão diferentes de ar rarefeito ou afirmar que, no passado, os times do Brasil não tinham a mesma dificuldade.

Tinham.

O Santos venceu o Deportivo Municipal por 4 x 3 e Pelé não marcou. Saiu perdendo por 1 x 0, virou com Lima e Mengálvio, tomou nova virada para 3 x 2, Pagão e Tite fizeram gols rapidamente aos 32 e 34 do segundo tempo, para consolidar a dura vitória por 4 x 3.

Na semana seguinte, na Vila Belmiro, contra o mesmo adversário, meteu 6 x 1. Pelé só jogou o primeiro tempo, saiu machucado sem fazer gol. Também não viajou a Assunção, no Paraguai, para o empate por 1 x 1 contra o Cerro Porteño.

Retornou no dia 28 de fevereiro, para ser protagonista da maior goleada da história do Brasil em partidas de Libertadores: Santos 9 x 1 Cerro Porteño, na Vila Belmiro.

"O Santos conseguiu facílima vitória graças a Pelé. O time não atuava bem até sua entrada", escreveu o jornal *O Estado de S. Paulo* no dia seguinte ao massacre.

Pelé voltava de lesão, sedento por jogar depois de dez dias de jejum. Entrou no minuto 34 do primeiro tempo e, no seguinte, deu passe para Coutinho marcar. Até então, o placar marcava empate por 1 x 1. O Cerro Porteño jogou melhor dos 15 da primeira etapa até Pelé ingressar no gramado.

O relato é que Pelé, mesmo sem mostrar empenho no primeiro tempo, mudou o jogo graças à sua movimentação. No segundo tempo, o time marcou mais sete vezes. *O Estado de S. Paulo* descreveu que os atacantes trocaram muitos passes perto da área, quando poderiam definir jogadas e, só por isso, não se realizou uma goleada ainda maior.

Pepe e Coutinho fizeram três gols, Pelé marcou duas vezes, Zito fez um.

Foi a maior goleada da história da Libertadores à época, mais tarde superada por Peñarol 11 x 2 Valencia (1970), River Plate 9 x 0 Universitario da Bolívia (1970) e Peñarol 9 x 0 Strongest da Bolívia (1970).

O Santos ficava mais forte com seu Rei e isso ficava óbvio quando ele entrava no decorrer das partidas.

As partidas seguintes seriam só em julho, contra a Universidad Católica, do Chile, já pelas semifinais. Outra vez machucado, Pelé não viajou. Coutinho também não e o Santos retornou com empate por 1 x 1.

Lima fez 1 x 0 aos 14 do segundo tempo, Nawacki empatou para os chilenos aos 30. Com chuva da véspera, o gramado pesado pelo inverno atrapalhou o desempenho. O Santos, mesmo assim, jogou melhor do que o rival, mas não teve condição de definir o jogo.

Em outras palavras, não jogaram nem Pelé nem Coutinho.

Porque Pelé convivia com tantas lesões nesse primeiro semestre de 1962. Foram 59 partidas na temporada, viagens demais, deslocamentos demais, faltas sofridas demasiadamente. Também a lembrança de que as partidas das semifinais da Libertadores aconteciam menos de um mês após o final da Copa do Mundo.

Lembra-se da distensão na virilha, que já estava curada? Não era bem assim.

"Pelé será submetido a um novo teste de campo na terça-feira. O doutor Ítalo Consentino, médico que cuida do jogador, afirmou que há possibilidade de o profissional participar da partida contra a Universidad Católica, na quinta-feira. Coutinho também será submetido a outro teste."

Nenhum dos dois atuou e o ataque foi formado por Pagão e Cabralzinho. O jogo sem Pelé foi, outra vez, duríssimo. O Santos não jogou bem, a marcação da Universidad Católica deixava onze jogadores atrás do meio de campo e os santistas só conseguiam entrar na área em bolas paradas. Aos 37 minutos do segundo tempo, Dorval cobrou escanteio, a zaga afastou, Mengálvio dominou, Ramírez tocou na bola e Zito aproveitou o vacilo para finalizar.

Sem Pelé, o Santos estava na final da Libertadores em sua primeira participação. O primeiro time do Brasil na decisão. Mas continuava sem o Rei.

Duríssima missão.

Enfrentar o Peñarol na finalíssima, campeão das duas edições inaugurais do torneio, com experiência de sobra e contra um estreante sem Pelé.

Depois da lesão na virilha, o Rei voltaria só no dia 5 de agosto, exatamente dois meses e três dias após sentir o músculo da virilha.

E depois de duas partidas de sobrevida contra o Peñarol.

A primeira, em Montevidéu, mais fácil do que a segunda, na Vila Belmiro.

Coutinho pôde atuar e estava em dia de Pelé, ou de Garrincha um mês antes. Com 5 minutos, Coutinho marcou o primeiro gol, entrando pelo meio da defesa e finalizando na saída do goleiro Maidana. Aos 43 minutos da primeira etapa, foi lançado em velocidade, no mesmo lugar, só que com uma corrida muito mais veloz.

O Santos ainda levou gol de Spencer, na segunda etapa, mas tinha a vantagem de empatar em casa para ser campeão.

Pelé treinou.

No dia seguinte, ainda com a lesão a incomodá-lo e com o noticiário dando conta de que sua corrida em torno do campo e as atividades com bola deram noção exata de que ainda não estava em sua melhor forma física.

A segunda partida, na Vila, marcou um dos episódios mais bizarros da história das competições continentais, seja na América do Sul, seja na Europa.

Sem Pelé outra vez.

A manchete de *O Estado de S. Paulo* do dia 3 de agosto, manhã seguinte à finalíssima, foi: "Santos empatou: é campeão da América".

Só que não.

O Peñarol vencia por 3 x 2 aos 6 minutos da segunda etapa, quando Sasía fez o terceiro gol uruguaio. Nesse momento, uma garrafa atirada das arquibancadas acertou a cabeça do árbitro chileno Carlos Robles. O jogo ficou paralisado por 86 minutos, com jogadores e árbitros indo para o vestiário e dando a impressão de que a partida teria sido encerrada.

Retorno ao gramado após mais de uma hora de parada e Pagão marcou o empate aos 32 da segunda etapa.

O Santos sai de campo festejando o troféu, conquistado sem Pelé. A torcida vara a madrugada em comemoração. No dia seguinte, a Confederação Sul-Americana informou que o jogo foi encerrado no sexto minuto da segunda etapa, por falta de garantias para os árbitros.

Seria necessário disputar jogo desempate em Buenos Aires, um mês depois. No dia 30 de agosto, apenas, mas já com Pelé recuperado, enfim.

Para evitar novas confusões, a Confederação Sul-Americana trouxe o árbitro Leo Horn, da Holanda.

Pelé fez toda a diferença.

Mas iniciou dando susto.

Primeiro por mover-se com dificuldade pelo campo. "Movia-se com dificuldade, com aparente receio pela lesão", diz o relato. Aos 7 minutos, chocou-se violentamente com o zagueiro Lezcano e caiu machucado.

Quatro minutos depois, Coutinho carregou a bola com rapidez e chutou cruzado. O zagueiro Caetano tentou afastar e acabou marcando contra.

O jogo mudou com a jogada e o primeiro gol muito cedo.

Pelé voltou e a defesa, que parecia insegura nos primeiros dez minutos, acertou o posicionamento.

O Santos cresceu de produção.

Logo aos 3 minutos do segundo tempo, Pelé, Pepe e Dorval triangularam e o Rei chutou de fora da área. Acertou em cheio a rede de Maidana. Além de tudo, livrou-se do trauma do chute forte, de longe, que causou sua lesão no Chile, quase três meses antes.

O Peñarol entregou-se. O Santos explodiu numa exibição de gala. Mas o terceiro gol só veio numa jogada rápida de Pelé, aos 48 minutos do segundo tempo.

Não deu nem tempo para a saída.

O Santos era campeão da América, seu primeiro título oficial internacional de clubes.

A MELHOR ATUAÇÃO DA CARREIRA

Pelé era manchete em todos os jornais de Portugal no dia 11 de outubro de 1962, um domingo, rara ocasião em que a final do Mundial de clubes foi marcada para o primeiro dia da semana. O estádio da Luz estava abarrotado por 73 mil torcedores e os santistas chegaram à capital portuguesa indignados com a informação de que o Benfica já vendia ingressos para um eventual terceiro jogo da final.

A atração era Pelé.

Toda a atenção ao melhor jogador do planeta, quatro meses depois de ganhar o bicampeonato mundial pela seleção brasileira, sem ser protagonista, por causa da lesão na virilha direita.

Os jornais brasileiros nem falavam sobre Eusébio. Um pouco porque o jogador havia estreado apenas um ano antes, tinha 20 de idade e chegara de Lourenço Marques, capital de Moçambique, em 1960. Desconhecido do lado ocidental do Atlântico, era sensação em Lisboa, a ponto de ser disputado por Benfica e Sporting.

Pelé já era Pelé. Bicampeão mundial, ainda que sofrendo com a distensão da virilha durante a campanha do segundo título, em Santiago e Viña del Mar. Foi o diferencial das três partidas decisivas da Libertadores, contra o Peñarol, ao se recuperar da lesão e entrar no terceiro jogo para fazer os gols do título continental, no ano do cinquentenário do Santos.

Eusébio já era visto como pleiteante ao posto de melhor jogador do planeta, ou pelo menos da Europa. Terminaria aquela temporada de 1962 como segundo colocado no prêmio Bola de Ouro, da revista francesa *France Football,* atrás apenas do tcheco Masopust, líder da seleção da Tchecoslováquia, vice-campeã no Chile, derrotada pelo Brasil de Garrincha.

E, mesmo assim, nenhuma linha nem em *O Globo*, nem *Jornal do Brasil*, nem *O Estado de S. Paulo* sobre o craque do Benfica. Nem no dia da primeira partida das finais, marcada para o Maracanã, nem no dia seguinte.

Por que o Maracanã, se o Santos era um time do estado de São Paulo? Óbvio, o Brasil inteiro queria assistir ao melhor time do país, o de Pelé. Havia 84 mil espectadores na noite de 19 de setembro. O Santos jogou mal, uma partida discreta pelo relato de *O Estado de S. Paulo*. Dominou o jogo graças às melhores características individuais de seus jogadores, descreveu o jornal paulista. Leia-se: controlou o adversário porque tinha Pelé em estado de graça.

O Santos nunca foi um time de controle da bola a todo custo. Sabia trabalhar com calma, mas esperava sempre o momento certo para acelerar. Esse era o ritmo do Rio. As imagens existentes dos jogos contra o Benfica dão a noção exata do que mais gostava. Dominar no meio e partir, em busca de tabelas com Coutinho, dribles, de tocar na canela do adversário e pegar na frente, de usar o maior misto de técnica, força e habilidade que o futebol já produziu.

Isso muito tempo antes de haver equipamentos ou medicamentos capazes de fortalecer músculos e formar campeões de força física como Cristiano Ronaldo, quatro décadas mais tarde.

O camisa 10 marcou 1 x 0 aos 31 minutos do primeiro tempo, gol de oportunismo, no rebote produzido pelo goleiro português José Rita, após cobrança de falta de Pepe, com chute extremamente violento.

O Benfica empatou após bola perdida por Pelé, que tentou um drible e deixou sair pela lateral. Na cobrança, a bola chegou a Santana, às costas do zagueiro santista, Calvet, que permitiu o chute. Gol do Benfica.

O silêncio do Maracanã era ensurdecedor e só deixou de existir cinco minutos depois, quando Coutinho venceu a marcação de três portugueses e chutou da entrada da área. Coutinho foi quem entregou a Pelé aos 42 minutos, para definir a vitória. Tabelinha rápida, troca de passes veloz, Pelé recebe e toca na saída de José Rita. O Benfica ainda faria o segundo gol, mas o caminho estava mais aberto para decidir a finalíssima em Lisboa, no estádio da Luz.

Três fatos chamaram muito a atenção na chegada do Santos à capital portuguesa. A primeira foi o fato de os benfiquistas já venderem ingressos para o terceiro jogo, que só aconteceria se o Benfica vencesse.

"Isso acontecia em alguns pontos de Lisboa", lembra o curinga Lima, lateal-direito titular daquela equipe, meio-campista no primeiro jogo.

A segunda, uma frase de Pelé. Ao descartar o favoritismo, declarou: "O Santos não é uma máquina de jogar futebol". Ao mesmo tempo que descartava a superioridade de sua equipe, tratava do calendário fustigante para o time. Aquela seria a partida de número 59 do Santos, de um total de 75 no ano.

Mesmo que Pelé tenha se afastado da Vila Belmiro e retornado apenas depois da Copa do Mundo.

Era o oitavo país visitado por Pelé em 1962. Jogou no Equador, no Peru, no Uruguai, na França, na Bolívia, no Paraguai, na Argentina, em Portugal. Dali, seguiria para excursão à Alemanha.

"O Santos iniciou o jogo evidenciando nervosismo", escreveu *O Estado de S. Paulo*. Curioso, porque aos 17 minutos, a tensão terminou. Gol de Pelé.

Cruzamento de Pepe. Pelé entrou em diagonal para tocar no canto do goleiro Costa Pereira. A presença do melhor arqueiro português da história, recuperado de lesão que o tirou do jogo do Maracanã, era outro possível dificultador. Não foi. Pelé anotou aos 17 minutos e, em seguida, arrancou com bola dominada, passou por três marcadores, invadiu a área, levantou a cabeça e desviou do maior goleiro de Portugal na história.

Com 27 minutos, Pelé inaugurava a maior atuação de sua carreira.

Difícil dizer que tenha sido maior do que aquela em que marcou três vezes contra a França, na semifinal da Copa do Mundo de 1958, aos 17 anos. Às vésperas de completar 22, estava mais maduro, mais forte e mais rápido. Tinha mais dribles e mais repertório. A velocidade parecia a de Jesse Owens à frente de Hitler, em Berlim, e o refinamento em alta velocidade impressionava.

Aos 3 minutos do segundo tempo, Pelé outra vez invadiu a defesa benfiquista com imensa velocidade. Foi cercado por Cavém, Cruz e Jacinto, três defensores portugueses. Num toque, deixou Coutinho frente a frente com Costa Pereira. O Santos fez 3 x 0, obra de Pelé, gol de Coutinho.

Aos 20, Zito lançou. O Rei ganhou com rapidez, outra vez contra três zagueiros do Benfica. Desviou-se para a esquerda e chutou com o pé esquerdo, que não era o seu melhor. Costa Pereira rebateu e lá estava Pelé, como se fosse um multi-homem, pronto para colocar a bola no fundo da rede: Santos 4 x 0.

Aos 32 do segundo tempo, Pelé troca passes com Pepe. O ponta-esquerda chuta, fortíssimo, como justificava seu apelido de "Canhão da Vila". Só que na Luz.

Santos 5 x 0. Três de Pelé, dois passes dele.

O time brasileiro cochilou nos últimos cinco minutos e levou dois gols, um de Eusébio, outro de Simões.

Nenhuma importância.

Quem comprou ingresso para o terceiro jogo perdeu dinheiro. O Santos fez 5 x 2.

Quem pagou caro para ver Pelé e acreditou que tudo se decidiria na segunda final teve o privilégio de assistir à maior atuação da carreira do maior jogador da história.

"Foi a maior exibição de um time de futebol que já vi na vida. Ganhamos no Maracanã (primeiro jogo) por 3 a 2, em uma partida difícil, e os portugueses estavam confiantes que não perderiam em casa. Acabou sendo um chocolate", disse Pepe.

Lima completou: "Não tem como esquecer. Foi o maior jogo do Santos e daquele nosso time. Os erros foram muito poucos. Eles (Benfica) tinham um timaço. Eram oito jogadores da seleção portuguesa contra nove da brasileira no Santos. Após o jogo, eles reconheceram que não dava para segurar nosso time. Marcava o Pelé, mas sobrava o Coutinho. Marcava o Dorval, sobrava o Pepe. Todos estávamos muito iluminados".

Deveria ser difícil dizer qual a maior atuação de Pelé, de tantas grandes exibições. Fosse contra a França ou contra a Suécia, na Copa do Mundo de 1962. O próprio Rei confirma que seu maior talento, em estado puro, apareceu no estádio da Luz.

Era como se fosse um prêmio, uma compensação do destino por seu sofrimento na Copa do Mundo do Chile. Nos meses seguintes, Pelé deixou claro como era importante para desequilibrar a finalíssima contra o Peñarol, bicampeão da América do Sul. Para oferecer o título mais importante da história de 50 anos do Santos.

No mês seguinte, no Maracanã, outra impecável presença no Maracanã. Mas nenhuma tão gigante quanto a do estádio da Luz.

Nem sequer na Copa do Mundo de 1970, quando alcançou o ápice da maturidade. Antes de chegar à vida completamente adulta, brilhou aos 22 anos para dar o mundo ao Santos.

FINAIS
19/09/1962
Santos 3 x 2 Benfica
Local: Estádio Maracanã – Rio de Janeiro/RJ
Público: 84.459
Renda: Cr$ 31.205.110 (recorde nacional)
Árbitro: Rubem Cabrera (Paraguai)
Santos: Gylmar; Lima, Mauro e Dalmo; Zito e Calvet; Dorval, Mengálvio, Coutinho, Pelé e Pepe. Técnico: Lula

Benfica: José Rita; Ângelo, Humberto, Raul e Cruz; Cavém e Coluna; José Augusto, Eusébio, Santana e Simões. Técnico: Fernando Riera
Gols: Pelé 31 do 1º; Santana 15, Coutinho 20, Pelé 42, Santana 43 do 2º

11/10/1962
Benfica 2 x 5 Santos
Local: Estádio Luz – Lisboa, Portugal
Público: 73.000
Renda: 2.500.000 escudos (Cr$ 42.000.000)
Árbitro: Pierre Schwinté (França)
Benfica: Costa Pereira; Humberto, Raul e Cruz; Cavém e Jacinto; José Augusto, Santana, Eusébio, Coluna e Simões. Técnico: Fernando Riera
Santos: Gylmar; Olavo, Mauro e Dalmo; Zito e Calvet; Dorval, Lima, Coutinho, Pelé e Pepe. Técnico: Lula
Gols: Pelé 17, Pelé 27 do 1º; Coutinho 3, Pelé 20, Pepe 32, Eusébio 41, Simões 44 do 2º

O BI DA LIBERTADORES

Pelé teve uma temporada difícil em 1962. Lesão na Copa do Mundo, que persistiu pelas finais da Libertadores, de que ficou fora cinco vezes.

Foi dos períodos mais duros, por conviver com lesões musculares, provocadas por pancadas e por cansaço.

Difícil e...

... mesmo assim foi campeão mundial de seleções e de clubes e campeão paulista, disputou 59 partidas e marcou 73 gols.

Imagine se fosse fácil.

A temporada de 1963 começou sem descanso. Do último jogo do ano anterior, em 19 de dezembro, ao primeiro de 1963, em 9 de janeiro, foram só vinte dias de descanso dos campos, porque os treinos nunca pararam.

Os desafios menos ainda.

Imagine que o campeonato brasileiro de 1962, a Taça Brasil, seria disputado entre Santos e Botafogo, entre março e abril. Seria Pelé contra Garrincha.

Por mais que houvesse o culto ao Rei como o maior jogador do mundo, a campanha do Brasil no Chile, em 1962, os feitos de Mané, o craque da Copa, deixavam no ar o desafio sobre quem era melhor naquele momento da carreira.

O Botafogo havia conquistado o Campeonato Carioca em dezembro com uma exibição de gala de Mané, num triunfo incrível por 3 x 0 sobre o Flamengo, dirigido por Flávio Costa, o técnico da seleção na Copa de 1950.

Garrincha foi o melhor homem da partida, exaltado em todo o país, em todas as crônicas de Nelson Rodrigues e Mario Filho no Rio de Janeiro. O Anjo de Pernas Tortas estava por cima da carne seca.

O que ninguém sabia era que aquele seria seu último jogo capaz de ser definido como de seu melhor nível técnico.

Pelé continuou em 1963 como estava em 1962, com a vantagem de não conviver mais com lesões. Mané entrou em declínio físico, pela sequência de infiltrações em seus joelhos machucados e abatido pela ameaça eterna do alcoolismo.

O primeiro confronto das finais da Taça Brasil foi marcado para 13 de março, no Pacaembu. Garrincha não atuou, lesionado. Pelé não marcou.

O segundo, duas semanas depois, teve Pelé e Garrincha em campo. Garrincha foi melhor, o Botafogo contou com o apoio de 102 mil torcedores que encheram o Maracanã e fez 3 x 1. Nenhum dos dois gênios marcou.

No terceiro, em 2 de abril, só o Santos jogou.

A estrela da final: Pelé!

O goleiro botafoguense, Manga, fez seis defesas dificílimas. Pelé marcou o quarto e o quinto gols de uma goleada por 5 x 0. Pela história do Brasileirão unificado, foram os três primeiros encontros de Santos contra o Botafogo, de Pelé contra Garrincha.

Os dois times mais estrelados do Brasil se encontrariam de novo na Libertadores, mas só se o Botafogo alcançasse a semifinal. Com o direito de último vencedor, o Santos se classificaria diretamente para essa fase. O alvinegro carioca entrou pela primeira vez na competição sul-americana, por ser vice-campeão do Brasil.

E assim se fez.

O Botafogo superou a primeira fase com quatro vitórias contra Alianza, duas vezes, e Millonarios, outras duas.

Assim, pela primeira vez na Libertadores, haveria Pelé contra Garrincha.

Ainda que a Libertadores não causasse naqueles anos 1960 o clamor que passou a existir no século 21, seria duelo de parar o país. Deveria ser de parar o continente, se houvesse televisão ao vivo para outros países, por mar, por terra ou via Embratel.

Garrincha não pôde jogar a primeira partida. Não estava bem fisicamente e seu ápice tinha ficado no ano anterior. Seu substituto, Amoroso, atuou como ponta-direita. No início do segundo tempo, cobrou lateral, para Jair Bala, que desviou de Calvet e finalizou rasteiro, no canto de Gylmar. O Botafogo fez 1 x 0.

Aos 45 do segundo tempo, quando já se iam apagando os refletores, Pelé apanhou a bola no meio de campo e avançou com sua impressionante velocidade. Deu o toque a Coutinho que levantou para a área. Manga saiu, mas não contou com a astúcia do Rei, que se antecipou e tocou em sua saída.

O empate por 1 x 1, no entanto, levava a decisão para o Maracanã. Por mais que fosse muito a casa santista, era também diante da torcida botafoguense.

Pelé entrou em campo envolvido em boatos e propostas. Uma discussão no jogo Santos x São Paulo, em que os santistas deixaram o campo quando perdiam por 4 x 1, fazia com que o Tribunal de Justiça Desportiva da Federação Paulista ameaçasse o Rei de suspensão por um período de até seis meses.

Por isso, circularam informações de que clubes do Rio de Janeiro poderiam fazer uma oferta para tirá-lo da Vila Belmiro e levá-lo para outro clube do país.

Enquanto isso, chegava da Europa a informação de que o Milan, da Itália, poderia oferecer US$ 1 milhão para contratar Pelé, que jogaria no Campeonato Italiano.

A notícia era de que Rodolfo Recchi, representando o Milan, procurou Antônio Pádua da Rocha Diniz, do Banco Nacional, para fazer o depósito. Pádua informou que não fazia parte da direção santista e que Recchi deveria procurar os dirigentes do clube.

Por mais mal contada que fosse, a história causou furor durante o dia da semifinal da Libertadores.

Não por isso, o Rei entrou em campo em estado de graça. Em 33 minutos já havia marcado três vezes, a última delas de pênalti.

Aos 3 minutos, ficou claro que Garrincha não estava mesmo em sua melhor condição. Levou vantagem em velocidade sobre Geraldino, mas adiantou demais a bola e foi desarmado por Calvet.

Aos 11 minutos, Lima recebeu do goleiro Gylmar e lançou Pelé em profundidade. O Rei ganhou de Zé Carlos e ficou de frente para Manga, que saiu em desespero. Com um toque leve, encobriu o brilhante goleiro botafoguense e fez 1 x 0.

Quatro minutos depois, Pelé recebeu pelo alto, Manga saiu mal e o toque de cabeça foi para as redes.

Aos 25 minutos, Coutinho lançou Pelé, que chegou a marcar mais uma vez, mas com marcação de impedimento de Coutinho, no início da jogada.

Tudo era Pelé. Aos 30, Coutinho outra vez deu o toque em projeção para o Rei se colocar frente a frente com o goleiro Manga. Na saída, o arqueiro pernambucano não teve o que fazer e derrubou com falta. O próprio Pelé converteu o pênalti.

Quatro gols do Rei, três válidos em 33 minutos. Garrincha mal pegava na bola, porque já iniciava seu declínio físico.

O quarto gol foi o único sem interferência de Pelé. Dalmo deu a Almir, que lançou Lima. Na saída de Manga, o cunhado do Rei tocou e fez 4 x 0.

O Santos estava classificado para sua segunda final de Libertadores consecutiva.

A dificuldade não parava.

O Boca Juniors seria o adversário da decisão e chegou ao Rio de Janeiro já no dia seguinte, para se preparar para a finalíssima. Tinha quatro brasileiros em seu elenco: Édson, Paulinho, Del Vecchio e o campeão mundial de 1958, Orlando Peçanha.

Depois de serem derrotados pela Tchecoslováquia por 6 x 1 na Copa do Mundo da Suécia e de ver o público desabar nas partidas de seu campeonato nacional, os argentinos decidiram apostar na febre do que chamaram de "futebol espetáculo." Para isso, encheram seu torneio de jogadores nascidos e criados no Brasil.

Seria um duelo de um clube do país bicampeão mundial contra outro que admirava e se inspirava nele.

Pela primeira vez o Boca Juniors jogaria a decisão continental.

Como o Santos do ano anterior, tentaria o título em sua temporada de estreia. A lembrança de que alcançou a taça contra um time mais experiente na competição era uma das questões que precisariam ser lembradas pelos santistas. Respeito pelo Boca Juniors seria fundamental para lutar pelo bicampeonato.

O primeiro jogo seria no Maracanã, por decisão da diretoria santista, que esperava lucrar com o maior estádio do planeta completamente lotado. O segundo jogo, em La Bombonera, o duro e mítico estádio do Boca Juniors, que lembrava uma caixa de bombons.

Havia uma certeza em comparação com o ano anterior. Diferentemente do período de longas lesões com que o Santos entrou na decisão contra o Peñarol, dessa vez Pelé estava no ápice da forma física. Pelo menos desde 1961 não atuava em tantas partidas seguidas em tão alto nível técnico, claramente por causa de sua condição atlética absolutamente perfeita.

A diferença entre o vigor de Pelé e o de Garrincha foi flagrante, tanto na final da Taça Brasil quanto nas semifinais da Libertadores.

O BI MUNDIAL DE CLUBES

Pelé chegou à decisão da Libertadores, pela segunda vez seguida, em estágio físico muito melhor do que um ano antes. Tinha disputado 46 partidas desde janeiro de 1963, chegava ao seu jogo 47 contra o Boca Juniors, no Maracanã, era de novo artilheiro do Campeonato Paulista, foi goleador da Taça Brasil.

Na semifinal da Libertadores, no Maracanã, destruiu o Botafogo, marcando três vezes no intervalo de 22 minutos.

Aos 11 minutos, recebendo passe de Zito e tocando por cobertura na saída do goleiro Manga.

O segundo, de cabeça, com incrível salto para superar o arqueiro botafoguense e concluir para o gol quase vazio.

Eram 15 do primeiro tempo.

O terceiro, de pênalti, aos 33 da primeira etapa.

No primeiro jogo, já havia marcado no apagar das luzes, último minuto de partida, concluindo o placar de 1 x 1 – Jairzinho havia anotado para o time carioca.

Fazia gols em todas as partidas decisivas e não perdia nenhuma. As lesões de 1962 haviam dado trégua. Não havia o frio chileno para atrapalhar nem tantas bordoadas de zagueiros para atormentá-lo.

Mesmo assim, no primeiro jogo das finais, a estrela não foi o Rei. Coutinho brilhou. Marcou o primeiro gol recebendo passe de Lima, atacando como se fosse ponta-direita. Coutinho entrou na posição de centroavante e concluiu dentro da pequena área.

No segundo, recebeu passe de Zito, infiltrou-se entre dois zagueiros e fuzilou Errea. Gol de Pelé! Só que marcado por Coutinho.

O terceiro foi de Lima, recebendo passe do Rei e tocando na saída do arqueiro argentino.

O Santos teve um incomum intervalo de sete dias entre um jogo e outro. Saiu do Rio de Janeiro, viajou a Santos, treinou e chegou ao aeroporto de Campinas, em Viracopos, para o deslocamento até Buenos Aires.

A cidade de São Paulo não tinha aeroporto internacional e os voos para a América do Sul eram feitos de Viracopos. Os voos intercontinentais, do Galeão, no Rio de Janeiro.

Só às 12h30 da véspera da partida, o Santos conseguiu entrar no avião, o que fez a direção do clube brasileiro pedir o adiamento da partida em um dia.

A Confederação Sul-Americana não aceitou.

Outra razão para a solicitação era o fato de o Santos não conhecer o gramado do estádio de La Bombonera.

Essa era uma das razões de o craque do Boca Juniors, o meia argentino Sanfilippo, dizer que o Santos não venceria a segunda partida. Em Lima, sede da Conmebol na época, o presidente da entidade, Teófilo Salinas, falava sobre a escolha do país sede do eventual terceiro jogo, em caso de desempate.

"Eles não são bons como se diz", afirmava Sanfilippo, referindo-se ao estilo de jogo santista e também a Pelé.

O meio-campista do Boca era o goleador da Libertadores. Pelé, do campeonato nacional.

O Santos jogou mal o primeiro tempo. Sanfilippo teve a melhor chance dos 45 minutos iniciais, chutou forte, a bola passou por Gylmar, mas escapou pela linha de fundo, perto da trave. Pelé era o único a responder, com boas jogadas e uma chance de gol criada por ele, em jogada individual, também para fora.

Numa tentativa de contra-ataque, Pelé saiu em velocidade e, antes de passar o meio de campo, foi atingido na altura da cintura, pelo zagueiro Alcides Silveira. Seu calção caiu e ele precisou se levantar rapidamente, para arrumar o uniforme. Nem assim o zagueiro argentino foi advertido.

No primeiro minuto da segunda etapa, Sanfilippo respondeu ao que provocou.

Depois de um cruzamento da direita do ataque do Boca Juniors, o goleiro brasileiro Gylmar saiu mal do gol e a bola sobrou para Sanfilippo finalizar: Boca Juniors 1 x 0 Santos.

Dois minutos depois, Pelé apareceu.

O Boca errou o passe na saída da defesa, Dorval recuperou e tocou ao Rei. A bola veio viva, pelo alto. Pelé a amorteceu no peito. Com classe, colocou no gramado irregular de La Bombonera e tocou para Coutinho. Deixou seu parceiro de tabelinhas frente a frente com o goleiro Errea. O chute foi preciso: Boca Juniors 1 x 1 Santos.

O jogo se tornou caça ao Rei. Pelé dominava todas as jogadas e, em todas elas, levava pontapés. Pouco antes do meio de campo, na intermediária do campo de ataque, perto dos 20 minutos, criou boa jogada pela direita, driblou um zagueiro, chutou, o goleiro Errea defendeu e Pelé tentou o rebote. Acabou por tocar o arqueiro e pediu desculpas, tocando suas costas, claramente numa demonstração de que a jogada anterior tinha sido involuntária.

Dois beques do Boca Juniors aproximam-se e o pressionam. A tentativa era amedrontar o Rei.

Ele não diminuiu o ritmo.

Aos 29 do segundo tempo, recebeu na faixa central, de frente para a grande área, deu um drible e viu o capitão do Boca, Rattín, vir em sua direção. Tocou no gramado irregular e a bola passou entre as pernas do defensor boquense. Sobrou para o Rei, pouco antes da marca do pênalti. Levantou a cabeça, olhou a posição do goleiro caindo para a esquerda e tocou à sua direita.

Pelé viu a bola entrar, correu sozinho por três passos, com os dois punhos cerrados, acima dos ombros, ao lado da cabeça. Então, saltou e deu seu tradicional soco no ar. Voltou ao solo e mais uma vez socou o ar, agora sem saltar. Seguiu balançando o corpo, como num balé exclusivo. Poucas vezes se viu Pelé comemorando de maneira tão efusiva, desabafada.

Diferentemente da final de 1962, ele era o protagonista.

Fez o gol no jogo de ida da semifinal contra o Botafogo, três no jogo de volta, deu passe e marcou o gol do título contra o Boca Juniors, em Buenos Aires.

O Santos era bicampeão da Libertadores e Pelé, a grande estrela do jogo decisivo.

A temporada de 1963 era tão vitoriosa quanto a anterior, mas com menos lesões. Até este momento.

Isso porque Pelé escapava dos pontapés o quanto podia.

Não se deve esquecer que se o Rei não conseguiu disputar a final da Copa do Mundo, nem os dois primeiros jogos das finais da Libertadores de 1962, foi ele quem decidiu contra o Peñarol, a partida desempate, e fez seu melhor jogo de todos contra o Benfica, em Lisboa, na finalíssima do Mundial.

Poder jogar toda a Libertadores de 1963 em alto nível, no entanto, era um desafio para ele próprio. Ganhar como craque do jogo, com um passe para Coutinho marcar e fazendo o gol da virada, mais ainda.

Em Libertadores, dentro de La Bombonera, contra adversários brasileiros, o Boca Juniors só voltaria a ser derrotado em 1994, numa partida contra o Cruzeiro. Contra times de qualquer outro país, só contra o Alianza, do Peru, em 1971, antes do revés cruzeirense.

O jogo de Buenos Aires terminou com a confirmação da data da primeira partida do Mundial de Clubes, contra o Milan. Diferentemente do ano anterior, dessa vez a finalíssima começaria na Europa e viria ao Brasil no segundo jogo. Se necessário, desempate também em território sul-americano.

O Santos escolheu o Maracanã como sede.

A data do início da decisão: 11 de outubro.

Palco, San Siro, em Milão.

O rival, Milan, tinha vencido o Benfica na Copa dos Campeões da Europa.

Como o Santos um ano antes, havia superado o temido time de Eusébio.

O técnico milanista era Nereo Rocco, famoso pelos duros sistemas defensivos. Jogava com líbero, uma espécie de zagueiro da sobra, e marcação individual pesada. Sabia-se que Cesare Maldini, pai do mais tarde lendário zagueiro Paolo, seria o marcador de Pelé, homem a homem.

O Milan também tinha velhos conhecidos do futebol brasileiro. Altafini, para os italianos, Mazzola, para nós, foi campeão mundial junto com Pelé, em 1958, na Suécia.

Logo depois, negociado com o clube da Lombardia.

Quem formava dupla de ataque era Amarildo, justamente o substituto do Rei depois da lesão na virilha no Mundial do Chile, em 1962.

Dino Sani, também vencedor da Copa de 1958, titular nos dois primeiros jogos no lugar mais tarde ocupado por Zito, também fazia parte do elenco milanês.

Em junho, excursão à Europa, o Santos jogou em San Siro contra o Milan e foi derrotado por 4 x 0. Mas foi o penúltimo jogo de uma excursão de trinta dias, com dez partidas, em quatro países diferentes.

No Torneio Cidade de Milão, o Santos perdeu tanto para a Internazionale, por 2 x 0, quanto para o Milan, por 4 x 0. Depois, ainda enfrentou a Juventus e foi derrotado por 5 x 3, em Turim.

Foram cinco vitórias, um empate e quatro derrotas na excursão, três dos resultados negativos nos últimos quatro encontros, o que dá noção do cansaço pelo tempo fora de casa e pelos deslocamentos, por quatro nações diferentes. Isso em 1963, quando os aeroportos e aviões não tinham o mesmo conforto e segurança.

Mas a goleada reforçava a certeza de que o Milan seria um adversário duríssimo. Mais do que o Benfica. Se não possuía um jogador tão promissor quanto Eusébio, tinha Amarildo. Se não seria capaz de encarar frente a frente, atacando o Santos, tinha a defesa sólida, como sempre mandou a tradição italiana.

Não foi só na marcação que o Milan resolveu o primeiro jogo, com placar dilatado de 4 x 2. "Primeiro tempo foi decisivo para o Milan", escreveu a *Folha de S.Paulo*, no dia seguinte.

Os 51 mil espectadores presentes ao estádio de San Siro viram o primeiro gol milanista logo aos 3 minutos da primeira etapa.

"Confronto contra o Milão será no Maracanã", dizia *O Estado de S. Paulo*, sobre o agendamento da segunda partida para o maior estádio do mundo, na época.

O jornal paulista chamava pelo nome da cidade o clube que tem desde a fundação a nomenclatura em inglês.

Bola cruzada da esquerda por Gianni Rivera, passou por toda a defesa santista e alcançou Trapattoni na meia direita, fora da área. O chute saiu seco, forte. No início da partida, o Santos já saía perdendo.

Aos 9 minutos, cruzamento de Pelagalli da direita, Amarildo entrou em diagonal e fuzilou, de cabeça. Gylmar não teve chance de fazer a defesa.

Pelé diminuiu aos 10 minutos do segundo tempo. Recebeu de Zito, na meia direita, girou o corpo em cima do zagueiro Maldini, deixou-se para trás e entrou livre, para finalizar rasteiro, na diagonal do goleiro Ghezzi.

Doze minutos depois, contra-ataque do Milan, que encontrou o craque brasileiro Amarildo, campeão mundial no Chile. Amarildo entrou pela esquerda livre, nas costas do lateral Lima. Chutou sem chance para Gylmar.

O quarto gol do Milan nasceu de um passe errado da defesa santista, recuperado por Trebbi, que lançou Mora. O ponta-direita entrou pela meia esquerda e desviou de Gylmar.

Pelé marcou o segundo do Santos, em cobrança de pênalti.

Algumas fontes dão o tento a Pepe, mas os vídeos confirmam que foi Pelé quem ajeitou e bateu o pênalti. Desviou do goleiro italiano Ghezzi, que não teve chance de defesa.

A goleada lembrava o jogo de pré-temporada, os 4 x 0 do Torneio de Milão.

O segundo jogo estava marcado para quase um mês depois, no dia 14 de novembro, no Maracanã. Tempo demais, suficiente para haver problemas dos dois lados.

Mora e Altafini fizeram tratamento todos os dias, depois da chegada do Milan ao Rio de Janeiro, para a partida do Maracanã.

Pelé era dúvida.

Na véspera da decisão, Amarildo fez a imprensa saber que foi ao hotel do Santos pedir desculpas e afirmar que não tinha dito a frase publicada pela imprensa italiana: "Ele não é mais rei e terá de se render a mim". Pelé reagiu com tranquilidade ao desmentido, mas teria afirmado a Amarildo ter ficado chateado com sua frase para o goleiro Ghezzi, antes da cobrança de pênalti, em San Siro.

"Pelé cobra naquele canto", teria dito o substituto do Rei na Copa de 1962, informação dada ao goleiro italiano Ghezzi.

Pelé respondeu: "Aproveita, pega o uniforme dele e vai você defender, já que você sabe onde vou cobrar".

Pelé cobrou sem nem sequer dar chances a Ghezzi – muito menos daria a Amarildo.

Na prévia do jornal *O Estado de S. Paulo*, Pelé aparecia entre parênteses, com Almir, ex-jogador do Vasco, Corinthians e Boca Juniors, como primeira opção. Pelé tinha uma lesão importante. Almir chegou a ser chamado de Pelé branco, no início de sua trajetória no Vasco, campeão carioca de 1958.

Era diferente.

Almir era raçudo e briguento.

Pelé, rápido e genial.

Almir acusou a si mesmo de ter jogado dopado a decisão contra o Milan.

Individualmente, ele foi importante para o jogo.

Os dois jogadores lesionados do Milan puderam atuar.

Mais do que isso, Altafini, para eles, nosso Mazzola, campeão mundial de 1958, marcou o primeiro gol do time italiano aos 12 minutos do primeiro tempo.

Cinco minutos mais tarde, Mora, o mesmo autor contra o Santos em Milão, marcou 2 x 0.

Diferentemente dos dois italianos, Pelé não conseguiu se recuperar. Não pôde jogar.

Almir, confessamente dopado, brilhou.

No início do segundo tempo, sofreu falta na entrada da área, cometida por Trapattoni. Pepe cobrou de pé esquerdo com enorme força e diminuiu o marcador.

Seis minutos mais tarde, o próprio Almir chutou de pé esquerdo, da entrada da grande área, e fez 2 x 2.

A seguir, mais nove minutos, Lima marcou numa infiltração pela direita.

Ao final, com chuva intensa no Maracanã, 22 da segunda etapa, outra falta sofrida por Almir, que Pepe cobrou com maestria, desde a intermediária. O Santos reproduzia, no Maracanã, o placar construído pelo Milan em San Siro. Santos 4 x 2 Milan.

Almir não, mas Pepe ficou marcado como o craque do jogo, o herói da recuperação santista.

Mengálvio disse que foi o maior jogo de sua vida. "Inverti posições com Zito. Eu vim jogar mais recuado e deixei Zito livre para atacar os italianos. Nunca fiz um jogo tão perfeito em toda a minha carreira", disse em entrevista ao diário *Lance!*, em 1998.

Para o jogo seguinte, o noticiário seguia tratando Pelé como dúvida. A lesão continuava a incomodá-lo. Sabia-se que seria absolutamente fundamental ter o Rei em campo, mas só se tivesse condição efetiva de jogar bem. *O Estado de S. Paulo* publicou ilustração, com a imagem de um zagueiro completamente torto, com a frase: "Pelé pretende deixar Trapattoni assim".

Não seria assim tão simples, principalmente pelo fato de que o Rei não estava bem fisicamente. Não reunia as melhores condições de jogo.

A terceira partida foi aquela em que, mais explicitamente, Almir afirma ter jogado dopado. Aconteceu no depoimento ao livro *Eu e o futebol*, publicado com o selo da revista *Placar*, em 1973, meses antes de Almir morrer assassinado, numa briga de bar, em Copacabana, no Rio de Janeiro.

Se, na primeira partida do Maracanã, a segunda da disputa, havia 132 mil pessoas no estádio, o jogo decisivo recebeu 120 mil torcedores, num sábado à noite, no Rio de Janeiro, às 21h. Na quinta-feira, a partida aconteceu às 21h30 – sim, as partidas aconteciam às 21h30.

Pelé chorou!

A informação do jornal *O Estado de S. Paulo*.

Ao saber que não se recuperaria da lesão na perna que o impedira de disputar o primeiro embate, no Maracanã, Pelé não se conteve. Zito estava mais conformado. Não jogaria, também.

O Estado de S. Paulo tratava Almir como o grande nome do primeiro jogo contra o Milan. Não era unânime. Muitos consideram que o grande substituto moral de Pelé foi Pepe, autor dos dois gols de falta que deram a vitória pelo valor necessário para provocar o terceiro jogo. Se houvesse empate no primeiro embate do Maracanã, o Milan seria proclamado campeão.

Mas Almir foi, sim, fundamental. Por sofrer as duas faltas cobradas pelo ponta-esquerda, que resultaram em gols, por ser a liderança maliciosa no embate com os jogadores italianos.

Foi assim também no terceiro encontro das finais, de novo no maior estádio do mundo.

À parte ter confessado jogar sob o impacto das anfetaminas, apelidadas de "bolinhas" na década de 1960 – drogas consumidas abaixo da língua e que davam sensação de poder a quem as consumia –, Almir entrou em campo possuído e determinado.

Foi ele quem abaixou a cabeça, numa jogada em que o zagueiro Cesare Maldini levou seu pé. Ao sentir o impacto, Almir desabou. O árbitro argentino Juan Brozzi entendeu que houve pênalti e marcou.

Até hoje os italianos reclamam da marcação, que julgam exagerada.

Sem pensar no que havia acontecido, o lateral esquerdo Dalmo cobrou no canto e comemorou.

O gol, anotado aos 31 minutos do primeiro tempo, às 21h35 de sábado à noite, 16 de novembro de 1963, deu a vitória ao Santos.

Diferentemente do ano anterior, em que ficou de fora de duas partidas da decisão da Libertadores e decidiu na última, mas foi o grande protagonista da finalíssima do Mundial, contra o Benfica – a maior partida de sua longa carreira –, dessa vez Pelé foi decisivo na Libertadores, importantíssimo no primeiro encontro das finais do Mundial de Clubes, mas não atuou nos dois jogos decisivos.

Almir, seu substituto, foi o personagem da finalíssima.

Não o protagonista.

Não fosse Pelé, contra o Boca Juniors, um gol de um passe decisivo, o Santos não estaria na final contra o Milan.

Não fosse sua presença na primeira partida das finais, em Milão, talvez o time da Vila Belmiro não tivesse força moral para enfrentar o Milan nas duas partidas do Maracanã.

Almir foi relevante, como Amarildo.

Jamais ninguém ousou dizer que fosse tão bom quanto o Rei.

PELÉ DESISTE DA SELEÇÃO PELA PRIMEIRA VEZ

Pelé nunca apanhou tanto quanto na Copa do Mundo da Inglaterra, em 1966. Em parte, por ser o maior talento de uma seleção fracassada, pela quantidade de decisões equivocadas de seus dirigentes, resultantes numa equipe sem nenhum entrosamento ou qualidade coletiva.

Por outro lado, apanhou mesmo. Sofreu faltas produzidas pela violência de adversários inescrupulosos, que sabiam ter como única alternativa para parar o talento a quantidade de pontapés distribuídos sobre as canelas mais perfeitas do futebol mundial.

Tirando as campanhas das duas primeiras Copas do Mundo, em que a seleção viajou para o Uruguai em 1930 com cisões entre paulistas e cariocas, e para a Itália em 1934 com disputas políticas entre a associação de profissionais contra a de amadores, o Brasil teve o pior fiasco de sua história na Copa da Inglaterra.

A eliminação na fase de grupos foi um trauma. Mais ainda por perder para a Hungria, vice-campeã duas vezes, e Portugal, estreante em Copas do Mundo.

Havia um ingrediente extra na frustração. Portugal escalava e confiava em Eusébio, o desafiante dois anos mais jovem que o Rei, o qual Pelé enfrentou em Santos x Benfica, em 1963, na final do Mundial de Clubes.

Eusébio estava quatro anos mais velho e mais maduro.

A razão principal, no entanto, foi a bagunça na Confederação Brasileira de Desportos (CBD). A preparação, distribuída por quatro estâncias minerais, para atender a interesses políticos, dois anos depois do Golpe Militar. O Brasil treinou em Caxambu e Lambari (MG), Serra Negra (SP) e Teresópolis (RJ).

Primeira parada na mineira Lambari, no circuito das águas. Foram 47 convocados, um recorde. Mesmo pensando que houve 44 na primeira chamada para a Copa do Mundo do Chile, quatro anos antes, quando a campanha foi um sucesso, é justo interpretar, como se faz até o século 21, que o excesso de atletas, de sedes, interesses políticos tenha sido uma das principais razões do fracasso. O técnico Vicente Feola, campeão em 1958, ausente em 1962 por estar doente, voltava ao comando, envelhecido e ainda mais gordo do que oito anos antes. Também fora do comando de qualquer equipe havia mais de quatro anos, quando foi anunciado, já no ano da Copa. A lista de 47 atletas tinha:

GOLEIROS

Gylmar (Santos), Manga (Botafogo), Fábio (São Paulo), Valdir de Moraes (Palmeiras), Ubirajara (Bangu)

LATERAIS

Djalma Santos (Palmeiras), Carlos Alberto Torres (Santos), Fidélis (Bangu), Murilo (Flamengo), Édson (Corinthians), Rildo (Botafogo), Paulo Henrique (Flamengo), Altair (Fluminense), Oldair (Vasco)

ZAGUEIROS

Brito (Vasco), Djalma Dias (Palmeiras), Bellini (São Paulo), Orlando (Santos), Fontana (Vasco), Leônidas (América), Ditão (Flamengo)

MEIO-CAMPISTAS

Zito (Santos), Lima (Santos), Denílson (Fluminense), Dudu (Palmeiras), Dino Sani (Corinthians), Gérson (Botafogo), Roberto Dias (São Paulo)

ATACANTES

Garrincha (Corinthians), Jairzinho (Botafogo), Nado (Náutico), Jair da Costa (Internazionale), Silva (Flamengo),

> Amarildo (Milan), Fefeu (São Paulo), Alcindo (Grêmio), Tostão (Cruzeiro), Servílio (Palmeiras), Flávio (Corinthians), Célio (Vasco), Paulo Borges (Bangu), Edu (Santos), Paraná (São Paulo), Rinaldo (Palmeiras), Ivair (Portuguesa), Parada (Botafogo) e Pelé (Santos)

Só os 19 atacantes, com mais três goleiros, completariam a lista de 22 inscritos. Não podia dar certo.

Antes dos 47 chamados, em 1965, chegou a haver dois jogos no mesmo dia, com uma seleção prioritariamente paulista enfrentando a Hungria, em São Paulo, e outra, mais carioca, mas com Pelé, jogando no Maracanã contra a União Soviética.

O Brasil estreou na Copa do Mundo na cidade de Liverpool, no estádio do Everton, o Goodison Park. Foi a última das 30 atuações de Pelé e Garrincha juntos. Nunca perderam: 26 vitórias e quatro empates. Estrearam contra a Bulgária em 1958, encerraram também contra os búlgaros, na primeira rodada da Copa do Mundo de 1966.

Zito teve uma lesão muscular na coxa esquerda e Fidélis apresentou problema semelhante. Gérson sofreu pancada na perna direita na véspera da estreia e também foi desfalque.

O Brasil entrou em campo com cinco campeões mundiais de 1958, oito anos antes. O time tinha veteranos misturados com novatos – e tinha Pelé.

Aos 12 minutos do primeiro tempo, foi Pelé quem cobrou falta direta e venceu o goleiro Naidenov: 1 x 0. Só aos 16 da segunda etapa, outra falta deu o gol da vitória aos brasileiros. Desta vez, Garrincha cobrou: 2 x 0.

Pelé levou uma pancada no joelho direito, do zagueiro Jechev, e passou a jogar sem condições ideais ainda na primeira etapa. Resultado: não pôde atuar na segunda partida.

Tostão entrou no lugar de Pelé contra a Hungria, no segundo compromisso, novamente em Goodison Park.

A seleção teve duas boas oportunidades no comecinho, com um chute longo de Lima e uma cabeçada de Tostão.

Logo depois, o atacante húngaro Bene deixou o lateral brasileiro Altair caído e chutou cruzado, abrindo o marcador.

Tostão tinha 19 anos e marcou o gol de empate aos 14 minutos, num rebote da cobrança de falta de Lima.

Alcindo sofreu torção de tornozelo sozinho aos 39 minutos. Como o regulamento não permitia substituições, ficou em campo apenas para completar os onze titulares, fazendo número, como se dizia.

Também por isso, o segundo tempo foi trágico. Bene cruzou e Farkas acertou um sem-pulo. Depois, Paulo Henrique derrubou Bene, o melhor em campo, dentro da área. Mészöly cobrou e fechou o placar em 3 x 1 para a Hungria.

Pelé retornou contra Portugal. O técnico brasileiro Otto Glória dirigia o time português e escalou o zagueiro Morais, do Sporting, para persegui-lo. Antes, fez críticas severas à seleção de seu país natal: "Jairzinho joga na direita e está na esquerda. Alcindo no centro, em vez de Silva. Garrincha é uma sombra. A comissão técnica não vê isso?".

Feola mudou oito jogadores. Tirou Garrincha, deslocou Jairzinho para a direita, escalou Silva como centroavante, porque Alcindo estava machucado.

Confiou em Pelé.

Na Europa, anunciava-se o grande duelo entre o Rei e seu possível sucessor, Eusébio, já batido na final do Mundial de 1962. Mas Eusébio estava melhor, mais forte, mais rápido e mais decisivo. Além disso, em trinta minutos, Pelé recebeu duas entradas violentas de Morais.

Saiu de campo carregado, escorado nos ombros dos massagistas. Enfaixou o joelho e retornou sem condição de jogo. Fazendo número.

Eusébio cruzou, Manga rebateu na cabeça de Simões, que fez 1 x 0. No segundo, Torres ajeitou de cabeça e Eusébio deu o segundo toque pelo alto, para vencer Orlando e Manga: 2 x 0. Rildo diminuiu. Aos 41 da segunda etapa, Eusébio apanhou um rebote da defesa e chutou forte.

A eliminação, a frustração, a dor da derrota e dos joelhos, tudo tocou o coração e a alma do melhor jogador do planeta, agora ameaçado em sua coroa pela presença de Eusébio.

Por tudo isso, Pelé incomodou-se.

No ano seguinte, em depoimento à imprensa, afirmou:

"Não sei se por que eu tive uma decepção, ou se porque perdemos, ou porque me machuquei. Achei que não dei muita sorte em Copas do Mundo. Além disso, agora eu tenho família e é muito sacrifício ficar me preparando. Você sabe que são quatro meses de preparação. Então, eu penso em não ir."

O repórter insiste: "Você pensa em não jogar a Copa do Mundo de 1970?".

"Eu penso. Não sei se é porque me machuquei. Aliás, eu me machuquei nas três Copas do Mundo que disputei. Acho que a Copa do Mundo não me dá muita sorte. Então, penso em não ir. Pode ser que eu nem esteja vivo até lá. Na época, a gente vai resolver, mas eu penso em não ir."

O SEGUNDO DESAFIANTE

Eusébio da Silva Ferreira.

Ou simplesmente Eusébio, também apelidado de "A Pantera Negra", nasceu em Lourenço Marques e se encontrou com Pelé pela primeira vez durante a final do Mundial de Clubes de 1962.

A maior atuação da carreira de Pelé teve Eusébio como adversário, mas com a lembrança de que ainda não tinha completado um ano como titular do Benfica. Sua estreia aconteceu num amistoso contra o Atlético, de Lisboa, em maio de 1961. Um ano e meio depois, era a referência do ataque do Benfica e, no entanto, não era páreo para o Rei.

Apesar de a diferença de idade ser de apenas quinze meses, porque Edson Arantes do Nascimento nasceu em outubro de 1940 e Eusébio da Silva Ferreira, em janeiro de 1942, a distância de experiência era gigantesca.

Pelé era profissional desde os 16 anos, jogando em alto nível, disputando e vencendo Copas do Mundo.

Eusébio estreou na Europa em 1961, quando o Rei já era Rei.

Mesmo assim, ousava-se debater quem era melhor.

Não tanto na final do Mundial de Clubes, até porque Pelé não deu chance para o debate, com sua atuação impecável e seus três gols marcados.

Muito mais em 1966, na Copa da Inglaterra.

Enquanto o zagueiro Vicente, do Belenenses, batia em Pelé a valer, Eusébio jogava limpo, como goleador da Copa do Mundo, autor de nove gols em seis partidas.

O que mais dava margem a comparações não era o fato de serem dois jogadores negros, mas a forma como atuavam.

Pelé tinha o refinamento combinado à potência e à velocidade.

Eusébio era potente e veloz.

Quando chegou a Lisboa, para atuar pelo Benfica, impressionou por correr 100 metros em 11 segundos, num tempo em que o recorde mundial da categoria era de 10,25 segundos, atingido pelo canadense Harry Jerome, em 15 de julho de 1960.

Pelé tinha basicamente o mesmo arranque e capacidade de driblar em alta velocidade, mas não se distinguia pela força física. Talvez por isso não teve sua velocidade medida nesse nível. Estimava-se que Pelé também fazia 100 metros em 11 segundos.

As velocidades eram semelhantes.

As capacidades técnicas, não.

Eusébio era hábil, rápido, competente com a bola no pé.

Só não era Pelé.

O fato de Portugal ter vencido o Brasil por 3 x 1 – com Pelé machucado – reforçou a ideia da comparação.

No passado, Di Stéfano era a referência.

La Saeta Rubia, a flecha loira, como se dizia em seu tempo de Real Madrid, também era goleador, potente, veloz. Alguém poderia até dizer que fosse mais refinado, em comparação com o fato de que Pelé era visivelmente mais artilheiro, tinha mais potência e velocidade.

E que disputou quatro Copas do Mundo.

Di Stéfano, nenhuma.

Eusébio, só uma.

Apenas em 1966, quando venceu o Brasil, marcou o maior número de gols da Copa do Mundo – nove – e alcançou as semifinais, na primeira participação de Portugal em Mundiais.

Pelé nunca se comparou nem com Di Stéfano nem com Eusébio. Por vezes, em terceira pessoa, disse só ter havido um Beethoven e um Michelangelo. Apenas um Pelé. De certo modo, aprendeu a se colocar em um altar acima dos demais gênios do futebol.

Eusébio teve reino mais curto, até mesmo em Portugal.

Começou mais tarde, terminou mais cedo. Ao final da temporada 1974/75, havia marcado 582 gols, menos da metade de Pelé.

Em 2011, num congresso no Brasil, destilou um pouco de veneno a respeito de se dizer que os zagueiros portugueses bateram muito em Pelé durante a campanha da Copa do Mundo da Inglaterra: "Fiquei triste com Pelé, porque não esperava que batesse até no rosto dos zagueiros portugueses, em duelo pela Copa das Nações de 1964. Vocês não se lembram das maldades dele, não é? Não se pode reclamar. Para levar vantagem, Pelé era muito violento, às vezes. Não tiro seu valor nem sua categoria. E sou até mais amigo dele do que ele é de mim, se você quer saber. Cheguei a dizer para ele no jogo: "Ô, Pelé, pelo amor de Deus, não há Cassius Clay aqui".

O Rei também foi mais amigo do pugilista Muhammad Ali do que Eusébio.

Na conferência de 2011, o craque português também preferiu dizer que Pelé, até paralítico, foi o maior jogador de todos os tempos. Sem pretender, demonstrou mágoa com o passado.

Não há dúvida em relação a Pelé ter cometido faltas graves, participado de jogadas que deixaram lesões importantes em jogadores como o alemão Giesemann ou o brasileiro Procópio. Também ninguém duvida quando se diz que apanhou muito dos zagueiros portugueses na derrota em Liverpool, pela Copa do Mundo da Inglaterra.

O português não foi melhor do que Pelé, mas a comparação durou até 1968, quando o Benfica disputou – e perdeu – a finalíssima da Copa dos Campeões da Europa contra o Manchester United. Os ingleses venceram por 4 x 0 e o centroavante benfiquista mal tocou na bola.

Ali, acabaram as comparações.

Ao todo, Pelé e Eusébio jogaram um contra o outro, em duelos Santos x Benfica ou Brasil x Portugal, doze vezes. Foram oito vitórias do Rei, duas da Pantera Negra, dois empates. Pelé marcou oito vezes e Eusébio, cinco.

Diferentemente de qualquer outro embate com qualquer outro desafiante, de Di Stéfano a Messi, aqui há um fator concreto a se analisar: Pelé goleou.

A FALÊNCIA

José Ozores Gonzáles, o Pepe Gordo, ficou conhecido como um grande picareta na vida de Pelé. Não é bem assim: "Pelé perdeu algumas coisas, teve de fechar a empresa, mas não perdeu tudo, como se escreve há mais de cinquenta anos", explicou José Fornos, o Pepito, assessor pessoal de Pelé por 51 anos.

Pepito explicou que Pepe Gordo era um empresário da cidade de Santos, que investiu mal o dinheiro e levou empresas das quais era sócio de Edson Arantes do Nascimento à falência. "Não era um pilantra. Fez negócios que deram errado."

O principal deles, na empresa Sanitária Santista.

Entre 1956, quando estreou no Santos, e 1969, a maior parte do que Pelé arrecadava ia para compras de imóveis e de empresas. Chegou a ter 41 imóveis em Santos, o que indica que Pepito fala a verdade. Quem tinha um ótimo salário como atleta profissional e 41 imóveis não ia perder tudo com a falência de uma empresa.

Ou mais do que isso.

Pelé foi autuado pela Receita Federal no final da década de 1960, pelo governo militar. A seu favor, argumentou que, apesar da carreira vitoriosa, seus negócios não haviam sido bem gerenciados.

A explicação passava pelo fato de terceirizar as empresas que comprava.

Pepe Gordo entrou na vida de Pelé por recomendação de José Ely de Miranda, o Zito, capitão do grande time do Santos bicampeão mundial, mais experiente – nasceu em 1932, oito anos antes – e mais conhecedor das particularidades da cidade de Santos.

Zito apresentou Pelé a Pepe Gordo e isso levou a seis sociedades.

A Sanitária Santista vendia material de construção; a Fiolax produzia fios de látex; a Sotel transportava combustível; a Assessoria Aduaneira atuava no setor de importação e exportação; a Incorporadora Neptuno construía prédios em Santos; e a Pelé Fisioterapia emprestava o nome do Rei para tratamento de lesões.

Os dois fracassos mais retumbantes foram a Sanitária Santista e a Neptuno, ambas em sociedade com Zito e Pepe Gordo.

A Sanitária ficava na rua João Pessoa, bem no centro de Santos, e demandou investimento forte de Pelé na construção da loja. Cabia a Pepe Gordo administrar o negócio, porque o Santos excursionava pelo mundo e o coração da carreira era o futebol.

"Conheci Pelé em 1968. Eu era gerente de vendas da Varig e me incumbi da missão de conseguir a conta do Santos Futebol Clube. Porque o Santos viajava o mundo todo e a Varig se interessava por um acordo com a direção." O presidente santista ainda era Athiê Jorge Coury, com quem Pepito tratou das negociações.

"Lembro-me de uma viagem à Itália. O Santos jogou no domingo, embarcou para Milão, jogou na quarta-feira e voltou ao Brasil no dia seguinte, para entrar em campo, outra vez, no domingo seguinte."

Pela descrição de Pepito, trata-se de junho de 1969. No dia 21 daquele mês, o Santos empatou por 0 x 0 com o São Paulo e viajou no dia seguinte para Milão. Pelé jogou o amistoso contra a Internazionale, ganhou por 1 x 0 e voltou para se apresentar à seleção brasileira.

Naquele voo de São Paulo para Milão, Pepito aproximou-se de Pelé. Nasceram uma amizade e relação profissional de mais de 50 anos.

Com Pepito e um novo estafe, que passou a contar com cinco advogados, dois economistas, um publicitário e uma secretária. Tudo a partir da falência.

Pelé perdeu tudo?

Não! É lenda.

Pelé ganhou o entendimento de que precisava ser uma empresa, o que ajudaria a levá-lo para o Cosmos seis anos mais tarde.

Mas a quebradeira é verdadeira.

Quem primeiro percebeu que as coisas não andavam bem foi seu irmão, Jair Arantes do Nascimento, o Zoca. Jogador do Santos entre 1961 e 1962, Zoca fez quinze partidas e marcou quatro gols. Depois, tornou-se fiel escudeiro do grupo Pelé.

Tinha os olhos do dono e, por isso, percebeu o que estava dando errado.

Zoca irritava-se com o fato de Pelé ter de colocar 40% do que recebia de salário na manutenção da Sanitária e, mesmo assim, as contas mostrarem déficit, mês após mês. Então, convenceu Pelé de que o melhor a fazer seria fechar o estabelecimento.

A partir daí, Zoca voltou os olhos para os prejuízos da incorporadora Neptuno. O déficit era semelhante, Pelé investia parte do que recebia e continuava tendo prejuízo. Com dois negócios falimentares, Pelé afastou-se de Pepe Gordo.

Então, abriu um escritório no terceiro andar de um prédio no centro de Santos, com a ideia de centralizar ali a administração de seus negócios e rendimentos.

Em outros negócios, Pelé não era majoritário. A Fiolax, por exemplo, mantinha 6% de ações do Rei. A empresa localizava-se em Santo André. A distância de 58 quilômetros, com a subida da serra no meio, afastava-o da administração do negócio, mas era acionista minoritário.

A entrada nessa operação aconteceu por aconselhamento de Zito e Nicolau Moran, antigo dirigente santista, que deu nome à chácara, situada em São Bernardo do Campo – município vizinho a Santo André –, onde o Santos se concentrava antes dos jogos em São Paulo ou na Vila Belmiro.

Com a incorporadora Neptuno, calcula-se que tenha perdido em torno de R$ 1 milhão, em quantia atualizada.

Atribui-se às perdas financeiras da relação com Pepe Gordo o fato de Pelé ter contraído algumas dívidas e ter pedido adiantamentos à Confederação Brasileira de Desportos (CBD) e a João Havelange.

Isso teria representado uma parte do problema de Havelange cobrar a participação de Pelé na Copa de 1974 e na Minicopa de 1972, comemorativa dos 150 anos da Independência do Brasil.

O MILÉSIMO GOL

O Vasco vencia por 2 x 0, faltavam cinco minutos para acabar o jogo e Pelé não tinha jogado nada. Brito e Fontana começaram a dialogar: "Você viu o Rei aí?", "Não, acho que o Rei não veio hoje". Pelé, então, apanha a bola e arranca em velocidade. Faz o primeiro gol do Santos. Minutos depois, domina outra bola, passa pelos zagueiros e finaliza: Santos 2 x 2. Conta-se que Pelé voltou para o campo de defesa com a bola nas mãos, entregou-a a um dos dois zagueiros e disse: "Toma, leva para sua mãe. Diz que foi o Rei que mandou".

O diálogo aconteceu nos minutos finais de Vasco 2 x 2 Santos, em 16 de fevereiro de 1963, pelo Torneio Rio-São Paulo, que teve os santistas como campeões.

O Vasco vencia por 2 x 0 até os 40 do segundo tempo, gols cruz-maltinos marcados por Ronaldo e Sabará.

Aos 41 e 42, Pelé marcou duas vezes. Fontana entrou no intervalo no lugar de Barbosinha e passou a fazer dupla com Brito por toda a segunda etapa.

Em 1969, Fontana ainda estava no Vasco, mas não em campo, quando o Santos se reencontrou com a equipe carioca na partida que seria a do milésimo gol de Pelé.

Mas calma, porque houve muita coisa entre um Santos x Vasco e outro.

O jogo de 10 de dezembro de 1968, da suposta entrega da bola a um zagueiro vascaíno, para que levasse para sua mãe, foi a partida de número 471 do Rei e seu gol 555.

Começou a contagem regressiva, que passou a paralisar o país no segundo semestre daquele ano.

O gol 950 aconteceu em março de 1969, vitória sobre o São Paulo por 3 x 0, no Morumbi, um marcado pelo Rei.

Em 15 de outubro, numa vitória por 6 x 2 sobre a Portuguesa, Pelé marcou seu gol 990. Faltavam dez, mas na mesma goleada fez quatro vezes, o que o levou à marca de 993.

Apenas sete para o milésimo.

Começou aí a atenção total ao seu gol.

Não há na história do futebol outra lista de mil gols, exceto as de Pelé e Romário.

O centroavante da Copa do Mundo de 1994 nunca disse ter feito mil gols como profissional. Comemorou seu milésimo contra o Sport, em 2007, juntando uma relação iniciada nos infantis do Olaria, somando também gols em partidas festivas.

A lista de Pelé é diferente. São mil gols a partir do momento em que se tornou profissional. Não antes disso, até porque estreou aos 15 anos, pelo Santos.

No Paraná, em 15 de outubro, marcou os gols 994 e 995.

Como Pelé já havia marcado cinco gols num só jogo cinco vezes na carreira e oito gols na mesma partida, seu recorde, contra o Botafogo, de Ribeirão Preto, em 1964, era possível alcançar o milésimo já contra o Fluminense, na partida seguinte.

Ficou 0 x 0.

A mesma tensão que se espalhava por todo o Brasil entrava em sua cabeça.

"Fiquei noite sem dormir, pensando... e se não acontecer, meu Deus do céu... O sofrimento, a responsabilidade... Ter o primeiro filho não teve tanta preocupação."

Veio o clássico contra o Flamengo. Vitória do Santos por 4 x 1. Um gol de Pelé.

Não foi ainda...

Agora, contra o Corinthians, no Pacaembu.

Derrota santista por 4 x 1. Nenhum gol do Rei.

Empate contra o São Paulo por 1 x 1, no Morumbi. Nada de anotar o seu.

Todos os jogos pelo Robertão, o Campeonato Brasileiro da época.

Viagem ao Nordeste para partidas contra o Santa Cruz, em Recife, o Botafogo-PB, em João Pessoa, e o Bahia, em Salvador.

De cara, dois gols do Rei numa goleada sobre o Santa por 4 x 1, na Ilha do Retiro. São agora 998.

O milésimo podia sair em João Pessoa.

O Santos vencia por 1 x 0 quando o árbitro marcou um pênalti discutível a favor do time da Vila Belmiro. Pelé não queria cobrar. Não parecia muito disposto a que o milésimo gol fosse num amistoso. Carlos Alberto Torres, o capitão, aproximou-se e convenceu-o.

Pelé cobrou com maestria.

Gol 999.

Só faltava um e a torcida do estádio Olímpico gritou: "Mais um, mais um, mais um".

Imediatamente, o goleiro Jair, do Santos, caiu no gramado. Sem possibilidade de fazer substituições, Pelé se aproximou do arqueiro, pediu sua camisa, tirou a tradicional camisa branca e vestiu a preta com o número 1 às costas. Disputou o restante do jogo defendendo a meta santista em vez de atacar a do adversário.

Houve decepção da torcida paraibana. Era o possível para o dia.

Mais um jogo no Nordeste, agora em Salvador, pelo Robertão. O presidente do Bahia, Osório Villas-Boas, proibiu o goleiro Jurandir de dar entrevistas, para não prometer o que não podia: sofrer o milésimo gol. Nem para garantir que não o levaria.

O presidente queria porque queria que o Bahia fosse a vítima do tento histórico. Preparou trio elétrico no Dique do Tororó com o cantor Wilson Simonal, comprou fogos de artifício, pediu para confeccionar placa de ouro para homenagear o Rei, contratou caminhão em que Pelé daria a volta olímpica no gramado da Fonte Nova.

O Bahia fez 1 x 0, com Baiaco.

Melhor ainda, levar o milésimo e não perder o jogo.

Então, Pelé dominou a bola na intermediária e disparou com a bola no pé, como se estivesse no estádio da Luz, contra o Benfica, nas maiores jogadas de sua carreira.

Passou por dois zagueiros com dribles e rapidez incomuns, conduzindo a bola da esquerda para a direita. Chegou ao bico da pequena área e chutou.

Correndo em disparada, o zagueiro Nildon se atirou no gramado e alcançou a bola de modo fenomenal.

Nildon evitou o milésimo gol de Pelé!

O presidente Osório Villas-Boas levou as mãos à cabeça, incrédulo. Toda a festa preparada e o zagueiro salva a sua meta.

O Santos empatou o jogo com Jair Bala, aos 43 minutos do segundo tempo. Tirou um ponto do Bahia, que não entrou nos livros de história naquele dia.

Nildon foi vaiado por parte do estádio.

O milésimo ficou para o Maracanã.

Quarta-feira, 19 de novembro de 1969, 21h30.

O goleiro argentino Andrada deixava claro que não pretendia ficar marcado por sofrer o gol histórico.

"Torço para que chova muito e a partida seja adiada", disse na véspera, declaração publicada pelos principais jornais do Rio de Janeiro.

Não choveu.

A partida atrasou em seu início.

O Vasco fez 1 x 0 aos 10 minutos do primeiro tempo, gol do meio-campista Benetti. Atendia ao pedido do técnico vascaíno, Célio de Souza, cujas afirmações antes do clássico davam conta de que não se importava com o fato marcante, pensava mesmo em vencer.

O intervalo veio com a informação do público, de 65 mil pessoas num estádio com capacidade para 200 mil, ou seja, havia 33% de ocupação para a noite que entraria para os livros.

Por outro lado, havia jornalistas que não podiam perder a noite eterna. José Trajano, disfarçado de fotógrafo, embora repórter, atrás da trave do milésimo gol. Reginaldo Leme, para sempre o comentarista das manhãs de Fórmula 1 do Brasil, fazia a cobertura para o jornal *O Estado de S. Paulo*.

Renê marcou contra, a favor do Santos, aos 10 minutos da segunda etapa. Aos 34, Clodoaldo lançou Pelé para invadir a área. O zagueiro Fernando encostou ombro com ombro e Pelé caiu.

"É pênalti, não há dúvida", narrou Oduvaldo Cozzi.

Geraldo José de Almeida narrou diferente: "Indiscutível pênalti de Renê sobre Pelé".

Isso consolidou a ideia equivocada de que a falta foi cometida por Renê. O zagueiro foi Fernando.

Todos os jogadores do Vasco cercaram o árbitro Manoel Amaro de Lima. Fernando saiu da rodinha e abordou Pelé, que o envolveu com o braço direito por trás de seus ombros.

O goleiro argentino Andrada saiu da meta e provocou Pelé.

Pelé saiu de perto, enquanto a área era esvaziada. O Rei virou-se de costas para o gol. Caminhou três passos, ouviu o apito e, só então, virou-se para as redes.

Correu quatro passos e chutou no canto esquerdo de Andrada. O arqueiro caiu e ainda tocou a bola que, mesmo assim, caminhou forte para tocar o lado esquerdo da rede. Andrada socou o gramado três vezes.

Até hoje, ele é lembrado por ser o homem a sofrer o milésimo gol. Mais do que por ser o goleiro do Vasco no primeiro título brasileiro da equipe, cinco anos mais tarde.

O jogo parou por mais de vinte minutos antes de ser reiniciado. No meio disso, Pelé tinha todos os microfones mais relevantes do país na boca.

Falou: "Pelo amor de Deus. Vamos olhar para as criancinhas".

Pelé deu esta declaração no aniversário de 50 anos dos mil gols: "Por que falei das criancinhas? Naquele dia, era aniversário de minha mãe, então talvez eu devesse dedicar o gol a ela. Não sei por que não pensei nisso. Mas, diferentemente, na hora, pensei nas crianças. O que aconteceu foi que me lembrei de um acidente que tinha acontecido em Santos alguns meses antes. Eu tinha saído do treino um pouco mais cedo e vi alguns garotos tentando roubar um carro que estava perto do meu. Eram muito pequenos, do tipo para quem se costuma dar um dinheirinho para tomar conta do carro. Chamei a atenção deles para o que faziam e eles replicaram que eu não precisava me preocupar, pois só roubariam carros com placas de São Paulo. Mandei-os sair dali, dizendo que eles não roubariam carro de nenhum lugar. Lembro-me de ter comentado sobre isso, mais tarde, com um companheiro de time, sobre a dificuldade de se crescer e educar no Brasil. Já então me preocupava com a questão da educação das crianças e essa foi a primeira coisa que surgiu em minha cabeça quando marquei o gol.

Acho que muita gente não entendeu o que eu estava querendo dizer. Fui um pouco criticado, com pessoas me chamando de demagogo. Achavam que eu não tinha sido sincero. Mas isso não me incomodou. Acredito ser importante que pessoas como eu mandem mensagens sobre a questão da educação. Não haverá futuro se você não educar os jovens. Hoje, quando você anda pelo Brasil e vê os problemas que temos, com gente morando nas ruas e gangues em ação, elas também já foram crianças. Agora dizem que o Pelé estava certo. Não tenho medo de falar com o coração".[1]

Carlos Drummond de Andrade deu a melhor de todas as definições sobre aquela noite no Maracanã, de Vasco 1 x 2 Santos: "Difícil não é fazer mil gols como Pelé. Difícil é fazer um gol como Pelé".

PELÉ PAROU A GUERRA

"Pelé parou até uma guerra." A frase vem repleta de verdade e mistério, porque raras vezes conseguia-se precisar o lugar exato onde havia o conflito e a qual partida os soldados e a população queriam assistir. Pelé parou a guerra no dia 4 de fevereiro de 1969, no sudeste da Nigéria, oeste da África. O adversário foi chamado pelo Santos de Seleção do Meio-Oeste da Nigéria.

O país tornou-se independente do Reino Unido em 1960, empossou o primeiro governo três anos depois e sempre conviveu com disputas étnicas. A distribuição se dava com hauçás e fulas no norte, iorubás no sudoeste e ibos no sudeste.

A tribo dos ibos foi das mais atingidas pelo tráfico de escravos, muitos dos quais vieram ao Brasil. Além do sudeste da Nigéria, distribuíam-se pela República de Camarões e pela Guiné Equatorial.

As disputas territoriais levaram a perto de um milhão de ibos mortos em 1966, o que provocou a reunião de uma elite que pretendia a separação da Nigéria. Os ibos chegaram a anunciar a criação da República de Biafra, em 30 de maio de 1967. A independência foi reconhecida por Gabão, Haiti, Costa do Marfim, Tanzânia e Zâmbia, mas a declaração levou a mais conflitos e ao que se convencionou chamar de Guerra de Biafra, ou Guerra Civil Nigeriana.

O processo se estendeu até 15 de janeiro de 1970.

Onze meses antes, o Santos aterrissou na Nigéria para uma sequência de amistosos. O lateral Lima se lembra das partidas e diz que só ficava sabendo dos conflitos quando chegava ao local: "Nós podíamos dizer que havia guerra dos dois lados e que não íamos jogar, não nos submeteríamos àquilo", lembra o cunhado de Pelé, dublê de lateral-direito e meio-campista nos anos 1960, na Vila Belmiro. "Mas não fazíamos assim. Entendíamos a importância de estar ali e aceitávamos jogar para levar diversão àquela população. Queremos e vamos fazer."

A excursão à África começou com vitória por 3 x 0 contra a seleção de Pointe-Noire, no Congo. Gols de Pelé, Manoel Maria e Douglas. Havia 30 mil pessoas para assistir à exibição do Rei do Futebol e do Santos, em que atuava, na segunda maior cidade do país, abaixo apenas de Brazzaville. O jogo aconteceu no dia 17 de janeiro de 1969.

Apenas dois dias mais tarde, o time atuaria em Brazzaville, para 80 mil pessoas, e venceria a seleção local por 3 x 2, dois gols de Pelé e um de Toninho Guerreiro. Vitória de virada. Os congoleses fizeram 2 x 0 e acreditavam que poderiam vencer, pela presença do presidente congolês, Ngouabi, e pela arbitragem condescendente com os pontapés.

Acontece que, no intervalo, com vitória parcial dos congoleses, Ngouabi enviou bilhete ao árbitro, Nkounkou: "O Santos está aqui para dar espetáculo e eu quero assistir ao espetáculo. Apite direito na segunda etapa". O recado do ditador foi levado a sério, o árbitro passou a marcar as faltas violentas e os santistas viraram o placar para 3 x 2.

Mais quatro dias e o Santos se apresentaria na República Democrática do Congo, em Kinshasa, contra o combinado local. Perdeu por 3 x 2 e, dessa vez, os zairenses foram os que viraram o marcador. Pelé fez dois gols no primeiro tempo.

A travessia entre Brazzaville e Kinshasa também foi um momento de tensão e de paralisação de conflitos. Para atravessar o Rio Congo era necessário passar por cima de uma ponte, cujo tráfego estava suspenso pelos conflitos entre os dois Congos.

O governo de Brazzaville permitiu a atracação e o embarque da delegação santista.

É justo dizer, então, que Pelé passou por duas guerras, ou dois conflitos internacionais, na mesma excursão à África, em 1969.

No dia 26 de janeiro, amistoso contra a seleção da Nigéria, em Lagos, na época capital do país. Empate por 2 x 2, com dois gols de Pelé.

Da Nigéria, o time rumou para Moçambique, para vencer por 2 x 0 o Áustria Viena, com gols de Lima e Toninho. Havia 20 mil torcedores em Lourenço Marques.

A boa exibição na Nigéria e o sucesso da excursão produziram outro convite do governo nigeriano, para uma segunda exibição, na Cidade de Benin.

A cidade estava exatamente na fronteira entre os aliados ibos e os nigerianos do centro do país. O historiador do Santos, Guilherme Nascimento, contou que o governo queria diminuir sua impopularidade na região fronteiriça, entre Biafra e a Nigéria.

A partida foi agendada contra a seleção da região. O Santos marcou duas vezes, com o ponta-esquerda Edu e o centroavante Toninho Guerreiro. Pelé nem sequer marcou, mas esteve em campo quase todo o tempo. Ele era a razão da partida.

O estádio lotado tinha toda a família do governo militar, presidido por Yakubu Gowon. "Eu me lembro de os empresários que nos levaram à região terem afirmado que alguns países onde jogaríamos estavam em guerra. Mas não me recordo de ter feito esse gol", diz o ponta-esquerda Edu.

O Santos jogou com Gylmar; Turcão, Ramos Delgado, Joel Camargo e Rildo; Lima e Negreiros; Manoel Maria, Toninho, Pelé e Edu. Havia talentos criados em casa, como Negreiros, nascido na base junto com Clodoaldo, na Vila Belmiro, e outros descobertos no Norte do país, como o ponta-direita Manoel Maria, nascido em Belém, no Pará.

Já não era a formação do bi mundial de 1962 e 1963. Outra geração tinha surgido, mas o interesse era o mesmo. Ramos Delgado era craque da seleção da Argentina, jogador com passagens pelo River

Plate e pelo Banfield. O time mantinha Lima, mas tinha Clodoaldo, que seria campeão mundial pela seleção brasileira no ano seguinte. Mantinha também Gylmar, veterano dos Mundiais de 1958 e 1962, mas tinha também Edu e Joel Camargo, outros do grupo que iria ao México no ano seguinte.

Perto do fim da partida, Edu foi substituído por Abel, e Pelé, por Amauri. "Nos prometeram que não haveria problemas e, de fato, não houve. Quando chegávamos às cidades dos jogos, nunca sabíamos se havia problemas ou não. Apenas diziam que não corríamos nenhum risco", diz Edu.

O único jornal brasileiro presente à excursão foi *A Gazeta Esportiva*, que não noticiou a paralisação da guerra no dia seguinte. Tratou apenas do jogo, sem se envolver nas questões políticas da região. Talvez isso explique o porquê de não se ter comentado com ênfase o fato de Pelé ter parado a guerra antes do final de sua carreira.

A história explodiu e passou a ser contada com mais força a partir do final da década de 1980. O noticiário do dia seguinte à vitória santista na Cidade de Benin trazia apenas o relato do jogo, com os gols de Edu e Toninho Guerreiro.

A Guerra de Biafra durou quatro anos e matou mais de um milhão de pessoas na região.

Hoje, Biafra faz parte do território nigeriano.

O PIOR CEGO

Pelé sempre afirmou que nunca teve problemas pessoais com João Saldanha. Nada contra o técnico da seleção brasileira que comandou o time nacional nas eliminatórias para a Copa do Mundo de 1970, antes de perder o emprego e entregar o cargo para Zagallo dirigir a campanha do tri, no México.

Nunca houve questões pessoais.

Mas, às vésperas do Mundial, havia discussões profissionais fortes.

A principal, quando Saldanha decidiu colocar Pelé no banco de reservas num amistoso contra o Chile, a ser realizado no domingo, 22 de março de 1970. O anúncio nasceu na manhã de 17 de março daquele ano. Saldanha foi demitido à tarde.

Não que Pelé tenha algo a ver com a queda.

Mas havia uma sequência de turbulências entre o selecionador nacional e o maior craque da história do futebol. Versões distintas para fatos sucessivos.

A história conta que João Saldanha, ainda treinador da seleção brasileira, disse que Pelé estava cego.

O exagero já foi relatado por jornalistas como Sandro Moreyra, amigo pessoal de Saldanha em grande parte da vida. Também pelo zagueiro Brito, campeão mundial vestindo a camisa 2, em 1970:

"Ele falou que o Pelé estava cego, mas disse isso para a imprensa não ficar enchendo muito o saco dele. Parece que vieram perguntar a ele: 'Ô, Saldanha, você falou que o Pelé está cego, que o Pelé está com problemas'. Ele respondeu: 'É, realmente o crioulo está cego mesmo'. Ele falava assim, *o crioulo*, muito íntimo, carinhosamente. Hoje, se falar desse jeito, é preso... Ele falou aqui para acabar logo com o papo. Aí, botaram bem grande: 'Saldanha diz que Pelé está cego'. Mas não era nada disso".

O depoimento de Brito está no livro *João Saldanha: uma vida em jogo*, de André Iki Siqueira, publicado em 2007 pela Companhia Editora Nacional.

"É coisa de gente inteligente. Aquilo foi uma válvula de escape, porque o Saldanha já estava mais ou menos complicado com a imprensa e com aquelas coisas todas que se dizia dele. Então, nos exames que fizemos, deu uma miopia no Pelé. E o Saldanha disse que o Pelé era míope. Mas são tiradas dele. Ele era apaixonado pelo Pelé, disse aquilo como se disse várias outras coisas e o Pelé não levou como ofensa. Foi num momento em que o Saldanha já devia estar azucrinado com todas as coisas que estavam acontecendo", disse Gérson, o Canhotinha de Ouro, camisa 8 do Brasil na Copa de 1970.

E o que estava acontecendo que poderia azucrinar Saldanha? Um monte de coisas...

João Saldanha era filiado ao Partido Comunista Brasileiro, num tempo em que o governo era comandado pelo general Emílio Garrastazu Médici, chefe do Serviço Nacional de Informações (SNI).

Em debates no exterior, meteu-se em discussão com Alf Ramsey, técnico da Inglaterra, campeã do mundo, e insinuou violência dos britânicos em suas colônias.

Ao ouvir críticas do treinador do Flamengo, Dorival Knipel, o Yustrich, apanhou um revólver e invadiu a concentração do clube carioca ameaçando atirar em seu crítico contumaz.

Ao saber que o presidente Médici pedia a convocação do centroavante Dario, do Atlético Mineiro, declarou publicamente: "O presidente escala o Ministério e eu escalo a seleção brasileira".

Com Pelé, o problema nasceu depois das eliminatórias para a Copa do Mundo, em que a seleção venceu todos os seis jogos, deu espetáculo e classificou-se com uma vitória sobre o Paraguai por 1 x 0, gol do Rei, em 31 de agosto de 1969. Nessa partida, registrou-se o maior público pagante da história do Maracanã, com 183.341 espectadores.

Mais tarde, já na segunda quinzena de março de 1970, surgiram as informações de que Saldanha tiraria Pelé do time, por causa de seus exames de vista.

Depois de uma intensa lua de mel nos primeiros meses de Saldanha como técnico, o Brasil perdeu um amistoso contra o Atlético Mineiro, dirigido na época por Yustrich, e iniciou os primeiros sinais de crise. Aconteceu em 3 de setembro, três dias depois da classificação assegurada para a Copa e com o time em natural descontração.

A seleção só voltou a se reunir em março, para dois amistosos contra a Argentina. O primeiro, no Beira Rio, em Porto Alegre, foi perdido por 2 x 0, gols argentinos marcados por Oscar Más e Conigliaro.

Os relatos são de que a crise com Pelé começou nos dias seguintes, na preparação para o segundo jogo, no Maracanã.

João Saldanha, dando a palestra, não teria demarcado o campo e começou a colocar sinais num quadro-negro que indicavam jogadores brasileiros e argentinos. Quando terminou de anotar, perguntou aos jogadores se alguém tinha alguma observação. Pelé levantou a mão e disse: "Olha, tudo o que você falou aí, estou de acordo. Mas, quando eu jogo pelo Santos, contra os argentinos, tantas vezes eles jogam de outro jeito. O Fischer, que você disse que joga no meio de campo, na verdade é ponta de lança".

Rodolfo Fischer era centroavante do San Lorenzo, dirigido pelo brasileiro Elba de Pádua Lima, o Tim. Fischer foi campeão argentino em 1968 e contratado, no começo da década de 1970, para jogar como atacante do Botafogo.

Tim fez com Fischer o primeiro time campeão invicto na Argentina, o San Lorenzo no Campeonato Metropolitano de 1968. Por isso veio para o Brasil.

Carlos Alberto Torres conta no livro sobre João Saldanha: "João foi até o quadro, rabiscou e perguntou: 'Tudo certo?'. Aí o Pelé: 'João, dá licença? Está tudo errado aí'. Apagou o quadro. Todo mundo levou um susto. Eu nunca vi um negócio daqueles. E ali começou o problema. Aí o Saldanha falou que o Pelé era cego".

João Saldanha referia-se à dificuldade de Pelé para cabecear e enxergar à noite. Não o chamou de cego.

Exagero de Carlos Alberto à parte, a cena existiu, pelos diferentes relatos.

Pelé não tinha problemas com a memória de Saldanha, mas deixou claro que a culpa dos episódios era da tensão em que o treinador estava envolvido: "O Saldanha começou a ser muito exigido pelos dirigentes e acabou não aguentando a pressão. Como era muito inteligente, inventou vários motivos para justificar a sua saída, inclusive dizendo que eu era míope e não podia jogar".

Saldanha foi demitido na tarde de 17 de março, dia em que anunciou que Pelé ficaria no banco de reservas no amistoso contra o Chile.

A Confederação Brasileira de Desportos procurou substitutos. Houve as recusas de Dino Sani, técnico do Corinthians, e Otto Glória, que dirigiu Portugal e eliminou o Brasil na Copa do Mundo de 1966, na Inglaterra. Então, Zagallo aceitou. Bicampeão carioca e campeão brasileiro de 1968 pelo Botafogo, Zagallo assumiu correndo, cinco dias depois.

Pelé foi titular e marcou dois gols contra o Chile. Também começou as partidas seguintes: outra vez contra os chilenos, um amistoso contra o Paraguai, além de adversários como as seleções amazonense e mineira. No dia 26 de abril, penúltimo teste antes do embarque para o México, Zagallo deu a Pelé a camisa 13 e colocou-o na reserva de Tostão.

O novo técnico nunca se referiu aos supostos problemas de visão de Pelé. Não tinha como dizer, não era oftalmologista.

Em 2004, o Rei retornou de uma viagem à Suíça para realizar uma cirurgia de emergência, para corrigir um descolamento de retina. O médico que o operou, Ricardo Uras, disse que havia muitas razões para o descolamento. Uma delas, a miopia de grau alto ou médio.

Na Copa de 1970, Pelé não teve nenhuma dificuldade para cabecear. Num cabeceio, deixou Jairzinho frente a frente com o goleiro italiano Albertosi, para marcar o terceiro gol do Brasil na finalíssima. Antes, cabeceando de olhos bem abertos, venceu seu marcador, Burgnich, pelo alto e fez o primeiro gol daquela decisão. O centésimo da seleção brasileira em Copas do Mundo.

De olhos bem abertos, diante do goleiro Albertosi.

João Saldanha é um mito, história do futebol brasileiro.

Pelé, mais do que isso.

O pior cego é o que não quer ver.

O PRÉ-COPA

Um dos convidados da seleção brasileira na concentração em Guanajuato – cidade em que Zagallo levou o time nacional para um período de três semanas – só saiu da cidade, próxima a Guadalajara, três dias antes da estreia contra a Tchecoslováquia, agendada para 3 de junho.

O período coincidiu com a excursão do *superstar* da música brasileira da época, Wilson Simonal.

Não se tratava apenas do cantor de "Meu Limão, Meu Limoeiro" e "Sá Marina". Era a sensação da música popular do Brasil, logo depois da Jovem Guarda. Lotava o Maracanãzinho e o dividia pedindo para só um lado cantar, depois o outro, só as mulheres, mais tarde os homens.

Simonal tinha uma amizade especial com Pelé. Em 1967, no LP *Alegria, Alegria – Volume 2*, gravou canção composta pelo Rei do Futebol chamada "Gosto Tanto de Você".

A relação pessoal ajudou Simonal a passar alguns dias do convívio da seleção dentro da concentração em Guanajuato e conviver com os jogadores.

Até a participar de alguns treinos recreativos. Não a sério.

O documentário *Ninguém sabe o duro que dei*, de Cláudio Manoel, conta que Simonal estava lá dentro durante o período do corte do ponta-direita Rogério.

O atacante do Botafogo, bicampeão carioca de 1967 e 1968, sob o comando de Zagallo e, portanto, jogador de confiança do jovem treinador da seleção, teve uma lesão e precisou ser retirado do grupo.

Permaneceu como olheiro, mas sem qualquer hipótese de ser escalado durante a campanha.

Os depoimentos de Chico Anysio e Pelé são de que a delegação inteira fez Wilson Simonal acreditar que, sim, ele poderia ser inscrito na Copa do Mundo.

Simonal era bom de bola, gostava do jogo, era rubro-negro, cantou o Flamengo em "País Tropical", de Jorge Ben. Saiu do subúrbio para se tornar uma estrela e depois decair em função das acusações de que seria um dedo-duro para o governo militar – o documentário *Ninguém sabe o duro que dei* discute muito essa versão.

Pelé avalizou a história.

"Ele acreditou!", dizia Chico Anysio.

Entrava nos treinos recreativos e ocupava a ponta direita. Dava seus dribles, suas jogadas. Os laterais e zagueiros permitiam que mostrasse sua habilidade, fintasse, infiltrasse, fizesse gols.

Claro que não.

Houve, sim, uma polêmica na lista final de Zagallo. Substituir Rogério por um terceiro goleiro, no caso Émerson Leão, jovem arqueiro do Palmeiras, campeão brasileiro de 1969.

Por que não outro atacante? Por que não outro meio-campista? Zagallo compôs o grupo com um goleiro que faria parte das Copas do Mundo pelos 16 anos seguintes.

Se ia convocar um goleiro, por que não Simonal?

Pelé brincou sobre o tema. Riu do fato de seu amigo crer na chance de permanecer na delegação por todo o tempo.

Não avalizou o homem que gravou uma de suas canções.

A Copa do Mundo era muito mais séria.

COPA DE 1970

Pelé foi tricampeão dois anos seguidos no mesmo dia.

É verdadeiro ou falso?

O desafio que vale para programa de televisão tem sentido, por causa de dois tricampeonatos diferentes, conquistados por Pelé, no Santos e na seleção brasileira, em datas iguais, em dois anos seguidos.

No dia 21 de junho de 1969, um sábado, o Santos empatou com o São Paulo por 0 x 0, na última rodada da fase final do Campeonato Paulista. A igualdade valeu o tricampeonato estadual para o Santos, de formação completamente diferente daquela clássica, do início da década de 1960, do bicampeonato mundial.

Diante de apenas 36 mil espectadores, quatro futuros campeões do mundo desfilaram no Morumbi.

> 21/06/1969
> São Paulo 0 x 0 Santos
> Local: Estádio Morumbi – São Paulo/SP
> Público: 36.631
> Renda: NCr$ 199.669,00
> Árbitro: Joaquim Campos
> São Paulo: Picasso; Cláudio Deodato, Jurandir, Dias e Edson; Nenê e Terto; Paraná, Babá, Zé Roberto e Téia. Técnico: Diede Lameiro
> Santos: Cláudio; Carlos Alberto, Ramos Delgado, Djalma Dias e Rildo; Clodoaldo e Negreiros; Edu, Toninho, Pelé e Abel. Técnico: Antoninho

Carlos Alberto, Clodoaldo, Edu e Pelé estavam em campo. Gérson era do São Paulo, mas não atuou nesse jogo.

Um ano depois, exatamente na mesma data, o Brasil entrava em campo, com Pelé, seu camisa 10, sabendo que seu desempenho poderia interferir para a seleção brasileira ser tricampeã mundial.

Apesar disso, Pelé não jogou bem nem fez gol. Não era o melhor momento de sua carreira.

No ano anterior, a rainha Elizabeth visitou o Rio de Janeiro e foi ao Maracanã assistir a um amistoso entre as seleções estaduais do Rio e de São Paulo. Na saída do Maracanã, questionado sobre o desempenho de Pelé, o príncipe Philip declarou: "Pelé está gordo e não está em sua melhor forma técnica", disse o marido da rainha.

Não era mentira.

Pelé nunca ficou desmotivado com o futebol, mas as declarações depois da Copa do Mundo de 1966 demonstravam uma certa tristeza. Pelé foi caçado na Inglaterra? Pelé estava chateado por ter se machucado? Nas três Copas que disputou antes do México, o Rei se machucou mesmo?

"Eu digo que ele não se machucou, não. Os jogadores adversários é que o machucaram", diz Clodoaldo.

Em síntese, Corró concorda que o Rei estava sendo caçado.

O volante da Copa do Mundo de 1970, que estreou no Santos em 1965, também foi tricampeão por dois anos seguidos, no mesmo dia.

Como Pelé.

Tricampeão paulista pelo Santos em 21 de junho de 1969, preparando-se para ser tricampeão do mundo na final que aconteceria em 21 de junho de 1970.

"Ele estava diferente no começo daquele ano. Pode perceber. Tem imagens do Santos, da seleção. Pelé está sempre puxando a fila dos treinos. No início de 1970, até o olhar dele estava diferente", lembra-se Clodoaldo Tavares de Santana, o camisa 5 da conquista do tri, no México.

Verdade que a preparação da seleção brasileira ajudou Pelé e todos os demais jogadores de alto nível. Diferentemente de quatro anos antes, quando o Brasil montou quatro seleções e convocou 47 jogadores, o plano de preparação para a Copa de 1970 começou ainda com João Saldanha treinador e seguiu sendo usado durante a transição para o novo técnico, Zagallo.

As conversas eram sobre como fazer o histórico jogo brasileiro vencer o preparo físico dos europeus, síntese do jogo físico campeão com a Inglaterra em 1966. Durante uma semana, os preparadores físicos Admildo Chirol e seus assistentes Cláudio Coutinho e Carlos Alberto Parreira, com auxílio de convidados como o professor Lamartine Pereira, conversaram sobre as condições a serem encontradas no México, em 1970.

Os jogos seriam disputados ao meio-dia, havia a altitude da Cidade do México a ser superada e a necessidade de fazer Pelé, Gérson, Tostão e Jairzinho fazerem seu jogo ser insuperável, diferente do que houve na Inglaterra, onde a velocidade e a violência fizeram parte do cardápio indigesto para os brasileiros.

A tecnologia era precária, mas câmeras de Super 8 foram usadas para analisar como jogavam os europeus. A Copa de 1966 marcou o nascimento do 4-4-2. Congestionamento do meio de campo, com os dois pontas voltando, um de cada lado. Nasciam as duas linhas de quatro homens e a Inglaterra soltava apenas seus dois atacantes, Hurst e Hunt, mais próximos à grande área.

A Copa de 1966 mudou o conceito do futebol. "Foi quando nasceu o 'play and do not play'", diz Carlos Alberto Parreira, parte da comissão técnica da seleção de João Saldanha e depois de Zagallo. Jogar e não deixar jogar.

O Brasil estava acostumado a outro estilo. Na Copa de 1958, Garrincha dominava a bola, olhava fixo nos olhos de seu marcador, fingia dar o drible, parava e avançava em seguida em direção à linha de fundo.

O mesmo jogo que se aprendia nas ruas, praias e campos de várzea podia ser aplicado numa Copa do Mundo. O preparo físico era menor, corria-se menos, fechavam-se menos os espaços. Em 1962, a seleção ganhou o mundial com seis titulares acima dos 30 anos. A Copa era pura técnica e habilidade.

Em 1966, a história mudou.

O Brasil saiu da Inglaterra discutindo seu estilo de jogo. Culpou a violência dos portugueses, a articulação política dos ingleses, tudo menos a incapacidade de planejar e executar seu plano de jogo.

O trecho anterior é do meu livro *Escola brasileira de futebol*. Relata a transformação do trabalho, da tecnologia, o plano físico para que os jogadores estivessem em boa forma física e técnica.

Mesmo assim, quando Zagallo convocou a seleção para a preparação final, em abril, Pelé estava pronto. Física, técnica e mentalmente pronto.

A estreia da seleção ajudou a mostrar isso. Falava-se em público decepcionante, mas havia 52 mil ingressos vendidos, num estádio com capacidade para 56 mil espectadores.

Os tchecos, goleados por 4 x 1, elegeram Pelé o melhor homem do jogo, que começou tenso para a seleção brasileira, dirigida por Zagallo. Aos 7 minutos da primeira etapa, o atacante Petras, da Tchecoslováquia, perdeu um gol sozinho, frente a frente com o goleiro Félix. Três minutos depois, entrou livre e não desperdiçou.

Começou, então, a exibição do Rei.

Aos 17 minutos, caiu dentro da área e pediu pênalti, não marcado pelo árbitro uruguaio Ramón Barreto. Aos 24, novamente sofreu falta, dessa vez marcada na entrada da área. Foi o momento de compreender jogadas ensaiadas nos treinos. Jairzinho encostou na barreira. Rivellino chutou. No espaço onde estava o corpo de Jair, que se deslocou, a bola passou e surpreendeu o goleiro Viktor.

Era o empate do Brasil.

Aos 41 minutos, Pelé realizou uma das obras-primas de todas as Copas do Mundo. Caminhou com a bola, pouco atrás do meio de campo. Parecia olhar para o chão, mas sua visão de 360 graus percebeu o goleiro Viktor perto da risca da grande área. Chutou.

A bola percorreu 60 metros voando desde o grande círculo até beijar a trave esquerda e sair em tiro de meta, ante o olhar perplexo do arqueiro tcheco. Por um triz, Pelé não faz o mais extraordinário gol da história.

Aos 2 do segundo tempo, Gérson chutou na trave. Logo depois, gol do Rei.

Gérson lançou do meio de campo, a bola chegou ao peito de Pelé. Ele dominou o esférico, deixou cair no chão, trocou o pé e chutou forte, de direita. A virada do Brasil estava consolidada.

O rendimento do Brasil cresceu no segundo tempo. Primeiro sinal de que a preparação para jogar no México foi adequada, correta. Também para atuar ao meio-dia. Os tchecos caíam de produção, enquanto os brasileiros cresciam. Aos 19 do segundo tempo, Rivellino lançou Jairzinho no limite da linha de impedimento. Viktor saiu desesperado e Jairzinho deu um leve toque por cima dele. A bola ultrapassou o arqueiro e sobrou limpa.

Jairzinho não entrou com bola e tudo, porque teve humildade. O mesmo Jair faria o último, driblando três tchecos em diagonal e chutando cruzado, da direita para a esquerda.

Era só o começo.

PELÉ PROVOCA A MAIOR DEFESA DAS COPAS

Pelé viajou para Birmingham, na região central da Inglaterra, e encontrou-se com Gordon Banks no dia 4 de junho de 2017. Faltavam três dias para o aniversário de 47 anos da defesa eleita pela Fifa a mais impressionante em quase 80 anos de Copas do Mundo. Banks sentou-se com o Rei, reverenciou-o. Pelé também aplaudiu o arqueiro inglês, campeão das Copas da Liga de 1967, pelo Leicester, e de 1972, pelo Stoke City, seus únicos troféus relevantes, fora o título mundial de 1966.

O que implica dizer que Banks tem como seu maior troféu e reconhecimento o fato de ter feito a maior defesa de todas as Copas, eleita assim pela Fifa e exibida dessa forma no documentário *Fifa Fever*, exibido antes da Copa do Mundo de 2010.

Aos 17 minutos do primeiro tempo, Jairzinho arrancou em velocidade pela direita e ultrapassou o lateral-esquerdo Cooper. Chegou à linha de fundo e cruzou. Pelé subiu mais do que o zagueiro Labone e testou, como se estivesse descrevendo num manual a metodologia para um cabeceiro.

Olhos abertos, enxergando a bola de frente, usou a testa para jogar a bola para o chão, direcionada para o canto direito do goleiro adversário. A bola já parecia ultrapassar a linha fatal. Banks saltou para o solo, como se fosse um gato. Tocou a mão direita na bola e atirou-a para cima. Passou por cima da trave.

Foi o segundo lance incrível dos cinco que Pelé produziu nos seis jogos da Copa e que não se tornaram gols. Mais do que os dois pontos que ajudariam o Brasil, o lance ficou eterno.

Pelé também participou da jogada do gol da vitória. Aos 15 do segundo tempo, Tostão estava prestes a ser substituído. "Olhei para o banco e vi que Roberto estava se aquecendo. Só poderia ser para entrar no meu lugar", lembra-se Tostão. Sabendo ser sua última jogada, enfileirou três ingleses, com direito a um toque entre as pernas do zagueiro Bobby Moore.

A bola chegou a Pelé de frente para o gol, mas marcado. Olhando de frente para o zagueiro Labone rolou a bola pra Jairzinho chutar: Brasil 1 x 0.

Não era um simples gol de vitória. Significava vencer os campeões mundiais de quatro anos antes, quando o Brasil saiu eliminado da forma mais precoce que poderia existir, na fase de grupos.

A edição de 8 de junho de 1970 de *O Globo* trazia na primeira página a história, em sentido figurado, de que Bobby Moore enxugou as lágrimas na camisa 10 de Pelé. Nas páginas internas, o repórter Ricardo Serran dizia que Jairzinho já era o maior destaque da Copa do Mundo.

Tinha três gols marcados. Pelé havia anotado um, sofrido a falta de outro, dado o passe para mais um.

As crônicas destacavam que Pelé jogou muito marcado. Mesmo assim, teve a categoria para encontrar um passe genial e decisivo no espaço de um guardanapo.

"Domados os leões ingleses."

"Afinal chegou a resposta com o Brasil grande no desafio do Mundial de 1970: 1 x 0."

Eram as manchetes de *O Globo*.

O Estado de S. Paulo acusava Bobby Moore de tentar agredir Pelé, antes do gol, e, de, depois, ter sido atingido no tornozelo, a malícia do Rei, que sabia devolver as pancadas quando julgava questão de proteção. Para o jornal paulista, Clodoaldo foi o melhor jogador em campo, destaque de um time organizado.

Parecia menos ufanista.

O REI EM DAR PORRADA

A vitória sobre a Inglaterra aconteceu num domingo, 7 de junho, e o principal jornal de São Paulo não circulava às segundas-feiras. Isso significava duas coisas.

A primeira, a incredulidade de pensar que o principal periódico da cidade mais populosa do país não chegasse às bancas no dia seguinte ao confronto mais esperado da primeira fase da Copa do Mundo.

A segunda, que o periódico precisava ser criativo. Não podia entregar, dois dias depois, a obviedade do resultado, apenas.

Então, trouxe reportagem com Carlos Alberto Torres descrevendo Pelé ao usar a catimba para combater a violência dos ingleses.

Depois de acusar Bobby Moore de tentar agredir o Rei, relembrou com o capitão a jogada em que o ponta-direita inglês Lee atingiu Félix, na pequena área. Carlos Alberto envolveu-se na briga. Minutos depois, aproveitou uma disputa na entrada da área brasileira e deixou o pé maldosamente para atingir o ponta britânico.

Pendurado com cartão amarelo, Carlos Alberto explicou ao jornal *O Estado de S. Paulo* que pediu a Pelé que assustasse os adversários: "Só fiquei preocupado quando vi que os ingleses estavam largando o pau. E depois que aquele sujeito chutou a cara do Félix. Cheguei para o Pelé, que é quem melhor sabe dar pancadas no time, e disse a ele para escolher um inglês e bater firme, porque seu eu desse, todos iam perceber".

Por que a fama de ser o melhor do time em dar pancadas?

Porque nos anos anteriores, o Rei tinha se metido em alguns revides importantes.

Revides, bem entendido. Um deles em Procópio.

Procópio diz que Pelé o quebrou covardemente (veja na página 120).

O outro foi o zagueiro Giesemann, da Alemanha, a três minutos do final de um amistoso no Maracanã, em 1965.

Os dois casos levaram Carlos Alberto a entender que Pelé era o que mais sabia bater no time.

Embora Carlos Alberto tenha dito isso ao Rei, ele mesmo deu a mais famosa porrada daquela partida, no ponta-direita Lee, do time inglês.

POUCO BRASIL, MUITO PELÉ

Pelé saiu do jogo contra a Inglaterra ainda sendo o assunto: pela cabeçada mais perfeita da história das Copas, pela defesa incrível do goleiro inglês e por sua suposta generosidade.

Foi questionado por ter massageado a perna direita de Mullery, quando caiu machucado, quase no final da partida: "Às vezes é preciso ganhar tempo e ser gentil com o adversário ajuda a fazer o relógio correr por um tempo com a bola parada".

Avaliou a vitória do segundo jogo, contra o adversário mais temido, como um jogo em que o técnico campeão mundial de 1966, Alf Ramsey, cometeu erros, ao retirar de campo Bobby Charlton, por exemplo.

Também disse que os ingleses perderam a cabeça depois de sofrerem o gol de Jairzinho, da vitória brasileira.

A Romênia era a adversária mais frágil do grupo, mas havia se classificado à custa da eliminação da seleção de Portugal, algoz do Brasil quatro anos antes. Daí a preocupação em enfrentar um rival sem tradição, mas que poderia representar algum perigo.

Zagallo fez mistério.

"Um dos homens mais procurados pela imprensa mundial ontem, em Guadalajara, foi Zagallo. O que os jornalistas queriam saber: com que time o Brasil vai entrar em campo contra a Romênia? Entretanto, as respostas do técnico foram sempre um 'não' para todos. Zagallo chegou mesmo a desentender-se com um radialista de Minas que dizia ter provas de que o Brasil jogaria com os reservas."

Não jogou.

A *Folha de S.Paulo* publicou o texto anterior em sua primeira página de 10 de junho de 1970, dizendo também haver três hipóteses para a escalação. A primeira, a escolhida, foi a de avançar Piazza ao meio de campo, para poupar Gérson e Rivellino.

Questionado sobre a mudança de posição – Piazza era zagueiro na seleção e volante no Cruzeiro –, o defensor brasileiro disse que o importante era estar em campo e jogar.

Jogou como meio-campista.

Com a saída do ponta-esquerda falso, Zagallo poderia escalar Paulo Cézar ou puxar o atacante do Botafogo para o meio de campo e jogar com Edu aberto pela esquerda.

A opção foi o time com Félix; Carlos Alberto, Brito, Fontana e Everaldo; Piazza e Clodoaldo; Jairzinho, Tostão, Pelé e Paulo Cézar.

Nos primeiros 25 minutos, a seleção já vencia por 2 x 0, com gols de Pelé, de falta, e Jairzinho.

As mudanças na defesa do Brasil provocaram problemas. Dumitrache infiltrou-se entre Carlos Alberto e Fontana, que momentaneamente trocou de lado com Brito. O atacante romeno aproveitou o vacilo e marcou.

Criou-se pequeno período de tensão, até o terceiro gol brasileiro, marcado por Pelé.

Eram 20 minutos do segundo tempo quando Jairzinho cobrou escanteio da direita, Tostão desviou com um toque de calcanhar, pé direito levantado surpreendendo o zagueiro romeno, e Pelé entrou no segundo pau para desviar com o pé direito.

O Brasil ainda sofreu o segundo gol, marcado por Dembrovschi, aos 37 minutos, a oito do apito final.

A defesa brasileira foi criticada.

Dizia-se que a seleção tinha dificuldade para jogar contra os times que se defendiam no 4-2-4, mesmo entendendo que Zagallo havia corretamente mudado o sistema e modernizado a equipe com a adoção do 4-3-3.

Acontece que, por vezes, para encaixar a marcação contra um rival que abria dois pontas e infiltrava um ponta de lança junto com o centroavante, a seleção perdia a consistência de seu setor criativo e ficava à mercê dos ataques adversários.

Por outro lado, Pelé foi decisivo na Copa, quanto neste jogo mais burocrático. Impossível dizer que tenha sido seu momento de maior decisão, porque foi importantíssimo com passes-chave em partidas fundamentais – Itália, Inglaterra e Uruguai.

Mas foi a partida em que Pelé marcou seu maior número de gols em Copas, exceto pelos três anotados contra a França, na semifinal de 1958.

Foi pouco Brasil.

Mas muito Pelé, o melhor em campo.

A ponto de, no dia seguinte, nos principais jornais do país, ter esse tipo de comentário:

"Todos os jogadores parecem estar em boa forma, sobretudo Pelé, que nesta Copa está recebendo todas as homenagens devidas às Majestades. No jogo de ontem, ganhou um beijo do capitão dos romenos".

Mircea Lucescu, o ponta-esquerda da Romênia, havia passado pelo Fluminense para um período de testes no ano anterior. Jogou nas Laranjeiras, treinou com jogadores como Flávio, encantou-se pelo talento do Brasil.

Ele se recordava de Pelé no ápice da forma.

"Jogar no Brasil e contra o Brasil naquela época era a suprema alegria para um jogador europeu. Vivi o período do Fluminense e vi Pelé exuberante naquela Copa do Mundo do México. Pena que o fato de haver o regime fechado impediu que pudesse jogar pelo Fluminense e viver no Rio de Janeiro por mais tempo. Mas foi um orgulho."

Referia-se ao governo comunista, que obrigava os atletas a retornarem ao país para servirem a seleção.

Lucescu foi, mais tarde, técnico de Ronaldo, o Fenômeno, na Internazionale, e montou o time mais brasileiro da Europa, no Shakhtar Donetsk, que chegou a ter quinze nascidos no Brasil no elenco.

Muito por ter jogado no Fluminense.

Muito mais ainda por ter visto Pelé desfilar seu talento, no auge da forma, no duelo contra a Romênia, em 1970.

RIVALIDADE COM O PERU: BRASIL 4 X 2 PERU

"Pelé teve dois lances de gênio na partida toda. Quando o placar parecia fácil, mas deixou a desejar. Quando o placar parecia fácil, andou ensaiando algumas jogadas de efeito, quando poderia tê-las encaminhado com objetividade. Por má colocação (impedimento), pôs por terra um gol do Brasil, marcado de falta. Mas, não obstante, está atraindo a atenção de toda a defesa e ajudando os demais atacantes."

A crítica foi feita pela *Folha de S.Paulo*, no dia seguinte à vitória por 4 x 2 sobre a seleção peruana. O Rei deu um passe para o gol de Tostão. Não foi o melhor em campo, mas jogou bem, como o texto também revela.

"Esteve muito diferente do jogador que tem se visto nesta Copa. Nas oitavas de final, faltaram-lhe motivação, entusiasmo e até um pouco de interesse pelo jogo. É possível que a facilidade encontrada tenha sido o grande motivo da atuação irregular neste jogo", escreveu *O Estado de S. Paulo*.

O melhor em campo foi Tostão. Mas o passe para o segundo, marcado pelo Mineirinho de Ouro, do Cruzeiro, foi oferecido pelo Rei. Então, Pelé não foi tão mal assim.

Também não se esperava facilidade contra a seleção peruana, por causa da rivalidade criada nos amistosos de 1969. Em Porto Alegre, um triunfo brasileiro por 2 x 1 teve brigas feias dentro do gramado. Dois dias depois, no Maracanã, mais entreveiros entre os jogadores das seleções do Brasil e do Peru.

O placar de 3 x 2 mostrou a dificuldade para a equipe ainda dirigida por João Saldanha. Também houve a expulsão do brasileiro Gérson e do peruano Pedro Rodriguez.

Ninguém esperava facilidade. Ou ao menos não se poderia esperar por vida fácil contra a seleção do Peru dirigida pelo técnico Waldir Pereira, o Didi.

A partida tinha componentes emocionais importantes, como a presença de Didi no banco de reservas da seleção peruana. "Didi é um traidor", disse um torcedor a Zagallo, na véspera da partida.

Disse apenas lembrar-se de 1958 e 1962, quando o craque com quem Zagallo compartilhou o campo era um maestro e dava o tom de experiência que ajudou até Pelé a brilhar aos 17 anos: Didi. Nunca se ganhou uma Copa sendo referência da equipe. Nem Pelé, porque o maestro do meio de campo era Didi, aos 29.

Foram dois lances de gênio, mesmo que a atuação não tenha sido considerada real. A primeira jogada de perigo da partida foi uma arrancada do camisa 10 da seleção brasileira, que se aproximou da grande área e chutou colocado. A bola passou do goleiro Rubiños, tocou na trave esquerda, atravessou a linha fatal e encontrou Pelé para um toque de calcanhar do outro lado.

Quase sai o gol.

Em seguida, Pelé recebeu cobrança de escanteio curto, dominou com o pé direito e cruzou. No rebote, a bola chegou a Tostão, que ajeitou para Rivellino fuzilar: Brasil 1 x 0.

Foi também de Pelé, quatro minutos depois, a arrancada concluída com finalização de Rivellino, que desviou na zaga peruana para escanteio. Cobrado curto para Tostão, o chute do camisa 9 passou entre a trave e o goleiro Rubiños.

"Quem tem Rubiños está brincando na Taça", escreveu o jornalista Ricardo Serran, em *O Globo*, no dia seguinte.

O goleiro Rubiños era baixo e ruim.

Pelé, um gigante estupendo, a ponto de ter participado das duas jogadas que, em 15 minutos de partida, davam a vitória parcial ao Brasil por 2 x 0.

Félix era um goleiro bom e pouco confiável. Tomou um frango em chute do ponta-esquerda Gallardo, o que provocou o final do primeiro tempo com placar de 2 x 1.

Pelé participou também do terceiro gol, no início do segundo tempo. Bola recebida de Jairzinho, enfiou-se pela meia direita e tentou o passe. A bola encontrou-se com a canela do zagueiro peruano Chumpitaz e sobrou para Tostão marcar com o gol aberto.

Quer dizer que, sem jogar seu melhor futebol, Pelé participou de três dos quatro gols do Brasil. Mas ajudou no segundo do Peru, também, ao errar passe na intermediária. Curto demais, o toque foi interceptado pelo meio de campo do Peru, tornou-se contra-ataque e Cubillas finalizou da entrada da grande área: 3 x 2.

Em seguida, Rivellino lançou Jairzinho pela meia esquerda. O Furacão da Copa passou por Rubiños e, quase na linha de fundo, chutou para o gol vazio.

O placar de 4 x 2 levava o Brasil para sua terceira semifinal em três Copas do Mundo.

Zagallo criticou a atuação da seleção: "A equipe facilitou depois dos 2 x 0 e recuou muito. Mandei que os jogadores apertassem mais, como aconteceu contra a Inglaterra, e tudo felizmente correu bem".

Didi, do outro lado, explicou as questões táticas, como a entrada de Fernández, para ser um dos marcadores de Pelé. "O titular seria De La Torre, mas teve uma indisposição estomacal muito grande. Mesmo que eu quisesse, ele não teria condições de atuar."

Questionado se torceria pela seleção brasileira na sequência da Copa do Mundo, respondeu: "Nem há dúvida. Sou brasileiro. E o Brasil ganhar a Copa o deixará de posse definitiva da taça Jules Rimet, o que significará que valeu muito meu esforço de ter participado das campanhas de 1958 e 1962".

Didi puxava o sucesso para sua participação, mas acabava dessa maneira com as provocações e chamados de traidor.

Falava também sobre o crescimento de produção de Tostão, jogando como centroavante: "Com este nível de atuação, o Brasil não terá mais defesa capaz de parar o ataque escalado por Zagallo".

Técnico campeão mundial em 1962, Aymoré Moreira trabalhava como observador das outras seleções, na comissão técnica da seleção. Assistiu à vitória do Uruguai sobre a União Soviética, que definiu os uruguaios como adversários do Brasil na semifinal, em Guadalajara.

Alertava que os uruguaios fariam marcação específica, homem a homem, sobre Pelé. E afirmava que o jogador para essa função seria o cabeça de área Cortés, do Peñarol.

Na verdade, o embate mais ríspido seria com outro meio-campista: o camisa 15, Fontes, jogador do Defensor, de Montevidéu.

17 DE JUNHO

Tudo passou a remeter a 1950.

Vinte anos depois da derrota no Maracanã, enfrentar o Uruguai em Guadalajara revivia a rivalidade e o trauma da virada sofrida dentro de casa.

Havia batalhas também fora de campo.

Os uruguaios entendiam que a semifinal teria de acontecer na Cidade do México, o que levaria ao deslocamento brasileiro para a altitude de 2.200 metros acima do nível do mar.

O Uruguai disputou toda a primeira fase em Puebla, a 2.150 metros, venceu a União Soviética na capital mexicana e pretendia permanecer na altitude, obrigando o Brasil à adaptação em tempo curto, nos quatro dias entre as quartas de final e a semifinal.

Também em Guadalajara houve manifestações de clubes da cidade pedindo que a Fifa mantivesse o que havia sido programado no início da competição, ou seja, que a outra semi, entre Itália e Alemanha, acontecesse em Guadalajara.

"O Brasil já vimos quatro vezes e queremos ver outras equipes." Não era o pensamento da maioria da população. Bem recebida, a seleção estava em casa em Guadalajara, onde a torcida era toda sua. Entre outras razões, por Pelé.

A Fifa manteve o time de Zagallo em sua sede e o Uruguai viajou na manhã de segunda-feira, dia 15. A contragosto, mas viajou.

Mais dura era a rivalidade dentro de campo. Até aquele momento, havia 45 confrontos entre Brasil e Uruguai, com vinte vitórias da seleção e 25 jogos sem vencer – 10 empates e 15 derrotas.

O ápice da rivalidade se deu no segundo tempo, com Fontes perseguindo Pelé e lhe fazendo faltas como podia. Numa das arrancadas mais ferozes do Rei, Fontes chegou atrasado e pisou o tornozelo de Pelé, por trás.

O Rei não perdoou.

Minutos depois, escapou pela esquerda, deixou a bola deslizar pela linha lateral, perseguido por Fontes. Enquanto ela deslizava, Pelé armou o cotovelo e jogou-o para trás. Como se fosse no movimento normal da corrida, acertou o rosto do volante uruguaio.

Antes do jogo, o espião da seleção brasileira, Aymoré Moreira, alertava que os uruguaios procurariam Pelé por todo o campo, iam persegui-lo como pudessem. O marcador seria Cortés. Naquele momento, era Fontes.

Por muito tempo, falou-se que o marcador era Montero Castillo. O número 15 às costas na imagem famosa da cotovelada (quase) secreta indica ser Fontes, o volante do Defensor, de Montevidéu.

Para a semifinal, Zagallo anunciou o retorno do lateral-esquerdo Everaldo: "Ele precisa voltar, porque mostrou ser o titular nas partidas que disputou". Everaldo não jogou as quartas de final por lesão. Disputou todas as demais partidas.

Mas o time titular, anunciado para enfrentar o Uruguai, só tinha jogado junto duas vezes. Na estreia, contra a Tchecoslováquia, e no clássico contra a Inglaterra – jogaria também contra a Itália.

"Muito bem plantados em sua retranca característica, os uruguaios dominaram o primeiro tempo", dizia o texto do jornal *O Estado de S. Paulo*. A reportagem falava em apatia brasileira no primeiro tempo. Pelé não estava apático. Estava marcado. Supermarcado.

O Uruguai fez 1 x 0, em falha de Félix, toque do ponta-direita Cubilla, justamente o homem que Everaldo marcava. O jogo seguia difícil, Pelé incomodado pela marcação individual. Seu marcador era Cortés, como disse Aymoré Moreira. Mas, por vezes, chegava Montero Castillo. Outras, Fontes.

Sempre alguém preocupado em paralisar Pelé.

Não era só o Rei o jogador vigiado. Gérson, também. Por isso, o Canhotinha de Ouro sugeriu a inversão de posições com Clodoaldo. Gérson se tornaria volante, jogando por trás de todo o time, exceto os zagueiros. Corró se infiltraria como elemento surpresa na posição de Gérson.

Último minuto da primeira etapa, Tostão dominou pela ponta esquerda e fez o passe em profundidade. Clodoaldo entrou como se fosse meia-esquerda e chutou forte, no canto do goleiro Mazurkiewicz. O Brasil empatava na última jogada do primeiro tempo.

"Voltamos calmos para a etapa final e aí não teve graça", disse Zagallo.

Mais ou menos. Porque o segundo gol da seleção só nasceu aos 30 minutos do segundo tempo.

Antes, aos 16 minutos do segundo tempo, Pelé arrancou desde o meio de campo driblando todos os jogadores do Uruguai até ser pisado no tornozelo por Fontes.

Foi a jogada responsável pelo lance mais duro e desleal da carreira do Rei. Minutos depois, Pelé escorregou pelo lado esquerdo do campo, deixou a bola adiantar-se, permitiu a aproximação de Fontes, esticou o braço para a frente e jogou o cotovelo para trás, como se fosse um movimento normal de corrida.

Fontes estatelou-se no chão, atingido no rosto.

O árbitro espanhol Ortiz de Mendíbil não percebeu a malícia. Deixou o jogo seguir.

O Rei teve mais três lances geniais durante a semifinal contra os uruguaios.

O goleiro Mazurkiewicz cobrou tiro de meta baixo, à meia altura. A bola chegou no pé direito de Pelé que nem pensou. Chutou de primeira, no canto oposto do arqueiro do Uruguai. Plasticamente, jogada espetacular, dificílima, que impôs necessidade de extrema agilidade a Mazurkiewicz, titular do Peñarol, mais tarde com passagem pelo Atlético Mineiro.

Aos 30 minutos, a jogada que decidiu o jogo contra a Celeste. Jairzinho puxou contra-ataque e tocou a Pelé, no meio de campo. O Rei deu um toque de leve, que desconcertou a defesa adversária. Tostão recebeu e tocou rapidamente para Jairzinho. Este arrancou, passou pelo lateral Mujica e chutou na saída do arqueiro.

Brasil 2 x 1, de virada.

Exata inversão do trauma de 1950, quando o Brasil saiu na frente e tomou dois gols mais tarde.

Ainda houve um susto, num cruzamento de Morales, desviado de cabeça por Cubilla, que obrigou Félix a uma defesa grandiosa.

E, diferentemente do Maracanazo, ainda viriam mais um gol brasileiro e mais uma obra-prima do Rei.

Pelé carregou pelo lado esquerdo, percebeu a aproximação de Rivellino, travou a jogada com um drible seco e rolou para a Patada Atômica do meia-esquerda do Corinthians, ponta da seleção.

Rivellino fez 3 x 1 para o Brasil.

Depois, na última jogada da partida, Tostão lançou Pelé da meia esquerda. O Rei percebeu a saída de Mazurkiewicz e nem tocou na bola. Deixou-a escorrer como se fosse sair pela linha lateral, passou pelo lado direito do arqueiro uruguaio e apanhou-a antes de deixar a grande área, à esquerda do goleiro.

De primeira chutou.

A bola foi caprichosamente passando por toda a meta, raspou a trave e saiu em tiro de meta.

Foi certamente a jogada não concluída em gol mais bela da história do futebol.

Jogada de Pelé!

"Pode escrever que a derrota de hoje colocamos na conta da Fifa. Nós poderíamos vencer, não fosse termos de nos tornar uma equipe nômade", disse o técnico uruguaio Juan Eduardo Hohberg, a respeito da mudança das sedes das semifinais.

A reclamação não fazia sentido. Diferentemente de 1962, quando houve manobras de bastidores e até intervenção do primeiro-

-ministro Tancredo Neves para que Garrincha não cumprisse suspensão contra a Tchecoslováquia, dessa vez foi apenas uma mudança possível diante das circunstâncias da época.

O Brasil não foi beneficiado. Não propositadamente.

Mas teve a vantagem de seguir na sua casa, a cidade de Guadalajara, de onde teria de sair agora, para disputar a final contra a Itália.

Os italianos eram fortes e cansados.

Tinham acabado de disputar o mais longo e espetacular dos jogos de Copa do Mundo até então. Na prorrogação, venceram a Alemanha por 4 x 3.

A Itália fez 1 x 0 aos 7 minutos, gol de Boninsegna; no último instante do tempo normal, tomou o empate com gol de Schnellinger, que atuava pelo Milan. Levar a partida ao tempo suplementar cansou o adversário do Brasil na decisão, fossem os italianos ou os alemães.

Gerd Müller fez 2 x 1 no início da prorrogação, mas Burgnich empatou para a Itália.

O italiano Gigi Riva fez 3 x 2 para a *Azzurra* e Gerd Müller consolidou-se como artilheiro da Copa do México com seu décimo gol no minuto 110 da partida, 5 do segundo tempo da prorrogação.

No minuto seguinte, Gianni Rivera marcou 4 x 3 para a Itália.

Esgotada fisicamente, debilitada emocionalmente depois de uma batalha de 120 minutos contra o time alemão, melhor do ponto de vista técnico, a Itália tentaria o tricampeonato contra o Brasil.

Era a última campeã europeia, torneio vencido em 1968 sob o comando do mesmo técnico Ferruccio Valcareggi, que orientava agora os bicampeões mundiais, na busca do terceiro troféu e da posse definitiva da taça Jules Rimet.

Tinha jogadores especiais como Gianni Rivera, campeão da Europa pelo Milan. E Sandro Mazzola, filho do histórico Valentino Mazzola, morto no acidente aéreo de 1949 que terminou com a vida de todos os jogadores do Torino, cinco vezes seguidas campeão nacional da Itália.

Sua estratégia histórica, da marcação homem a homem, estava definida. Faltava definir quem marcaria o principal jogador de seu adversário. Simplesmente o Rei Pelé em sua mais perfeita exibição em Copas do Mundo.

Meu pai conta que me levou no colo para a avenida São João, para comemorar a vitória na semifinal como se fosse o título. Eu tinha menos de dez meses de vida. Para ele, ganhar do Uruguai significava ser campeão do mundo.

O MAIOR JOGO DO REI

A Itália sempre teve dois tipos de laterais. Normalmente, o do lado direito era mais defensivo, um zagueiro, chamado de *terzino marcatore*.

Pela esquerda, chamado de *terzino fluidificante*.

Porque fluía, atacava.

Na Itália, o lateral-direito era Burgnich.

O centroavante do Brasil era Tostão, marcado pelo zagueiro-central, com o líbero na sobra.

O óbvio era o lateral-direito perseguir o segundo atacante: Pelé.

Por onde o Rei caminhou no estádio Azteca, o lateral camisa 2 da Itália andou atrás.

Marcado demais, Pelé abriu espaço para outros jogadores, como Rivellino, o primeiro a acertar um chute de longa distância. Defesa de Albertosi, o goleiro da Itália.

Logo depois, Everaldo finalizou, outra vez de longe. Albertosi defendeu.

Facchetti era o *terzino fluidificante,* mas tinha obrigação de marcar Jairzinho e o fez com falta, na primeira jogada de perigo. Rivellino cobrou com muita força, alto demais. Na transmissão de TV, João Saldanha explicou que as travas da chuteira são inconvenientes para o gramado molhado.

Na época, não se cogitava que a altitude de 2.200 metros fosse uma das razões de a bola sair descalibrada, veloz demais, do pé de Rivellino.

Aos 18 minutos, a bola saiu em arremesso lateral para a seleção brasileira, pelo lado esquerdo do campo. Tostão cobrou curto, Rivellino levantou para a área e Pelé subiu de cabeça para deslocar Albertosi e marcar 1 x 0.

O centésimo gol do Brasil em Copas do Mundo foi o primeiro duelo vencido por Pelé contra seu marcador direto. Mais do que isso, uma aula de cabeceio e de trabalho atlético para a impulsão.

Pelé saltou e, quando descia, depois do cabeceio, Burgnich ainda parecia descer de sua tentativa do impossível, de alcançá-lo. O Rei sempre teve o manual do cabeceio: olhos abertos, peito aberto, olhando exatamente onde tentaria colocar a bola. Posicionou-a bem à esquerda de Albertosi e assim marcou o centésimo gol do Brasil em Copas.

O primeiro da goleada por 4 x 1.

Eram apenas 18 minutos do primeiro tempo e a impressão era de a vitória estar próxima, mas a dificuldade veio forte ainda na primeira etapa, concluída com gol de Boninsegna, de empate italiano. Clodoaldo falhou, a bola rebateu e sobrou para o centroavante da *Squadra Azzurra*.

Pelé e o Brasil tinham questões inéditas em Copas.

O preparo físico do Rei.

A capacidade de a seleção concluir as partidas com exibições primorosas na segunda etapa, resultado de uma preparação detalhada desde a chegada de João Saldanha, em 1969.

Em parte, porque o planejamento começou na Urca, com a comissão técnica que pensava entender as condições climáticas e geográficas do México, o novo tipo de jogo que havia nascido na Inglaterra e como fazer a escola brasileira se destacar nessas circunstâncias.

As filmagens em câmeras Super 8 produziram vídeos sobre os times que mais poderiam ameaçar o Brasil na Copa de 1970. Ao mesmo tempo, detalhamento físico dos jogadores brasileiros.

Quando Zagallo assumiu a seleção, em março, o plano para a viagem à Copa do Mundo estava pronto.

"Quando mostramos aos jogadores o planejamento, eles foram muito receptivos. Perceberam que havia um plano para que jogassem o máximo e se preparassem para a nova realidade apresentada pelo futebol mundial", disse Carlos Alberto Parreira.

Sua explicação é sobre o detalhado plano elaborado para a preparação física, pensando na altitude do México. Ainda que a seleção tenha se hospedado em Guadalajara, o planejamento levou tudo em conta. Também a elaboração para que o time subisse de produção aos poucos.

Dos 19 gols da seleção brasileira, doze aconteceram no segundo tempo (63%). Quinze com saídas rápidas da defesa para o ataque, surpreendendo o adversário com velocidade.

O segundo tempo de Brasil x Itália confirma a história.

Aos 21 minutos da segunda etapa, Jairzinho carregou a bola pela ponta esquerda e entregou a Gérson, que puxou para o pé esquerdo e fuzilou: Brasil 2 x 1.

Cinco minutos depois, Gérson lançou e Pelé subiu com Burgnich. O lance lembrou muito seu gol contra a Tchecoslováquia, na estreia da Copa. Diferentemente do que fez no primeiro jogo, o Rei deslocou de cabeça e deixou Jairzinho frente a frente com Albertosi.

Pelé explicou em entrevistas a mudança de decisão em jogadas tão parecidas. "Quando recebi o passe de Gérson, contra a Itália, havia diferenças em relação ao domínio contra a Tchecoslováquia. Percebi o zagueiro muito próximo, diferentemente do que aconteceu contra os tchecos. Pensei em dominar no peito, igual. Mas isto faria a bola explodir no peito do zagueiro e sair pelo fundo. Entendi, então, que o melhor seria cabecear em direção a Jair. Ele vinha entrando e pôde fazer o gol com maestria."

O lance e o relato revelam tanto a genialidade quanto a gentileza. Genial para calcular a distância, sem uma trena, uma fita métrica.

Gentil para servir o colega, que garantiria a vantagem definitiva para o tricampeonato.

O gol foi inevitável.

Aos 41 minutos da segunda etapa, bola recuperada por Tostão no campo de defesa, tocada a Clodoaldo, que driblou três marcadores num só toque, enviada então a Rivellino e deste a Jairzinho. Aberto pela ponta esquerda, perseguido por Facchetti, seu marcador individual. Jair trouxe a bola para o meio do ataque e rolou a Pelé. Cabeça erguida, com Tostão à frente sinalizando que havia corredor para Carlos Alberto receber, o Rei tocou precisamente para a chegada do lateral direito.

Caprichosamente, a bola ainda tocou um montinho e subiu para se colocar exatamente no ponto de chute do capitão do tri. Carlos Alberto acertou no meio da bola e lançou-a ao canto direito de Albertosi.

Impiedoso!

O Brasil era tricampeão do mundo.

E Pelé, consagrado como o maior jogador da história.

Importante compreender por que o tri e Pelé se completam. O maior jogador de todos os tempos foi a referência da maior seleção de todas as Copas.

CINCO OBRAS DE ARTE DO REI

A edição de *O Globo* de 22 de junho de 1970, dia seguinte à conquista do tricampeonato mundial, trazia as obras-primas do Rei. Referia-se a quatro jogadas absolutamente geniais produzidas pelo melhor jogador do planeta, maior craque em atividade nos 22 dias de disputa da IX Copa do Mundo de Futebol da Fifa.

Dez anos depois da conquista, a Rede Globo produziu um especial sobre o aniversário de 40 anos de Pelé. Chamava-se "O Sonho do Menino de Três Corações".

Tratava-se de um documentário que juntava duas coisas, os 10 anos do Tricampeonato Mundial e os 40 anos do Rei.

Mas o tom principal era o quadragésimo ano de Edson Arantes do Nascimento.

Em meio à vida do Rei e no final do documentário, o programa incluía uma jogada a mais.

Os cinco lances de gênio não são impossíveis de se adivinhar. Por mais que Jairzinho tenha sido apelidado de "Furacão da Copa", ou Gérson tenha tido atuações impressionantes nas únicas três vezes em que pisou no gramado no México, ainda que Tostão tenha feito uma Copa esplendorosa e completado seu jogo de número 50 com a camisa amarela…

Ainda que se tenha criado a lógica da única seleção com cinco camisas 10 no ataque, e que isso não fosse pura verdade, porque Jairzinho era 10 do Botafogo, Gérson jogava com a 10 no São Paulo, Pelé com a 10 do Santos, Rivellino com a 10 do Corinthians, mas

Tostão vestia a 8 no Cruzeiro. E, no máximo, jogou de 9, também em Belo Horizonte. O número 10 era de Dirceu Lopes.

Por mais que houvesse craques em todas as posições, que Pelé tenha tido atuações melhores e outras de menos protagonismo, com tudo isso, Pelé foi Pelé.

Marcou quatro gols e deu seis passes para companheiros marcarem. Atraiu todos os marcadores e foi a referência entre todas as seleções.

Pelé não teve uma atuação tão determinante quanto Maradona em 1986 ou Garrincha em 1962. Mas reinou.

A ponto de a cobertura da Copa do Mundo terminar com os quatro lances magistrais do Rei. Ou de, dez anos depois, os franceses do *L'Équipe* o terem elegido o maior atleta do século 20.

O primeiro lance estupendo foi na estreia do Brasil, contra a Tchecoslováquia. Pelé sabia que o goleiro Viktor, do time tcheco, jogava adiantado. Aos 41 minutos do primeiro tempo, com o placar marcando 1 x 1, Piazza desarmou Adamec na intermediária do campo de defesa brasileiro.

A bola sobrou limpa, próxima a Pelé, que a dominou e deixou escorrer até o círculo central. Antes de chegar ao meio de campo, levantou a cabeça, percebeu o goleiro Viktor fora de sua pequena área e chutou.

A imagem da parte de trás do gol é impressionante, pelo rosto do arqueiro desesperado correndo atrás da bola, como se pudesse evitar o vento ou o deslocamento da bola depois do chute genial.

Viktor não tinha histórico de sofrer gols assim pelo Dukla Praga. Anos depois, seria campeão europeu pela seleção da Tchecoslováquia, vencendo a final contra a Alemanha. Sua carreira foi brilhante. Mesmo assim, é lembrado pelo gol que não sofreu de Pelé, por detalhe.

A bola passou rente à trave, sem chance de defesa para Ivo Viktor.

A segunda jogada citada é aquela conhecida como a defesa mais incrível de todas as Copas. O documentário oficial *Fifa Fever*, produzido em 2005, elege a elasticidade do inglês Gordon Banks como o momento mais sublime de um goleiro em Mundiais. Mas quem o obrigou àquele salto foi Pelé.

Jairzinho recebeu de Carlos Alberto, chegou até a linha de fundo e cruzou. Não foi na medida. Pelé saltou. Saltou muito e, apesar de não haver equipamentos capazes de medir a altura do salto, desviou de olhos abertos e cabeça ereta, para jogar a bola onde queria, o canto direito da meta de Gordon Banks.

O arqueiro campeão mundial de 1966 esticou-se e usou a força da mão direita para desviar a bola com tanto ímpeto que a jogou por cima das traves.

A terceira jogada quase indescritível aconteceu contra a seleção peruana. O placar ainda anotava o x o quando Pelé carregou a bola pelo centro do ataque e chutou no canto esquerdo do goleiro Rubiños. Antes, ergueu os olhos e tocou no único lugar em que o peruano não alcançaria.

Ao toque caprichoso na trave esquerda, Pelé não se acanhou e seguiu a trajetória da pelota, que atravessou toda a linha fatal e ultrapassou o limite do gol.

Quando chegou perto da risca da pequena área, a bola se encontrou outra vez com o pé direito de Pelé. De calcanhar, ele tocou e deixou Tostão frente a frente com o gol. Não saiu por um triz.

Os outros dois lances ocorreram contra o Uruguai. Diante de toda a tensão da partida, que lembrava a decisão de 1950, aquela em que Dondinho chorou e Pelé – então um menino de 9 anos – jurou ganhar uma Copa para compensar a tristeza do pai.

Aos 17 minutos do segundo tempo, com o placar marcando 1 x 1, nervosismo em todos os lares do Brasil, o goleiro Mazurkiewicz cobrou tiro de meta sem força, por baixo, sem mirar a cabeça de nenhum atacante de sua equipe.

A bola chegou ao pé direito de Pelé e voltou de primeira.

No canto oposto de Mazurkiewicz, um pouco menos preciso do que Pelé queria. Se chegasse à beira da trave de Mazurkiewicz, seria gol. Veio um pouco mais para o meio e permitiu a defesa plástica do goleiro do Peñarol e da seleção do Uruguai.

Por último, o mais genial e célebre de todos os lances de Pelé que não se tornaram gols. Última rodagem do ponteiro de Brasil 3 x 1 Uruguai, poderia ser o quarto gol brasileiro, Tostão lançou, Pelé infiltrou-se, Mazurkiewicz saiu, pensando em interceptar o passe com os pés.

Pelé induziu-o a tocar a pelota, que passou sem ninguém encostar nela. Passou à esquerda do goleiro, enquanto Pelé a observava apenas, correndo pelo lado oposto de Mazurkiewicz.

O Rei seguiu correndo e encontrou-se com a bola na trave invertida, tocou de leve e a bola correu beijando a trave, antes de sair em tiro de meta.

O não gol mais belo da história das Copas teve a marca do Rei.

Todas as emissoras de TV usaram a jogada em clipes. Antes da Copa de 1986, havia um vídeo com o drible de corpo do Rei, sem tocar a bola, com a canção "Verde e Amarelo".

As cinco jogadas especiais, festejadas, indicam como foi grande a Copa do Mundo de Pelé.

Pelé foi o jogador mais regular e brilhante da seleção brasileira na Copa do México. Não apenas pelos quatro gols e seis assistências. É possível catalogar a atuação em 1958 como a mais brilhante, pelos seis gols anotados em apenas quatro partidas.

Agora era diferente.

Pelé era mais maduro, mais preciso, mais eficiente.

Fez menos gols, mas foi mais decisivo em passes e finalizações.

Mais adulto, também como líder. Quando era necessário trocar passes curtos e fazer o adversário correr atrás do Brasil, Pelé ajudava a fazer o serviço.

Quando precisava marcar, Pelé lá estava.

Pelé não era o melhor do mundo por uma coisa só.

Era por várias.

Razão pela qual, vinte anos depois, a revista inglesa *World Soccer* elegeu a seleção de 1970 como a maior equipe da história das Copas do Mundo.

E por que, dez anos depois, os franceses do jornal *L'Équipe* elegeram Pelé o Atleta do Século, à frente de Jesse Owens, o homem que ganhou a prova dos 100 metros, a mais nobre das Olimpíadas, à frente de Adolf Hitler, e conquistou a medalha de ouro.

Pelé foi consagrado de outra maneira.

Ao final da vitória do Brasil sobre a Itália, no estádio Azteca, uma multidão de mais de 5 mil torcedores invadiu o gramado em busca de todos os objetos possíveis. Arrancaram-lhe as chuteiras, a camisa, os meiões, tudo sendo levado aos poucos para qualquer lugar, para qualquer invasor.

Tiraram-lhe até mesmo os calções.

Pelé representava mais do que qualquer souvenir.

O futebol era sinônimo de Pelé.

A COPA DE 1974

Pelé despediu-se da seleção brasileira em dois amistosos, um no Morumbi, outro no Maracanã. Um para o público paulista, outro para os cariocas. No Morumbi, a seleção brasileira empatou com a Áustria por 1 x 1.

Pelé marcou o primeiro para o Brasil, aos 32 minutos do primeiro tempo, mas Jara empatou aos 6 da segunda etapa.

O Rei já havia deixado claro, antes de a Copa do Mundo do México terminar, que não jogaria mais pelo *scratch.*

A Confederação Brasileira de Desportos (CBD) e o governo militar, presidido por Emílio Garrastazu Médici, fizeram questão de tentar demovê-lo da ideia.

Para o presidente da CBD, João Havelange, havia uma razão especial. Era candidato à presidência da Fifa, cargo para o qual seria eleito em 1974 e ocuparia até o final da Copa do Mundo de 1998.

Sua candidatura incluía um chamado de times do mundo inteiro para um torneio festivo, em território brasileiro. Em 1972, Havelange construiu a ideia da Minicopa do Mundo, comemorativa aos 150 anos do Grito de Dom Pedro I e, por isso também, nomeada de Taça Independência.

A CBD convidou seleções de França, Argentina, Colômbia, Portugal, Chile, Irlanda, Equador, Irã, Iugoslávia, Paraguai, Peru, Bolívia, Venezuela, Escócia, Tchecoslováquia, União Soviética e Uruguai.

Cerejas do bolo, combinados da África e da Concacaf. O time africano era formado por jogadores de Guiné, Gana, Senegal, Argélia, Tunísia, Togo, Camarões, Congo, Egito e Costa do Marfim.

A Concacaf, sigla para a Confederação de Futebol da América do Norte, Central e do Caribe, reuniu atletas de Honduras, Haiti, Suriname, Bermudas, Jamaica, Trinidad e Tobago e Nicarágua.

De uma só tacada, Havelange convidou potenciais eleitores de 37 países, num tempo em que a Copa do Mundo tinha apenas 16 participantes. Parte da proposta do brasileiro era ampliar o número de concorrentes para 24 a partir do Mundial de 1982, como se fez. Isso aumentaria a chance de africanos, asiáticos e centro-americanos participarem da maior festa do futebol mundial.

De quebra, levou o torneio para doze sedes, como nenhuma Copa do Mundo havia feito. Essas escolhas seguiam o ideário do governo militar, de utilizar o futebol para dar unidade ao país. Porto Alegre, Curitiba, Rio de Janeiro, São Paulo, Belo Horizonte, Salvador, Aracaju, Campo Grande, Natal, Maceió, Manaus e Recife receberam a festa.

Havelange, obviamente, queria Pelé como seu embaixador.

Mas em sua real sabedoria, o Rei sabia não estar mais no ápice de sua forma técnica e física e também não pretendia arriscar o prestígio de maior jogador do planeta, consagrado no México, em 1970, por uma aventura eleitoreira.

Então, disse ainda durante a campanha do tri que deixaria a seleção depois da Copa.

A contragosto, a CBD organizou três amistosos no intervalo entre 11 e 18 de julho. O primeiro, contra a Áustria, foi o do último dos 95 gols de Pelé pela seleção brasileira, incluindo partidas não oficializadas pela Fifa – 77 gols oficiais ao todo.

Gérson entregou ao Rei, que lançou Zequinha. Estreante na seleção, o ponta-direita foi até a linha de fundo e cruzou. Tostão fez o corta-luz e, ao deixar a bola escorrer, deixou Pelé frente a frente com o goleiro Rettensteiner.

Arqueiro do Innsbruck, Rettensteiner nunca teve a honra de disputar uma Copa do Mundo, mas entrou para a história como o último a sofrer um gol internacional do Rei.

No intervalo, Paulo Cézar Caju substituiu sua Majestade. Pelé deu volta olímpica, recebeu coroa e cetro e ouviu as 100 mil vozes presentes ao Morumbi gritarem: "Pelé! Pelé! Pelé!".

João Havelange apareceu no gramado para beber um pouco do prestígio. Paulo Machado de Carvalho, diretor da seleção nas campanhas dos títulos mundiais de 1958 e 1962, também surgiu no campo. Na época, não tinha relações cordiais com Havelange.

"Tive vontade de chorar quando vi Pelé sair de campo", disse o ex-zagueiro inglês Bobby Moore, campeão mundial em 1966, enviado especial pelo diário britânico *Daily Mirror*.

A segunda partida festiva, dessa vez contra a Tchecoslováquia, foi agendada pela CBD para quarta-feira, 14 de julho de 1971. Como o Rio de Janeiro teria o privilégio de assistir à despedida três dias mais tarde, explica-se a fraca presença da plateia – 49 mil pessoas num estádio de 200 mil lugares.

Havia outra razão: Pelé não jogou, guardando-se para o domingo.

Tostão marcou o gol da vitória brasileira aos 14 minutos do primeiro tempo, após receber de Clodoaldo e girar o corpo. Os tchecos chegaram a empatar no início da segunda etapa, mas o gol foi anulado pelo árbitro suíço Rudolfo Scheurer.

O terceiro compromisso foi o mais emocionante. O rival seria a Iugoslávia.

Primeiro porque 138 mil espectadores pagaram ingresso e havia perto de 150 mil no Maracanã. A partida foi transmitida ao vivo para a Europa e os Estados Unidos. O presidente norte-americano, Richard Nixon, enviou uma carta de congratulações ao melhor jogador de futebol do planeta, por sua bela trajetória.

Todos ansiavam por seu último gol vestido de amarelo. Teve chances. Meteu a bola entre as pernas do zagueiro Pavlovic, aos 25 minutos, chutou forte, de fora da área, e viu a rebatida do goleiro iugoslavo Vukcevic. Chutou outra vez aos 42 e viu a bola bater no zagueiro Holcer. Recebeu de Clodoaldo aos 44 e chutou rente à trave.

Outra vez, foi substituído por Zagallo, no intervalo da partida, para receber todas as homenagens.

A Associação de Futebol da Iugoslávia lhe concedeu uma medalha com a honra do país eslavo. Todos os jogadores da seleção entregaram suas camisas ao Rei do futebol. Pelé deu a volta olímpica e as quase 150 mil vozes gritaram: "Fica, Fica, Fica!".

Pelé chorou.

Então, subiu pelo espremido elevador do Maracanã até a tribuna de honra, onde não estava o presidente da República, Emílio Garrastazu Médici.

Alguns entenderam como descontentamento do governo federal a decisão soberana de Pelé de abandonar a seleção.

Quando Pelé deixou o gramado, a Iugoslávia vencia por 1 x 0. Claudiomiro entrou em seu lugar, jogador de enormes talentos e muitos problemas com o peso, que abreviaram sua carreira. Era centroavante, não ponta de lança, como Pelé. Com a alteração, Tostão passou a ocupar a posição de 10.

Lá de cima, o Rei assistiu a Rivellino marcar, aos 14 da segunda etapa, o primeiro gol pós-Rei, o de empate contra os iugoslavos. Gérson colocou o Brasil em vantagem cinco minutos mais tarde, mas Jerkovic empatou em 2 x 2 aos 24 do segundo tempo.

Foi o placar final.

Como se previa, Havelange ainda tentou conversas para seduzir Pelé a participar da Minicopa, mas o Rei resistiu todo o tempo.

O Brasil estreou com um insosso empate por 0 x 0 contra a Tchecoslováquia, no Maracanã. Foi a estreia de Leivinha na seleção, ponta de lança do Palmeiras, tentativa de Zagallo encontrar alguma solução para a nova montagem de seu time.

Foram dele os dois primeiros gols da vitória por 3 x 0 sobre a Iugoslávia, no segundo compromisso da seleção. Jairzinho fechou o marcador.

Na terceira rodada, a seleção ganhou da Escócia por 1 x 0. Os escoceses tinham empatado contra os tchecos e os iugoslavos e uma derrota tiraria o Brasil da finalíssima. Jairzinho anotou quando faltavam apenas dez minutos para o término do jogo.

A final contra Portugal trazia a lembrança da eliminação na Copa de 1966, o pior momento de Pelé pela seleção brasileira. Os portugueses tinham Eusébio, o que aumentava a recordação, e vinham de seis vitórias e um empate, o que ampliava a sensação de risco.

O jogo foi péssimo e o gol da vitória só nasceu aos 43 do segundo tempo, numa cobrança de falta de Rivellino desviada de cabeça por Jairzinho.

Gérson, como capitão, recebeu a taça das mãos do general Emílio Garrastazu Médici, o presidente que havia sido filmado enxugando os olhos com um lenço no momento do gol da vitória.

O torneio montado pelo governo militar e que servia de campanha para Havelange foi um fracasso de público e teve partidas tecnicamente pobres.

Serviu mesmo para a política.

Mesmo sem Pelé.

Ocorre que o fraco desempenho do Brasil e a ausência de espectadores, em parte motivada pela falta que Pelé fazia, mantiveram a expectativa do governo e de Havelange de contar com sua presença de volta, na Copa do Mundo de 1974.

No dia 22 de fevereiro, três meses e meio antes da abertura do Mundial, na Alemanha, Pelé respondeu a um novo convite da CBD, formulado por João Havelange. Escreveu uma carta de agradecimento que se tornou pública e foi estampada em todos os jornais de grande circulação.

Dizia o seguinte:

Recebi, com orgulho, o ofício de V. Sas, através do qual me é feito o pedido para que volte a defender nossa querida Seleção Brasileira de Futebol, à qual prestei meu concurso, por espaço de tempo à metade de minha existência.

O pedido de V. Sas representa o maior prêmio de minha vida, pois nela está consubstanciado o reconhecimento da entidade máxima do futebol brasileiro, pelos meus 16 anos de trabalho.

Sempre procurei trabalhar com dedicação e honestidade, dando o que de melhor possuía ao meu trabalho e ao Brasil. Recusei todas as vultosas propostas para jogar no exterior, pensando neste povo que sempre me incentivou.

A decisão por mim tomada, em 1971, contou com a concordância de V. Sas, de quem recebi todas as homenagens, inclusive o prêmio dado a todos os jogadores que se despedem, o que jamais se apagará de minha lembrança.

O povo, irmanado com a CBD, prestigiou a minha despedida e eu não poderia, agora, iludir esse mesmo povo e meus próprios colegas que tanto me ajudaram.

Em 1958 vários jogadores, inclusive eu, surgiram para defender a nossa Seleção. Está na hora de unirmos esforços para que surjam outros, nas mesmas condições, para que consigam trazer, definitivamente, a Taça que hora se inicia, como já foi feito com a Jules Rimet.

É chegado o momento de mostrar aos brasileiros que posso ser útil ao país em outros campos de atividade, com a mesma dedicação, honestidade e motivação com que sempre defendi a nossa Seleção.

Contando com a compreensão de V. Sas.

Cordialmente

Quem conviveu com Pelé naquela época não julga correto atribuir exclusivamente à política a decisão de não jogar. O Rei sabia que seu melhor momento já havia sido ultrapassado.

Seu empresário, José Fornos, o Pepito, deu sua versão:

"Pelé nunca teve problema com o papo de ditadura. Quem puxou isso foram os jornalistas derrotados na ditadura. Pelé não tinha nada a ver com os militares, mas se dava bem e conversava com todos.

"Juntos, fomos à posse do presidente Ernesto Geisel, em 1974. Lá, fizeram pressão. Encontros no Ministério da Educação: 'Pô, Pelé, dá para voltar?'. A tudo, ele respondia: 'Não dá!'. Depois, inventaram que o ministro da Indústria e Comércio pressionou Pelé e deu uma multa... tudo cascata. O Pelé convivia bem com o governo militar. Não deixou de ir por causa do governo."

A síntese é que o Rei conhecia seu corpo, sabia da dificuldade e do risco de colocar seu prestígio em campo, num momento em que já não ostentava a forma física nem a técnica de quatro anos antes.

De qualquer modo, as críticas ao desempenho da seleção às vésperas da Copa eram ferozes. Até mesmo em forma de canção.

Luiz Américo foi o intérprete de "Camisa 10", hino crítico ao desempenho pós-Pelé:

Desculpe, seu Zagallo
Mexe nesse time que está muito fraco
Levaram uma flecha, esqueceram o arco
Botaram muito fogo e sopraram o furacão
Que não saiu do chão

Desculpe, seu Zagallo
Puseram uma palhinha na sua fogueira
E se não fosse a força desse pau-pereira
Comiam um frango assado lá na jaula do leão
Mas não tem nada não!

Cuidado, seu Zagallo
O garoto do parque está muito nervoso
E esse meio campo fica perigoso
Parece que desliza nesse vai não vai
Quando não cai

É camisa dez na seleção
Dez é a camisa dele, quem é que vai no lugar dele?

Desculpe, seu Zagallo
A crítica que faço é pura brincadeira
Espírito de humor, torcida brasileira
A turma está sorrindo para não chorar
Tá devagar

Nas duas primeiras apresentações, a seleção empatou com Iugoslávia e Escócia por 0 x 0. Ficou famosa a cena de Rivellino de punhos cerrados em contraste com o escocês Bremner, com quem tentava brigar.

Símbolo dos nervos à flor da pele de uma seleção brasileira que tinha talento de sobra nos pés de Rivellino, Paulo Cézar Caju e Paulo César Carpegiani, mas não conseguia se firmar contra adversários de um momento do futebol em que a força física ganhava poder nos campos.

E o Brasil deitava-se em berço esplêndido por se julgar o melhor futebol do mundo.

Correu o risco de eliminação na primeira fase, mas escapou com um gol de Valdomiro, aos 34 minutos da segunda etapa, num frango incrível do goleiro adversário, Kazadi.

A vitória por 3 x 0 sobre a seleção do Zaire deixou o Brasil apenas um gol à frente dos escoceses, no saldo.

Venceu a Alemanha Oriental na estreia da segunda fase, por 1 x 0, sofrido, gol de falta de Rivellino. Ganhou da Argentina por 2 x 1, no primeiro confronto entre os dois rivais sul-americanos em Copas do Mundo.

Perdeu para a Holanda, gols de Neeskens e Cruyff, aos 4 e 20 minutos do segundo tempo.

A seleção teve chance de vencer, mas os holandeses eram melhores, apesar de chamados de "futebol tico-tico no fubá", por Zagallo.

O técnico diz ter comparado o estilo de toques curtos e movimentação constante dos holandeses ao América encantador do Campeonato Carioca de 1946.

Não fazia sentido o discurso de Zagallo, nem sequer lamentar a ausência do Rei.

A Holanda era o país do Ajax, time tricampeão da Copa dos Campeões da Europa, em finais sucessivas contra Panathinaikos, da Grécia, dirigido pelo húngaro Ferenc Puskas, destaque da Copa do Mundo de 1954 e maior craque do planeta naquele período. Contra a Internazionale, de Sandro Mazzola, rival de Pelé na final da Copa do Mundo do México, como meia-esquerda da seleção da Itália. E contra a Juventus, que tinha boa parte da seleção italiana vice-campeã mundial de 1970, também na finalíssima contra Pelé.

Pelé estava nas tribunas, com um terno claro e uma blusa cacharrel, moda naquela primeira metade da década de 1970.

Assistiu à derrota sem ser citado em nenhum momento.

A seleção brasileira teve bons vinte minutos. Até hoje se diz que o Brasil teve chance de fazer 1 x 0, com Paulo Cézar, aos 19 minutos do primeiro tempo. Tabela pela faixa central do campo, que chegou ao atacante brasileiro, que desviou de Jongbloed e, com o goleiro holandês vencido, viu a bola passar rente à trave.

Antes, no entanto, Cruyff teve gigantesca oportunidade de abrir o marcador aos 4 minutos, numa bola rebatida, chute de esquerda do craque holandês, que Leão desviou para escanteio. O documentário *Fifa Fever*, produzido pela federação internacional, decretou esta como a segunda maior defesa de todas as Copas, abaixo apenas da efetuada por Gordon Banks, depois do cabeceio perfeito de Pelé, em Brasil 1 x 0 Inglaterra, no México, em 1970.

A jogada de Paulo Cézar aconteceu precisamente aos 19 minutos, razão pela qual a edição da manhã seguinte do jornal *O Estado de S. Paulo* trouxe o texto: "Os 20 minutos enganosos".

Não foi exatamente o que ocorreu e o Brasil poderia ter vencido, mas a Holanda era o país de três dos últimos quatro campeões da Copa dos Campeões da Europa, o Ajax em 1971, 1972 e 1973.

Aos 4 minutos do segundo tempo, um cruzamento de Rep, da direita, alcançou o meia Neeskens, infiltrando-se como se fosse centroavante. Antecipou-se à defesa e desviou com o pé direito, para vencer o goleiro Leão, do Brasil.

Aos 19, cruzamento da esquerda de Krol. Dessa vez, foi Johan Cruyff quem se antecipou a Luís Pereira e desviou para superar Leão: Holanda 2 x 0.

As manchetes do dia seguinte não criticavam Pelé e o ignoravam. Óbvio, o Rei não era mais parte da seleção nacional. Não tinha culpa nenhuma.

A responsabilidade poderia ser atribuída mais tarde, por quem eventualmente dissesse que poderia ter jogado. Não podia. Já tinha se retirado da seleção brasileira três anos antes, em 1971.

Mas Pelé estava lá, bem perto do recém-eleito presidente da Fifa, João Havelange, e do secretário-geral dos Estados Unidos, Henry Kissinger, amante de futebol.

Pelé disse, na saída do jogo, que havia se surpreendido pelo Brasil ter atuado num estádio pequeno. Era assim que julgava o Westfalenstadion, de Dortmund.

Também havia se impressionado, nesse caso positivamente, com a força e empolgação da torcida holandesa, incansável durante toda a partida.

Por último, disse o óbvio: "A Holanda mereceu eliminar o Brasil".

A DURA VIDA DOS CAMISAS 10

Em sua primeira edição do ano 2000, o diário *Lance!* fez reportagem perguntando se não seria a hora de o Santos aposentar a camisa 10, maior símbolo do sucesso das décadas de 1950, 1960 e 1970.

Nunca se discutiu isso sobre a seleção brasileira. O número 10 só foi de Jair Rosa Pinto, na Copa de 1950, e de Pinga, em 1954, antes de Pelé. Antes do Mundial disputado no Brasil, que terminou com a derrota para o Uruguai, não havia numeração nas camisas dos jogadores.

"É o camisa 10 da seleção", cantava Luiz Américo, antes do Mundial da Alemanha.

Sem o Rei, ela foi vestida por Rivellino, que tinha história.

Era um dos cinco supostos camisas 10 citados na descrição sobre o ataque de 1970, sem a noção exata de que Tostão nunca foi 10, antes de viajar para a Copa do Mundo do México – só mais tarde, no Vasco.

Rivellino era 10 do Corinthians e merecia vestir o número sagrado na Copa da Alemanha. Tanto que não se contestou sua capacidade de usar a camisa eterna. Vestiu-a novamente no Mundial seguinte, na Argentina, em 1978.

No Santos, a herança foi mais doída.

O primeiro a vestir a camisa branca, número 10 às costas, depois do Rei, foi o meia Leo Oliveira. Vestia a 8, anteriormente. Não se sustentou. Em parte, porque seu primeiro jogo como substituto, três dias depois da despedida de Pelé contra a Ponte Preta, foi um clássico contra o São Paulo, empate por 1 x 1.

Não havia comparação. Apenas a noção de que ninguém vestiria o manto do maior jogador de todos os tempos da mesma maneira.

Brecha também atuou vestido assim. Antes, também jogava com Pelé ao seu lado, mas como meia-direita, número 8.

O clube foi buscar no Peru o meia Mifflin, titular da seleção que perdeu as quartas de final da Copa do Mundo de 1970 para o Brasil, de Pelé.

Estreou no Santos seis meses antes da aposentadoria do Rei, entrando no lugar de Brecha.

O peruano Mifflin, rival da seleção brasileira na Copa do Mundo de 1970, atuando pelo Peru, foi um dos investimentos mais altos para usar a camisa 10.

Revelado pelo Centro Iqueño, passou pelo Defensor Arica, antes do Sporting Cristal. Depois da boa participação no Mundial do México, foi contratado pelo Racing, da Argentina.

Foi de lá, do futebol argentino, que o Santos o escolheu para ser um dos herdeiros do Rei.

Não deu certo.

O Santos teve Totonho, Toinzinho, Aílton Lira, consagrado por perfeitas cobranças de falta, mas afastado pelo técnico Chico Formiga, no início de 1978, por supostamente não se dedicar aos treinos.

Seu afastamento produziu a subida à camisa 10 de Pita, jogador revelado na Vila Belmiro.

Fazia toda a diferença para a torcida.

Quando Aílton Lira retornou do castigo de Formiga, Pita já estava vestido com o número 10 e com as bênçãos da torcida.

Sabia-se que não haveria um herdeiro à sua altura, mas o jovem contava com a paciência e o entendimento de toda a arquibancada da Vila Belmiro. Se, antes do Rei, Jair Rosa Pinto, Antoninho e Vasconcelos vestiram o manto eterno, Pita poderia ser o herdeiro, por fazer parte da tradição da camisa branca.

A verdade é que depois do Rei, só Almir conseguiu sustentar a responsabilidade. Na decisão do Mundial de Clubes de 1963, Pelé machucou-se no jogo de ida, em Milão, e Almir precisou representar.

Jogou como o grande craque revelado pelo Sport, impulsionado pelo Vasco, contratado pelo Santos.

Com a camisa amarela era um pouco diferente.

Tostão, que nunca foi 10, vestiu o manto sagrado no amistoso contra a Bulgária, em que João Saldanha escalou Pelé no banco, com o número 13.

Depois disso, foi Rivellino.

O herdeiro do trono, imediatamente, foi Tostão.

Três dias depois do amistoso de despedida contra a Iugoslávia, a seleção enfrentou a Hungria e empatou por 0 x 0, no Maracanã. Rivellino vestiu o número 8, Tostão, a camisa eterna.

Depois de cinco partidas e dois gols, a numeração subitamente mudou. Rivellino vestia a 8 e passou a jogar com o número 10, e Tostão voltou a jogar com o número 9, com que só trabalhou no Cruzeiro de 1969 e na seleção brasileira durante a Copa do Mundo do México.

"Nem tinha me dado conta disso e não me recordo por qual razão isso ocorreu", disse Tostão.

Depois do tricampeonato de 1970 e da aposentadoria de Pelé, o Brasil disputou treze Copas do Mundo, com oito jogadores tendo a honra de vestir o número sagrado. Rivellino (1974 e 1978), Zico (1982 e 1986), Silas (1990), Raí (1994), Rivaldo (1998 e 2002), Ronaldinho Gaúcho (2006), Kaká (2010) e Neymar (2014, 2018 e 2022).

No Pré-Olímpico de 1987, o técnico Carlos Alberto Silva decidiu confundir os adversários mudando completamente a numeração. Num tempo em que não se conheciam jogadores, apresentados diariamente por transmissões de televisão para o mundo inteiro, o treinador escalou o zagueiro Ricardo Rocha com o número 10: "Ele queria fazer um sorteio, mas antes perguntou se alguém queria vestir a camisa 10. Eu disse que queria. Ele já tinha me dirigido no Guarani e atendeu ao meu pedido", lembra-se o zagueiro número 10.

Apesar de nunca mais ter havido um número 10 como o Rei, o próprio Pelé declarou que não via necessidade nem importância da retirada da camisa sagrada. "Acho melhor não aposentar, porque aí o pessoal nunca vai se esquecer."

Depois da morte do Rei, o Santos decidiu apenas colocar uma coroa entre as duas estrelas representativas do bicampeonato mundial de clubes. Lá está a homenagem. Mais do que a retirada da camisa sagrada, que Pelé não queria.

PELÉ E O CINEMA: FUGA PARA A VITÓRIA

Sylvester Stallone falou sobre o encontro com Pelé no início das filmagens de *Fuga para a Vitória*, filme de John Huston, para o qual o Rei do Futebol foi convidado a atuar como ator.

Já havia atuado em quatro filmes anteriormente. Contracenado com atores importantes do Brasil, como Grande Otelo.

A trilha de John Huston seria sua estreia em Hollywood.

Não era pouco.

Stallone contou sobre sua relação com o Rei a partir do início das gravações, quando se preparava para interpretar um goleiro, posição em campo do personagem Robert Hatch, um capitão em meio à Segunda Guerra Mundial.

Pelé vivia o cabo Luis Fernandez, um cidadão nascido em Trinidad e Tobago, membro do exército e que jogaria a partida contra os nazistas.

A inspiração do roteiro era o confronto entre o Start, equipe formada pelos soldados ucranianos aprisionados pelos nazistas em plena guerra, e a equipe da Luftwaffe, a força aérea de Hitler entre 1939 e 1945.

A história é brilhantemente contada no livro *Futebol & Guerra: resistência, triunfo e tragédia do Dínamo na Kiev ocupada pelos nazistas*, escrito pelo escocês Andy Dougan.

Huston conheceu o documento sobre o "Jogo da Morte", entre o Start e a Luftwaffe, e transformou num filme para Hollywood – o gosto é discutível.

Fuga para a Vitória entrou para a história do cinema mais por ter Pelé no elenco do que pela qualidade cinematográfica. Não era só o Rei.

O elenco contou com Bobby Moore e mais quinze jogadores ou ex-atletas. O escocês John Wark jogava pelo Ipswich Town, campeão da Copa da Uefa de 1981. Osvaldo Ardiles tinha sido campeão mundial pela Argentina em 1978 e atuava pelo Tottenham, em Londres. Kazimierz Deyna foi um brilhante jogador da seleção da Polônia nas Copas do Mundo de 1974, 1978 e 1982.

Paul van Himst jogou pela seleção da Bélgica na Copa de 1970, no México. Seguiam-se o norte-americano Werner Roth, o irlandês Kevin O'Callaghan, o holandês Co Prins, o dinamarquês Soren Lindsted, o norueguês Hallvar Thoresen, os ingleses Russell Osman, Laurie Sivell, Robin Turner, Kevin Beattie, Summerbee e Paul Cooper.

Stallone conta ter visto todos eles e se encantado por Pelé.

"Aproximei-me dele e disse que precisava treinar para fazer o papel de goleiro. Pelé disse que ia chutar. Ajeitou a bola, coloquei as luvas, posicionei-me embaixo das traves e disse que podia chutar. Pelé correu e bateu. Só ouvi o som: 'Tuffff!'. Tinha uma rede velha, escura, para fingir ser do tempo da Segunda Guerra Mundial. Ele a estufou. Só ouvi o barulho."

Stallone continua:

"Pedi para ele chutar de novo. Pelé ajeitou a bola e chutou. Dessa vez, consegui esticar a mão em tempo de tocar o dedinho da mão direita na bola. Meu dedo se virou completamente e ouvi novamente o barulho da rede estufada: 'Tufff!'. Dessa vez, a rede estava estufada e meu dedo mínimo quebrado."

Os bastidores do filme contam que Stallone teria quebrado o dedo mindinho durante a gravação de uma das cenas. O consagrado ator de *Rocky* revela não ter sido nas gravações, mas na preparação das cenas. Durante o filme, John Huston contratou um goleiro para ajudar Stallone a se posicionar como goleiro.

Pelé ia ajudá-lo a defender os chutes mais fortes. Stallone machucou-se.

Pelé desenhou todas as jogadas apresentadas no filme, a pedido de John Huston. Isso inclui a última e clássica cena, em que faz o gol da vitória dos prisioneiros de guerra, ao finalizar de bicicleta um cruzamento vindo da direita.

O elenco tinha atores importantes, além de Sylvester Stallone. Michael Caine, de *O Destino do Poseidon*; Max von Sydow, nomeado para o Oscar por *Pelle, o Conquistador*; Michael Cochrane; Maurice Roëves; e Clive Merrison.

Como no Jogo da Morte, de 1945, os prisioneiros de guerra venceram. A diferença é que, na montagem de John Huston, não seguem para a câmara de gás, o que a história diz ter acontecido com os vencedores durante o conflito da década de 1940, quando o Start, com jogadores do Dínamo de Kiev, são levados à morte.

Mais premiado do que *Fuga para a Vitória* foi *Pedro Mico*, filme brasileiro baseado no romance de Antonio Callado, que reuniu um elenco de primeira qualidade, em que figuravam as atrizes Tereza Raquel e Íris Nascimento e os atores Ivan Cândido e Jorge Dória.

Diferentemente de *Fuga para a Vitória*, Pelé foi convidado a fazer o papel de protagonista na trilha. Trata-se de um estelionatário que tenta fugir com o dinheiro roubado de uma família, ao lado de sua companheira, Tereza Raquel.

Pelé não pareceu ter o talento necessário para desempenhar o papel do protagonista do filme. Seu corpo está o tempo inteiro na tela. Sua voz, não.

Durante todo o filme, Milton Gonçalves dublou o Rei.

O filme ganhou o prêmio do Festival de Brasília de 1985.

Durante as gravações, no ano anterior, Pelé posou de bigode para a capa da revista *Placar*, com a camiseta amarela, cor da seleção brasileira, estampada com os dizeres "Diretas, Já!".

Era o ápice da campanha pelas eleições diretas para a Presidência da República, depois de 34 anos sem direito a votar no Brasil.

Fuga para a Vitória não é um clássico do cinema, exceto pela participação de Pelé e pela jogada de bicicleta que finalizou. Também pelas histórias do dedo quebrado de Sylvester Stallone.

Pedro Mico também não é um símbolo do cinema brasileiro. Figura no período em que se dizia que não se ia às salas para ver filmes de baixa qualidade. Pelé nunca foi o Rei do Cinema.

Nas telonas, divertiu-se e deixou filmes catalogados para sempre. Mais por sua presença do que pela qualidade cinematográfica.

O BRASILEIRO NÃO SABE VOTAR

Pelé visitou Brasília no dia 24 de novembro de 1977, a convite da Aliança Renovadora Nacional, a Arena, partido do governo durante 13 dos 21 anos da Ditadura Militar no Brasil.

Pelé aceitou o convite e reuniu-se com o então ministro da Justiça, Armando Falcão. Supostamente tratava da liberação do filme *Pedro Mico,* que só gravaria em 1984.

À saída do Ministério, cercado por jornalistas, falou sobre futebol, cinema e política.

No dia seguinte, o *Jornal do Brasil* publicou: "Pelé diz que brasileiro não sabe votar depois de uma troca de ideias com Falcão".

Nem *O Globo,* nem *O Estado de S. Paulo* publicaram a mesma notícia com o mesmo teor.

Segundo *O Globo*: "Pelé afirmou que o povo deveria se interessar mais por política, pois só assim as coisas vão melhorar". Disse também: "O eleitor vota por amizade, não por ter no candidato um grande político ou administrador".

Em *O Estado de S. Paulo,* o texto atribuía a Pelé as frases: "O povo precisa saber mais, para pedir mais. É claro que existe uma estrutura impedindo maior participação. Mas, se o povo procurar aprender um pouquinho mais, nós poderemos ir muito longe".

A *Folha de S.Paulo* publicou: "Pelé parece querer trilhar os caminhos da política".

Que Pelé nunca foi Rei ao falar de assuntos mais densos do que o futebol é absolutamente conhecido. Os interesses daquela reunião não eram de apoio ao governo, nem de discussão contra a Ditadura.

Pelé era um brasileiro de cultura média em meio ao turbilhão político dos anos 1970. Como muitos pais e mães daquele período, estava mais preocupado em garantir seu sustento e o de sua família do que em usar seu prestígio em nome de uma causa nobre, que para ele nem precisava parecer tão perfeita.

Democracia não é só quando se concorda com um ponto de vista. É também quando se discorda.

O *Jornal do Brasil* era o de mais prestígio no país, no final da década de 1970.

Seis meses antes da declaração de Pelé, ao lado do ministro da Justiça, Armando Falcão, o presidente da República, Ernesto Geisel, havia assinado o que ficou conhecido como "Pacote de Abril".

Criava a possibilidade de eleger senadores indicados pelo governo – apelidados de "biônicos" – e a manutenção de eleições indiretas para prefeitos das capitais, mesmo com a garantia de escolhas diretas para governador a partir de 1982.

Não há registro de que Pelé e Armando Falcão conversaram sobre eleições ou voto popular na conversa sobre a liberação de seu filme.

A reação foi rápida. Ao chegar ao Congresso Nacional, o relato é de que havia punhos cerrados dos deputados do Movimento Democrático Brasileiro (MDB), partido de oposição ao governo, criado em 1966 e mantido até 1979. Ulysses Guimarães, seu presidente, era um dos mais fervorosos manifestantes contra a presença de Pelé, por supostamente ter vindo de uma conversa amistosa e de apoio a Armando Falcão.

Podia não ser só por isso. Pelé era recebido no Congresso Nacional por sua capacidade de levar o nome do Brasil ao exterior de maneira positiva. Mas a homenagem era conduzida pela Arena, razão suficiente para haver oposição.

A Arena era acusada de usar o futebol – e usou – por longos anos da Ditadura. A criação e ampliação do Campeonato Nacional, a partir de 1971, com um slogan que se espalhou pelos jornais: "Onde a Arena vai mal, mais um clube no Nacional. Onde a Arena vai bem, outro clube também".

Com o *Jornal do Brasil* em mãos, o deputado Aírton Soares desafiava Pelé: "Renegou sua origem, seu povo, sua raça e assumiu uma posição elitista".

No mesmo dia, o deputado estadual Edson Khair declarou na Assembleia Legislativa do Rio de Janeiro: "Pelé é o gênio da bola e mostrou que só pode agir mesmo com os pés, porque com a cabeça mostrou que não pensa".

À parte a política, o preconceito.

Percebendo a repercussão, Pelé subiu ao palanque no Congresso Nacional, no dia seguinte à publicação do *Jornal do Brasil,* disse ter havido um mal-entendido e tratou de explicar seu ponto de vista.

Mais um dia de repercussão, com os jornais tratando de dizer que "Pelé tentou explicar o que tentou dizer ao afirmar que o brasileiro não sabe votar...".

Ninguém compreendeu ao certo a repercussão do discurso de Pelé. A crítica perpetuou-se.

Estava feita a lenda, como numa brincadeira infantil de telefone sem fio, só que com jornalistas importantes tratando de um tema árduo: Pelé e a Ditadura.

O Pasquim foi um semanário criado no Rio de Janeiro em 1969, que resistiu até 1991, e tinha a característica de analisar de forma sarcástica os temas da sociedade.

Pois na semana seguinte, *O Pasquim* levou às bancas uma edição especial com a frase que Pelé não disse: "O brasileiro não sabe votar".

Pelé resistiu.

Deu longa entrevista à revista *Manchete,* em 1978, outra à revista *Playboy,* em 1980. "O que eu quis dizer foi que o povo brasileiro precisa levar mais a sério o voto, não votar em Cacareco, em Pelé, ou em Zico, porque isso não leva o Brasil a nada. Fui dizer isso e modificaram tudo."

A explicação sobre tudo o que houve em 1977 foi um favor do escritor Paulo Cesar de Araújo, em texto publicado pela *Folha de S.Paulo* em 18 de janeiro de 2023.

Sete anos depois do episódio, em abril de 1984, o repórter-fotográfico da revista *Placar*, Ronaldo Kotscho, encontrou-se com Pelé durante as gravações de *Pedro Mico*. Sugeriu que se deixasse fotografar com uma camiseta amarela com os dizeres "Diretas, Já!".

Pelé resistiu.

Não quis se incorporar ao movimento que tomava conta do Brasil desde dezembro do ano anterior, com comícios em praças lotadas na Candelária, no Rio, na Praça da Sé e Vale do Anhangabaú, em São Paulo, na Praça Sete, em Belo Horizonte, Anhangabaú, com mais de um milhão de manifestantes.

Sem autorização do Rei, Kotscho levantou a camiseta em meio ao set de gravações e ouviu aprovações.

Pelé percebeu o movimento e vestiu a camiseta.

Estava num visual diferente, de bigode, referência ao personagem Pedro Mico.

A fotografia foi capa da revista *Placar* às vésperas da votação da emenda Dante de Oliveira, que permitiria eleições diretas no Brasil a partir de novembro de 1984.

A emenda não foi aprovada.

Pelé, sim.

Até hoje tem quem veja a foto e diga que Pelé sempre apoiou os movimentos pela Democracia.

Nem tanto ao mar, nem tanto à terra.

Nem tanto *O Pasquim*, nem tanto *Placar*.

O FUTEBOL NOS ESTADOS UNIDOS

A assinatura oficial do contrato de Pelé com o New York Cosmos aconteceu no dia 10 de junho de 1975, exatamente 248 dias depois de seu último chute como atleta profissional na Vila Belmiro, contra a Ponte Preta.

Mesmo sem oficialidade, os contatos entre o Cosmos e Pelé começaram bem antes. Já no início daquele ano, havia conversas com a Warner, proprietária da marca Cosmos, que tentava alavancar o esporte denominado *soccer,* nos Estados Unidos.

As primeiras conversas para levar Pelé começaram antes ainda. Em 1971, o empresário Clive Toye reuniu-se com o Rei. Falou sobre o projeto de ter o futebol levado a sério na nação mais rica do planeta, de fazer a modalidade rivalizar com o basquete, o beisebol, o futebol americano e o hóquei, esportes nacionais.

Pelé vivia o final da carreira e não parecia tentado a morar num país novo, que não conhecia, com um idioma que não dominava. Das conversas incipientes à resposta definitiva, em 10 de junho de 1975, a decisão amadureceu.

A insegurança relatada no momento em que começou a decidir que ia parar, a incerteza se seria esquecido, tudo isso continuava mexendo com sua cabeça.

Havia mais.

O calendário era mais confortável. O contrato de três anos propunha 107 partidas, ou seja, 35 jogos por temporada. Só em 1974, ano que terminou para Pelé em 2 de outubro, data da despedida contra a Ponte Preta, houve 45 partidas. Em 1973, quando jogou os doze meses, foram 67 jogos. Pelé jogaria metade dos compromissos que assumia no Brasil.

Haveria conforto, visibilidade, um desafio de morar no exterior. E dinheiro: US$ 6 milhões.

A conta é fácil. Esse valor, dividido por três anos, significaria US$ 2 milhões por temporada ou US$ 57 mil por exibição. Houve quem atribuísse à quantia o sim de Pelé. Não foi por isso.

No mercado norte-americano, Pelé ainda ganhava muito menos que outros astros do esporte e do que contratados da Warner, que mantinha sob contrato Frank Sinatra e Rolling Stones.

Em 1974, Muhammad Ali realizou duas lutas. Ambas disputadíssimas e vendidas como espetáculos televisivos para o mundo todo. Contra Joe Frazier, em Nova York, e contra George Foreman, em Kinshasa, no Zaire. O desafio rendeu o livro do jornalista e escritor norte-americano, Norman Mailer, chamado *A Luta*.

Pelos dois duelos, Ali recebeu US$ 5,8 milhões. Ou US$ 2,9 milhões por exibição.

Mesmo assim, Pelé recebeu no Cosmos o dobro do que Emerson Fittipaldi ganhava para correr a temporada da Fórmula 1 pela McLaren. Emerson, bicampeão mundial em 1972 e 1974, ganhava Cr$ 21 milhões por contratos de publicidade. Em dólares, a Warner acenava com 87 contratos publicitários para Pelé, antes mesmo da assinatura oficial do contrato.

Aqui estava uma mina de ouro e a capacidade de associar-se com a Warner faria a explosão da marca Pelé internacionalmente. Por mais que fosse o maior jogador da história do seu esporte, a aposentadoria poderia levar ao esquecimento das conquistas nos tempos sem televisão.

O acerto com o Cosmos era esportivo.

Com a Warner, era a venda e a exploração de sua marca pelo restante dos tempos.

Pelé chegou atrasado meia hora, deu a primeira entrevista no mesmo dia da assinatura do contrato, no 21 Club, em Manhattan.

Usava um terno preto, gravata preta com listras vermelhas, cores distintas do verde e branco de seu novo time. Falou grosso: "Finalmente o futebol chegou aos Estados Unidos".

A frase de efeito vinha em acordo com o discurso pretendido pela Warner, cujo presidente, Steve Ross, estava presente.

Como sempre foi de seu feitio, atendeu a imprensa e os fotógrafos com gentileza. Repetiu 70 vezes o gesto da assinatura do contrato para que os repórteres fotográficos tivessem a melhor imagem possível. Estava ao lado da esposa, Rose, vestida com uma blusa lilás e uma saia branca e lilás. Também ao lado do técnico do Cosmos, Gordon Bradley.

Um segurança da Warner ameaçou interromper a cerimônia, se não houvesse paz entre os cinegrafistas e repórteres fotográficos. Dois deles chegaram a trocar socos em busca do melhor espaço, para ter o melhor ângulo possível para imagens de televisão e fotografias para jornais e revistas.

Pelé era um pop star, muito antes da era de os craques de futebol se tornarem celebridades.

Apesar disso, muitas perguntas discutiam se apenas o fato de contratar o melhor jogador da história ajudaria a popularizar um esporte desconhecido pelo público norte-americano. Pelé respondeu que os Globetrotters ajudavam a expandir o basquete pelo mundo, inclusive no Brasil.

Explicar o futebol e suas particularidades fez Pelé tratar do aspecto coletivo. Disse conhecer o Cosmos, ter assistido a vários jogos, sentiu haver um time de bons jogadores, mas que trabalhavam muito no aspecto individual.

"Há algumas semanas, disputei um jogo de exibição, na Bélgica. Nosso ataque era formado por mim, pelo espanhol Amancio, o português Eusébio, o italiano Mazzola e o holandês Cruyff. Um ataque capaz de fazer muitos gols. Nunca tínhamos jogado juntos. Perdemos."

Explicou que o Cosmos precisava ter uma equipe que treinasse junto, caminhasse junto, fizesse coisas juntos. Precisava ser uma equipe em vez de um grupo de bons jogadores.

Também foi questionado sobre falar apenas português. De fato, respondeu a todas as perguntas de sua primeira entrevista coletiva em seu idioma nativo, com a tradução do preparador físico Júlio Mazzei, com quem havia trabalhado no Santos entre 1965 e 1974. Mazzei traduziu todas as respostas do Rei, exceto uma questão formulada em espanhol, que Pelé respondeu em espanhol e ajudou Mazzei a traduzir para todos os repórteres norte-americanos.

Um dos entrevistadores foi mais rude e questionou fortemente Pelé por se mudar aos Estados Unidos sem nem sequer saber falar inglês. Pelé disse que o repórter estava convidado a ir à sua residência, em Manhattan, três meses depois, para realizar sua primeira entrevista exclusiva totalmente no idioma oficial dos Estados Unidos da América.

Da entrevista coletiva, Pelé saiu diretamente para Filadélfia, para assistir ao jogo seguinte do Cosmos, contra o Philadelphia Atoms, enquanto *The New York Times* dava as boas-vindas a Pelé, dizendo que a cidade recebia com os braços abertos o maior jogador de futebol do planeta e os impostos que ia pagar.

Os três anos de Pelé com a camisa do Cosmos mudaram um pouco a visão do mundo sobre o futebol nos Estados Unidos. Depois de sua aposentadoria, em 1977, tudo voltou ao passado por longínquos treze anos.

Os norte-americanos só voltariam a disputar uma Copa do Mundo em 1990.

Desse ponto de vista, a grandiosidade do Rei em Nova York não elevou o futebol norte-americano como se imaginava. Os Estados Unidos foram semifinalistas da Copa de 1930, jogaram também em 1950, só retornaram em 1990, treze anos depois da passagem de Pelé pelos campos de grama sintética de Nova York. O Cosmos ganhou três títulos nacionais durante sua presença no Campeonato de Futebol dos Estados Unidos.

A capital do mundo nunca chegou a ser a cidade mais importante do futebol do planeta.

A FAMÍLIA NOS ESTADOS UNIDOS

A chegada de Pelé a Nova York coincide com a crise no casamento com Rosemeri dos Reis Cholbi. Os dois se conheceram em Santos, onde ela morava com os pais. Namoraram em sigilo.

O casamento, marcado subitamente, aconteceu numa manhã de segunda-feira de Carnaval, em 1966. As cerimônias civil e religiosa aconteceram na casa do Rei Pelé, à rua Almirante Cochrane, 123, no bairro do Embaré, a 5,5 quilômetros de distância da Vila Belmiro.

Antes de se casar, Pelé foi à igreja. Voltou em tempo de vestir o terno azul-noite de alpaca brilhante, descrito assim pela reportagem de 21 de fevereiro de 1966 do jornal *O Estado de S. Paulo*.[2]

Rose, chamada assim pelo Rei e pela imprensa, trajava seu vestido de noiva impecavelmente feito por sua mãe, em seda francesa, com quatro metros de cauda.

Depois de retornar da igreja, Pelé ficou em seu quarto. Quando desceu, às 8h15 da manhã, pediu um copo de água com açúcar. Admitia estar nervoso.

Rose bebeu do mesmo copo.

Havia 58 convidados, além de 19 jornalistas, entre repórteres e fotógrafos. Os padrinhos do Rei foram José Macia, o Pepe, seu companheiro de clube desde a estreia, em 1957, e Nicolau Moran, diretor de futebol do Santos.

Uma das convidadas mais empolgadas da festa era sua avó paterna, dona Ambrosina. Esperava pelo primeiro bisneto.

No caso, a primeira bisneta chegou em janeiro do ano seguinte: Kely.

Ao final da cerimônia, às 21 horas, o casal subiu para o quarto, para repousar antes da viagem de lua de mel, como informou o jornal *O Estado de S. Paulo*. O avião decolou de Viracopos, aeroporto na cidade paulista de Campinas. Na época, São Paulo não tinha aeroporto internacional e as decolagens partiam do interior para o Galeão, no Rio de Janeiro, antes de cruzar o Oceano Atlântico e chegar à Europa.

No caso de Pelé e Rose, o destino final seria Frankfurt, com uma escala em Zurique antes de alcançar a Alemanha.

Foram nove anos no Brasil, antes da transferência para os Estados Unidos.

Quando o convite para jogar nos Estados Unidos chegou, a família real do futebol tinha Kely e Edinho, nascido em agosto de 1970.

Quer dizer que Pelé disputou duas Copas do Mundo com Rose grávida no Brasil; de três meses, à espera de Kely, durante o Mundial da Inglaterra; e de sete meses, quando Pelé ajudou o Brasil a ganhar o tricampeonato no México, em 1970.

A essa altura, ela também já tolerava uma série de obrigações por ser casada com Pelé. Também já conhecia parte da infidelidade que o Rei jamais negou. Em 1969, nasceu Flávia, fora do casamento, fruto de um relacionamento com a jornalista Lenita Kurtz. Rose soube da filha ainda em Santos, antes de viajar para Nova York.

"Eu me lembro de algumas coisas. Às vezes, algumas brigas", disse Edinho, em entrevista para esta publicação, realizada em Santos em 2022.

Quando houve a mudança de país, o relacionamento de Pelé e Rose já não ia bem. Não apenas pelo fato de Rose conhecer parte dos casos extraconjugais.

Pelé admitia que nunca houve paixão entre os dois.

Quando se conheceram, em 1959, Pelé tinha 19 anos e Rose estava com 14. Pelé ficou amigo do pai da moça. O casal adorava dançar. "Era só o que tínhamos em comum", contou Pelé, antes de morrer. "Mas aquela paixão mesmo, isso não houve."

Declarações assim fizeram Rose sentir-se à margem da relação, tanto antes da separação quanto depois. Talvez a mudança fosse vista como uma maneira de deixar eventuais casos do passado mais longe. Pelé teria muitos compromissos com a Warner, dona do Cosmos, também viagens longas, de costa a costa dos Estados Unidos.

Foi diferente disso.

"Lembro também de ver minha mãe triste, algumas vezes. Quando se é criança, e eu tinha 8 anos quando eles se separaram, com o tempo a gente percebe que tinha a ver com o que ele fazia fora de casa. Não é de se incriminá-lo. Era outro tempo, uma cultura com a qual ele se acostumou a viver na época e no ambiente em que cresceu", comentou Edinho, a respeito do pai, na referida entrevista.

No final da relação, Rose engravidou pela terceira vez. Daria à luz Jennifer, nascida em 1978.

Pelé e Rose separaram-se no início desse mesmo ano de 1978, pouco mais de três meses depois do final do contrato como jogador do Cosmos. Rose ficou com os filhos nos Estados Unidos. Morava na rua 81, mais ao norte, depois do Central Park.

Rose sentiu o baque da separação. Nos anos seguintes, Kely e Edinho passaram a estudar num internato, ao norte do estado de Nova York. Era a maneira encontrada pela mãe para superar as dificuldades da vida solitária, num país que não era o seu, e com três filhos pequenos.

Cuidou de Jennifer, delegou a educação a uma boa escola norte-americana. Seguiu a vida longe dos holofotes, das manchetes e das notícias que poderia vir a ter sobre Pelé.

Pelé manteve outro apartamento mais ao sul de Manhattan, na rua 56. Mas voltou ao Brasil e à rotina de viagens. Seguiu sendo funcionário da Warner, uma espécie de embaixador da empresa norte-

-americana, dona do New York Cosmos, o clube em que atuou por três temporadas e que começou a transformar a cultura do futebol nos Estados Unidos.

A cultura de quase todo o país. Não do único filho homem de Pelé nascido até aquele momento.

AS MULHERES DO REI

Não é fácil arrancar de jogadores das décadas de 1950 e 1960 a verdade sobre quantos relacionamentos eles tinham, de que maneira aconteciam, como entravam e saíam de boates e cabarés, quantas e de que modo garotas entravam em seus aposentos durante as viagens.

Ulf, o filho perdido de Mané Garrincha, contou sua história ao repórter Ronaldo Soares, para a revista *Placar*, em 1999. Fruto de uma escapada do ponta-direita do Botafogo durante uma excursão à cidade de Umea, na Suécia, em 1959. Um ano antes, Garrincha e Pelé haviam brilhado lá mesmo, na conquista do primeiro Mundial do Brasil. "Uma noite, Garrincha saiu, conheceu uma garota e..."

O relato de Ronaldo Soares à revista *Placar* diz que Ulf fazia gestos, para completar o raciocínio sobre como ele próprio veio ao mundo.

Pelé sempre foi mais discreto.

Garrincha teve catorze filhos, reconhecidos, mais cedo ou mais tarde. Pelé teve três do primeiro casamento, com Rose Cholbi; dois gêmeos com Assíria, sua segunda esposa; Flávia, filha nascida em 1970, fruto de um relacionamento extraconjugal com a jornalista gaúcha Lenita Kurtz; e Sandra Regina, a quem Pelé relutou em reconhecer naquele que foi o erro mais cobrado de toda a sua vida.

Sete filhos.

A carreira do Rei dentro de campo encerrou-se em outubro de 1977, já em meio a problemas de relacionamento com Rose Cholbi, que não compreendia por que o Rei se envolvia em tantos relacionamentos.

O filho contou também que, nessa época, as crises já eram frequentes, lembrava-se de brigas, da mãe triste, de Pelé passar dias fora de casa.

A separação oficial só veio em 1980, mas desde 1978 a vida já não era de casal. Pouco depois, no segundo semestre de 1980, num dos muitos eventos em que precisava envolver-se, por ainda ser uma espécie de embaixador da Warner no planeta, Pelé se encontrou com a jovem modelo brasileira Maria da Graça Meneghel. Xuxa nasceu em Santa Rosa, interior do Rio Grande do Sul, em março de 1963. Quer dizer que quando os dois se conheceram, a modelo ainda não tinha completado a maioridade.

"Eu conheci o Pelé fazendo a capa da revista *Manchete*, cujo título era 'Minha liberdade vale ouro'. Eram quatro mulheres vestidas de dourado. Era para ser uma loira, uma morena, uma ruiva e uma negra."[3]

Xuxa lembra-se de que a morena era Luíza Brunet, por muito tempo apontada também como a mulher mais bonita do Brasil. Brunet fazia uma versão mais adulta, Xuxa, mais menina.

Meneghel fez a primeira aparição em capas de revista em 1979, para a revista *Carinho*, da Bloch Editores. A partir daí, passou a fazer sucesso. No ano seguinte, ficou famoso o número de 80 capas de revista publicadas com sua fotografia.

Aos 17 anos, era uma das meninas mais famosas do Brasil.

Mal tinha saído da adolescência, mas as revistas a tratavam como um símbolo da beleza brasileira. Incrivelmente, era gaúcha e loira – nada a ver com o rosto do Nordeste ou do Norte do Brasil –, retrato mais de um país que se via na Europa.

Mas era o estereótipo de uma mulher bonita e cativou os leitores de revista e, em seguida, os telespectadores, pela visão do país daquela época. Também tocou o coração de Pelé.

"Na foto que saiu na capa daquela edição da revista *Manchete*, ele está todo de lado para mim, com a mão em mim [...]. A gente fez um monte de outras fotos. Ele atrás de mim, ele na frente, ele de lado. Mas a que saiu foi só essa", relembrou a ex-modelo.[4]

Pelé era um galanteador. Conhecia o próprio carisma e se sabia, como poucos, respeitar quem o procurava, como demonstra a história do encontro no elevador da Vila Belmiro, em 1992; também podia usar o carisma a seu favor.

Fazia um galanteio, um convite, um charme. Do restante o tempo poderia cuidar.

"Depois das fotos, ele convidou todo mundo para ir a uma boate. Eu disse a ele que não podia, porque eu era menor de idade, eu tinha de ir com o meu irmão, pedir autorização para os meus pais. E ele achou aquilo muito estranho, porque eu era considerada o símbolo sexual dos anos 1980. Acho que isso chamou a atenção dele. Na hora de ir embora, ele me deu um beijo, quase na boca. Meu coração bateu forte ali. Pensei: 'Por que eu estou fazendo isso?'. Não era uma coisa certa na minha cabeça. Mas ele insistiu. Quando eu cheguei em casa, tinha flores para a minha mãe, chocolate para minha mãe, ele conversava com meu pai."[5]

Ao mesmo tempo, ia criando desculpas para si mesmo, para o pai e para a mãe de Xuxa, família tradicional do interior do Rio Grande do Sul.

"Ele dizia para a minha família: 'O Pelé tem de ir a algum lugar. Posso convidar sua filha para acompanhar, já que está todo mundo achando que o Pelé está namorando com ela'. A gente não tinha ficado junto. Depois de um mês, mais ou menos, a gente começou a ficar junto. Eu fiz a capa em outubro. Começamos mesmo a ficar mais juntos a partir de fevereiro, quando eu estava quase fazendo

18 anos, o que foi em março de 1981. Então, nós ficamos juntos dos meus 17 anos até os 23 anos."[6]

Para ser mais exato, entre o início de 1980, quando Xuxa ainda não tinha atingido a maioridade, e 1986, quando o Rei já tinha outros envolvimentos sendo anunciados, o que causava estranhamento e algum incômodo.

"O Pelé é uma pessoa que realmente tem dupla personalidade. Ele fala... o Dico... o Pelé... Eu acho que eu me apaixonei pelo Dico. Que era um cara família, adorava conviver com a mãe e com o pai dele. Mas ele realmente tinha essa duplicidade. Às vezes, ele chegava e eu via a marca de batom. Perguntava: 'O que é isso?'. Ele dizia: 'É... Você sabe. Essas mulheres ficam querendo agarrar o Pelé...'. Isso me deu uma traumatizada, assim. Porque eu dizia para quem ficava comigo depois: 'Olha, não me liga amanhã, não quero nada depois...'."[7]

A isso que Xuxa chama de dupla personalidade Pelé sempre fez em público. Chamava a si mesmo em terceira pessoa, em entrevistas sobre sua carreira, seus acertos e erros: "O Pelé foi importante como jogador..." ou "O Edson é assim com a família".

A novidade é que fosse também nas relações amorosas.

"Eu não entendia muito bem isso. Às vezes, isso me parecia normal. Sabe, ele era o maior ídolo do mundo. Então, não foi uma tarefa fácil para mim."[8]

Aparentemente, isso mudou a partir de seu segundo casamento, com Assíria Seixas.

Namoraram por seis anos, até o casamento em 1994, com pompa, às vésperas de Pelé se tornar ministro dos Esportes do governo Fernando Henrique Cardoso.

O casamento foi um acontecimento público, seu vestido de noiva foi desenhado pelo estilista Clodovil Hernandes, a cerimônia civil aconteceu em Las Vegas, nos Estados Unidos, o religioso foi feito por uma pastora evangélica, amiga de Assíria, no Recife, onde viviam os pais da noiva.

Sua filha, Gemima, de três anos, do primeiro casamento, fez o papel de dama de honra. Entrou com as alianças.

Fazia doze anos da oficialização do divórcio com Rose Cholbi, sua primeira esposa. Foram doze anos de solteirice e de pequenos casos e namoros.

O mais famoso, com Xuxa.

Em 1996, nasceram os gêmeos, Joshua e Celeste. O nome da menina homenageia a mãe do Rei, dona Celeste.

Pelé e Assíria ficaram casados por catorze anos. Separaram-se em 2008, depois de uma crise conjugal retratada em capas de revistas, como a *Caras*.

Márcia Cibele Aoki, sua terceira esposa, casou-se com o Rei quando ele já tinha 75 anos, viveu uma relação por sete, mas o conheceu seis anos antes, também em Nova York.

Diziam ter se conhecido também nos anos 1980.

Ah, os anos 1980. Pelé era solteiro e disponível.

Ocorre que Márcia nasceu em 1965. Não tinha mais de 24 anos quando Pelé estava prestes a festejar seus 50.

Tudo indica que tenha sido seu momento de maior fidelidade, menos interesse por outras mulheres. Pelé viveu o terceiro casamento entre os 75 e 82 anos.

Márcia Cibele Aoki foi sua companheira até o leito de morte.

O MAIOR ERRO REAL

A longa questão jurídica só se resolveu nas duas últimas semanas de vida do Rei. Depois de os dois filhos de Sandra Regina, falecida, vítima de um câncer de mama, em 2006, visitarem o avô no hospital.

A história começa em 1990.

Ops...

O início é em 1963.

Sandra Regina era filha da empregada doméstica Anísia Machado, que trabalhou na casa de Pelé, antes de seu casamento com Rose Cholbi. Pelé era solteiro, o mundo era machista e a vida era assim. Não deveria ser, mas era...

Sandra Regina nasceu sob o signo de virgem em 24 de agosto de 1964.

Em 1991, formalmente procurou o pai.

Pelé não reagiu bem.

Os processos avançaram a partir de 1992, quando o caso se tornou público. Foi feito um exame de DNA que confirmou a paternidade.

Pelé seguiu não reagindo bem.

Recorreu da decisão. Treze vezes.

Apenas em 1996, com o julgamento em última instância, Pelé não teve mais como negar ser pai de Sandra Regina.

"É só olhar como foi o processo com a Flávia, minha irmã, para entender que houve diferenças. Meu pai nunca negou a paternidade de Flávia."

Na visão da família real, as situações foram diferentes. As procuras, completamente distintas. A jornalista Lenita Kurtz informou que estava grávida e procurou a família quando Flávia ainda era bebê. Uma versão dá conta de que chegou à casa de Rose, então casada com Pelé havia três anos, com a criança no colo. Disse a ela que se tratava de uma menina, fruto de relacionamento com o Rei, em Porto Alegre.

A tristeza não acabou com a relação de Rose com Pelé naquele momento. Ficou a ferida mal curada, para os anos seguintes.

Lenita Kurtz nunca processou a família, nem o pai da criança. Não fez o teste de DNA. Muitos anos depois, quando Edinho já era goleiro do Santos e teve uma lesão, tratava-se numa clínica na zona sul de São Paulo, com uma fisioterapeuta.

Era Flávia.

"Eu fazia fisioterapia na clínica. Era uma fisioterapeuta que chamava a atenção. Sempre a achei muito bonita. Nunca com outras intenções. Percebia sua competência, estávamos sempre juntos. Um dia, ela me contou: 'Sou sua irmã.'"

Isso aconteceu na mesma época em que Sandra Regina tentou a aproximação e Pelé contestou a paternidade.

"As relações e as aproximações foram completamente diferentes. As pessoas deveriam se perguntar sobre isso. Se meu pai nunca negou a paternidade da Flávia, por que demorou para reconhecer Sandra? As abordagens foram diferentes", disse Edinho, em entrevista para este livro.

Jessica Arantes do Nascimento, esposa de Edinho e nora de Pelé, compareceu ao enterro de Sandra Regina, morta em 2006. Pelé, não. Enviou duas coroas de flores. Numa delas, a inscrição: "À família Arantes Felinto, nossas condolências, de todos os funcionários das empresas Pelé".

Em outra: "Que Deus a tenha. Sentimentos da família Arantes do Nascimento".

Pelé soube do agravamento do estado de saúde da filha, reconhecida apenas após o processo de paternidade, dois dias antes de sua morte. Afirmou a amigos que rezava por ela. Mas deixou claro que não iria ao velório, nem ao enterro, por não se sentir bem em lugares assim.

Era absolutamente legítimo Sandra Regina buscar o pai e seus direitos. Também era óbvio que isso poderia criar ruídos.

Foram cinco anos de batalhas judiciais, entre a procura de Sandra pelo pai e pelos exames de DNA, por meio de seus advogados, e a sentença final do Superior Tribunal de Justiça (STJ), em 15 de agosto de 1996, retratada assim na *Folha de S.Paulo*:

> O Superior Tribunal de Justiça manteve decisão do Tribunal de Justiça de São Paulo que reconheceu Sandra Regina Machado como filha do ministro dos Esportes, Edson Arantes do Nascimento, Pelé.
>
> O ministro Ruy Rosado de Aguiar negou agravo em que Pelé pedia a realização de novo exame genético, chamado HLA. Por meio desse exame, Pelé pretendia provar que Sandra não é sua filha.
>
> Aguiar considerou o novo exame desnecessário, em razão das provas já produzidas, entre elas vários exames de DNA e laudo assinado por médico. Segundo Aguiar, só teria havido violação do Código Civil, como alegou Pelé, se o acórdão (decisão de tribunal em grau de recurso) estivesse carente de fundamentação ou tivesse deixado de examinar questões propostas no processo.
>
> Candidata a vereadora em Santos, Sandra recebeu nova certidão de nascimento em junho. Seu sobrenome incorporou o de Pelé.
>
> Sandra entrou com a ação de paternidade em 91, obtendo ganho de causa em primeira e segunda instâncias.
>
> A assessoria de imprensa do Ministério dos Esportes não quis comentar a decisão do STJ, por tratar-se de um assunto pessoal.[9]

A partir da sentença, ela pôde passar a usar o sobrenome Arantes do Nascimento, junto ao Machado, herança da mãe, Anísia, e antes de Felinto, que utilizou após o casamento com Oséas Felinto.

Quatro anos depois, Sandra Regina foi eleita para seu primeiro mandato como vereadora na cidade de Santos. Seu marido, Oséas, tornou-se assessor parlamentar. Juntos, tiveram dois filhos. Os meninos, Gabriel e Octávio, conseguiram relação razoável com o avô no final da vida.

Visitaram-no no leito de morte, com a companhia dos demais filhos e netos do Rei. Era como atender ao pedido da mãe, morta quando ainda eram crianças.

"Errar e acertar faz parte da nossa vida. Nem tudo é mil maravilhas, toda família tem brigas e rusgas, e a nossa não é diferente. Mas há momentos em que a união e o amor são mais importantes do que qualquer coisa. Agradeço a Deus por ter me proporcionado este momento, pois era o que minha mãe mais sonhava. Tem coisas que uns plantam e outros colhem. Nós estamos colhendo", disse Gabriel Arantes do Nascimento, na saída do hospital Albert Einstein, onde o Rei passou os últimos momentos de vida.[10]

Octávio, seu irmão, também ajudou a relatar os momentos de prece no hospital, nos últimos dias de vida do avô:

"Foi um momento difícil no hospital. Acredito que a gente conseguiu finalizar perdoando mesmo. Este é o legado. O perdão e o amor vencem tudo."

"Conversamos. Falei para ele tudo. Quanto eu o admirava como jogador e pessoa. Ficamos com as mãos entrelaçadas, orando, conversando. Foi um momento muito triste, mas muito importante para mim e meu irmão", disse Gabriel.[11]

O relato de Edinho é o mais definitivo sobre todo o episódio.

Pelé recebeu a informação de que era pai de Flávia Kurtz bem antes do anúncio de Sandra Regina. A abordagem pode ter sido a razão de o comportamento ter sido diferente em um e outro caso.

Flávia procurou o pai, conversou sobre sua vida, aproximou-se, não pediu publicidade para o caso, seguiu trabalhando como fisioterapeuta.

Nem Edinho sabia o que tinha se passado.

Está certo ou errado? Flávia deveria ter sido incorporada à família e convivido com os irmãos?

Ou é justo pensar que Edinho pudesse ser surpreendido ao descobrir que sua irmã era fisioterapeuta e saber da informação apenas pelo depoimento de quem acabara de conhecer?

Mais certo era reivindicar os direitos indo à Justiça?

Ou talvez existisse um meio-termo. Se Flávia tivesse sido levada a conhecer os irmãos, apresentada e se tornasse integrante oficial da família Arantes do Nascimento, o que só aconteceu depois de conhecer o irmão, a essa altura também craque como goleiro do Santos?

Talvez Flávia tenha se colocado numa posição de mais contemplação e isso tenha agradado ao Rei. Mais admiração e menos cobrança. Sentir-se culpado pode ter sido um dos fatores causadores da maneira como Pelé lidou com Sandra Regina por cinco anos de recursos à Justiça, que só acabaram quando não havia mais possibilidade de seguir brigando.

"Meu pai era uma pessoa boa."

Edinho defende, Flávia concorda, Kely, Jennifer, os outros filhos e os fãs, também.

O que não exclui que tenha cometido o maior erro de toda a sua vida ao não reconhecer a filha que o procurou para falar apenas sobre sua frustração aos 27 anos de idade.

Como vereadora, Sandra Regina trabalhou para que os exames de DNA pudessem ser feitos gratuitamente na rede pública de saúde. Em 2006, quando já estava doente, próxima da morte pelo câncer, o Senado aprovou o projeto, que já havia sido votado em Santos. Sandra viajou para Brasília, não como mãe do projeto de lei, mas como uma das idealizadoras, por ter batalhado por ele em sua Câmara Municipal, na Baixada Santista.

"Penso que a aprovação aqui em Brasília será um passo decisivo para acabar com a paternidade irresponsável", declarou Sandra Regina, logo após a aprovação da gratuidade.

Era também uma homenagem à sua mãe, Anísia. Nos anos 1990, a estimativa era de 9 milhões de mães solteiras no Brasil. Vinte anos depois, chegava a 11 milhões delas. A estimativa é de que 15% dos lares do Brasil sejam chefiados por mães que cuidam sozinhas de suas filhas e filhos.

Sandra Regina tinha o direito de lutar pelo reconhecimento de seu pai. Flávia também tinha o de admirar seu genitor.

A diferença é que Flávia passou a ter um pai. Sandra, apenas alguém que ajudou a gerar seu nascimento.

Duas filhas entre o orgulho e o preconceito.

E havia outros sentimentos no meio desse caminho.

VERGONHA DE SER FILHO DE PELÉ[12]

Uma vez por ano, apenas, os filhos de Pelé vinham ao Brasil. E não ficavam na casa do pai, embora convivessem com ele em boa parte das viagens. Boa parte. Em outras, Pelé tinha compromissos. Houve um Natal, em 1985, em que o Rei avisou Kely, Edinho e Jennifer que não seria possível encontrá-los por causa dos compromissos profissionais.

Os três passaram as festas de final de ano nos Estados Unidos e mudaram a rotina. Só vieram ao Brasil no verão do hemisfério norte, inverno em Santos.

Em todas essas viagens, os três filhos do primeiro casamento do Rei não ficavam na casa do pai. Dormiam e passavam a maior parte do tempo na casa da tia Maria Lúcia, filha mais nova de dona Celeste e seu Dondinho, em Santos. Pelé já tinha a casa do Guarujá, mas a lembrança de Edinho é de que não existia para eles.

Maria Lúcia era casada com Davi.

Ponta de lança revelado pelo XV de Jaú, passou pelo Noroeste e pela Ferroviária, onde foi apontado como revelação do Campeonato Paulista de 1962.

No ano seguinte, foi comprado pelo Corinthians, onde jogou 55 partidas até 1965.

Emprestado ao Internacional, jogou também no Cruzeiro, antes de compartilhar o campo com Pelé, no Santos, entre 1969 e 1970. Depois passou por Londrina, Portuguesa Santista, Saad, de São Caetano do Sul. Nos anos 1980, o tio de Kely, Edinho e Jennifer cuidava dos imóveis de Pelé.

Também dos filhos dele, quando estavam no Brasil.

O carinho de Edinho por tio Davi e tia Maria Lúcia é gigante.

Nos onze meses que passavam em Nova York, Jennifer passava muito tempo em casa ou na escola, Kely ia para o sul de Manhattan para estudar e Edinho vivia pela rua.

Apaixonou-se por esportes americanos.

Gostava de beisebol e dos Yankees.

Amava basquete e jogava sempre, nas ruas e nos parques. Torcedor dos Knicks.

Na NFL, apaixonou-se pelo Dallas Cowboys. "Foi engraçado quando percebi semelhanças entre Dallas e Corinthians. Me deu uma certa vergonha de ser corintiano na NFL. Ai, meu Deus, é como o Corinthians", brincou Edinho, com a lembrança.

A proximidade com o norte de Manhattan fazia com que Edinho se metesse em lugares nem sempre muito seguros. Andava pelo Harlem, jogava nas quadras, passava pelo Bronx, metia-se entre os gigantes do basquete. "Eu sempre fui baixinho perto dos que praticavam todos os esportes dos Estados Unidos. Gostava de hóquei também, muito. Eu era baixinho, mas era habilidoso."

Futebol?

Que nada!

Como não convivia com o pai, poucos dias do ano com a família, Edinho tinha pouquíssima cultura do esporte bretão, como chamado no Brasil.

Quando tentou começar a praticar futebol em Nova York, era como brincar com crianças muito menores. Edinho se lembra de os garotos não saberem dominar a bola com os pés, nem com o peito, ou com a cabeça. A bola quicava e passava por cima dos adversários. Ele, bem ou mal, mesmo sem prática, tinha no sangue e na infância a lembrança de jogar futebol.

Isso seu pai fazia. "Lembro que eu ia para o gol e ele chutava travesseiros. A gente brincava assim e eu saltava para pegar. Sabia que o jogo era com os pés, tinha noções. Então, quando enfrentava os americanos, era como brincar contra criancinhas. Eles não tinham nenhuma noção. Era tão fácil que eu me desinteressei", disse Edinho.

O resultado era que não dava muita importância para quem era seu pai.

"Pelé? As pessoas falavam às vezes, na televisão eu via gente que não entendia bem de onde vinha, sabia que ele era o melhor no futebol, mas muitos achavam que era da África."

Isso tornava a figura do pai ainda mais enigmática. Em entrevista à revista *Piauí*, Edinho afirmou lembrar-se de que, quando era criança, a memória afetiva de seu pai era de estar sempre com saudade. "Quando eu me lembrava dele, estava sempre com saudades", publicou a *Piauí*.

Edinho disse não se lembrar de dizer dessa forma. Só confirmou que, sim, a relação foi ficando distante.

Na escola estava o depoimento mais doloroso do filho do Rei. Recorda-se vez ou outra, em festas de dia dos pais e dia das mães, professores e alunos contavam sobre suas famílias. "Tinha filhos de médicos, outro dizia que seu pai era engenheiro. Eu ficava pensando: 'Meu pai é jogador de futebol. Ninguém sabe bem aqui o que é isso'. Eu tinha vergonha!".

Vergonha de ser filho de Pelé!

Mesmo nos Estados Unidos, mesmo quatro ou cinco anos depois de seu pai ter sido o responsável pela introdução da cultura do esporte em Nova York.

Havia um agravante na maneira como os norte-americanos enxergavam o esporte no qual seu pai foi rei. "Aqui, mesmo com o desenvolvimento do Cosmos, depois da passagem de meu pai, o jogo era visto como de meninas. Fazia muito sucesso, as garotas jogavam nas escolas. Então, falar que meu pai era jogador de futebol... parecia coisa de menina. Mais um motivo para eu jogar basquete, beisebol, futebol americano, hóquei, os esportes americanos. Eu era homem numa casa de meninas. Eu ia jogar com os homens."

O REI E O GRINGO

Edinho só percebeu quem era Pelé, e que era filho dele, nas férias do verão norte-americano de 1986. Aquele depois do Natal em que o Rei não conseguiu receber os filhos no Brasil e adiou em seis meses a visita.

Kely, Edinho e Jennifer chegaram a Santos em junho. "Foi só aí que eu me dei conta da importância do meu pai para o mundo", conta o filho do Rei.

Era um garoto de 15 anos quando desembarcou na mais longa viagem de sua vida. A redescoberta do pai e a súbita paixão pelo futebol.

Nos Estados Unidos, já tinha se tornado o cara da rua, do Bronx, do Harlem. Não dormia em casa, ia para casa de amigos, avisava que não voltaria e parecia estar tudo bem, até o dia em que Rose percebeu com que companhias Edinho andava. Nova York era uma cidade extremamente violenta naquele período. "Toda noite tinha um homicídio no Central Park", era a lembrança de Edinho.

Há uma série de razões apontadas por estudiosos sobre a cidade. A partir da crise que fez explodir os preços do petróleo, em 1973, a maior cidade do planeta perdeu mais de 500 mil empregos. Foram pessoas enviadas para as ruas, sem perspectiva.

Parte dessa população tinha ainda traumas e lembranças da Segunda Guerra Mundial, fossem imigrantes ou nascidos durante o conflito, nos Estados Unidos. A descarga de violência produziu uma sequência de crimes semelhantes, mais tarde descritos como cometidos por *serial killers*.

Embora espalhados por todo o território norte-americano, explodia em Nova York pela falência da cidade, a partir da crise do petróleo e do sucateamento da administração pública. Perto de 20% dos empregos de limpeza pública e policiamento foram eliminados.

A violência explodiu no metrô, os taxistas tinham medo quando lhes pediam para levar passageiros ao Bronx, ao Harlem ou até mesmo para partes do Brooklyn. Os homicídios eram relatados nas noites do Central Park, como Edinho descreveu.

Essa violência ficou fora da vida de Pelé. Mergulhado em viagens e compromissos comerciais e esportivos, preocupado com treinamentos e a rotina de jogos do Cosmos. Era um Rei em Nova York.

Edinho, Kely e Jennifer, crianças.

Com o passar do tempo, Edinho entrou na adolescência, criado sob os olhares de uma mãe acostumada à infância em Santos e de um pai que também se desenvolveu na cultura das ruas, mas morando entre Bauru e Santos.

Edinho caiu na vida.

Poderia ter se metido com drogas e bandidagem. Sua índole era muito melhor. Mas raras vezes dormia em casa. Telefonava e informava que ia dormir com amigos.

Quando a mãe percebeu a que caminho aquilo poderia levar, mudou a direção.

Edinho passou a dormir no apartamento do pai, que raramente estava lá. Mas ficava mais distante um pouco do Bronx e do Harlem, mais protegido da violência.

Ao menos durante a noite.

"Eu ia para lá e, de vez em quando, encontrava meu pai. Mas ele nunca parava lá quando estava em Nova York. Eu também não."

Com o pai distante, percebeu que precisava de dinheiro para as próprias necessidades. Trabalhou como entregador de pizza, empacotador de supermercado, o que lhe pudesse dar um trocado para ter suas roupas, seus tênis, disputar suas partidas de basquete nas ruas.

Falamos sobre 1983, 1984... Início da adolescência, antes de chegar aos 15 anos e viajar para Santos e descobrir o futebol.

"Eu não virei jogador por causa do Pelé. Toda minha família é de jogadores. Meus tios, meu avô."

Kely tinha uma vida mais tranquila, dedicada aos estudos, Jennifer passou um período na França, também estudando. Edinho também tinha escola como compromisso, mas levava a vida criado numa cultura machista.

Aprendendo a respeitar as mulheres.

Mas livre, na rua, praticando esportes, extravasando sua energia nas quadras e nos campos.

Em Santos, naquele inverno do litoral paulista, ele pediu ao pai que encontrasse um lugar para treinar. Pelé sugeriu o Santos. Era sua casa, afinal. Edinho reagiu dizendo que não gostava de futebol, não queria saber daquilo.

Seu tio Davi convenceu-o de que o ambiente seria positivo e que ele poderia se dar bem num lugar que conhecia bem.

O menino aceitou. Iria ao Santos com seu pai, a quem havia acabado de perceber um ídolo dentro do país.

Para sua surpresa, descobriu que quem iria levá-lo à Vila Belmiro não seria o pai, mas o tio Davi.

Primeiro, para conhecer o estádio, o lugar onde o Santos jogava e seu pai construiu parte da história.

Edinho chegou na hora do treino do time profissional, que ainda não tinha seu centro de treinamento, inaugurado apenas na metade da década de 1990.

A chegada, em meio ao treinamento, foi um susto para Edinho: "Eu não estava acostumado a ver aquilo. Futebol, para mim, era o esporte que as meninas jogavam. Era sutil, pouca intensidade. Quando cheguei na Vila e vi os caras jogando, foi encantador".

A partir daí, as onomatopeias passam a descrever o que Edinho sentiu na casa que consagrou seu pai.

"Eu via os caras correndo e fazia barulho no chão: pau, pau, pau, pau... Tocavam na bola e os lançamentos pesados, longos... Pum! A grama balançava e fazia balançar embaixo dos meus pés. Eu estava atrás do jogo e, por encanto, fui parar dentro do jogo deles. Não conseguia desgrudar os olhos daquilo que eu estava vendo."

Não lembro bem o time do Santos daquela época...

Eu disse: "Dunga..."

"Isso, Dunga, De León, Rodolfo Rodríguez..."

"Tinha o Nílton, goleiro reserva", ajudei.

"O Níltão era muito bom. Passou a carreira tendo muitas lesões, mas era muito bom. Tinha ele. Ijuí..."

Esse Santos foi campeão do primeiro turno do Campeonato Paulista de 1986 e, mais tarde, eliminado nas semifinais pela Inter de Limeira.

Edinho entrou no jogo daquele jeito e o jogo entrou na sua vida.

Minutos depois, o time juvenil, com os garotos que tio Davi queria que fossem seus colegas, chegou do campo do Quarto Batalhão da Polícia Militar, onde treinavam. Não eram muito diferentes, no perfil social, dos que Edinho conhecia em Nova York.

Garotos que viviam nas ruas e nas praias na Baixada Santista, tinham no futebol a esperança da própria vida e de suas famílias, a maior parte de boa formação, vários criados apenas pelas mães, tendo o pai como figura distante.

Na manhã seguinte, curioso, Edinho estava no vestiário, trocando-se para entrar na atividade. Antes do treino, seu tio pediu para apresentá-lo. O técnico perguntou em que posição jogava:

"Centroav...", ensaiou tio Davi.

"Goleiro", disse Edinho.

O tio olhou com espanto. Edinho lembrou-se dos tempos em que seu pai improvisava travesseiros, da habilidade com as mãos e do fato de, quando perdia o interesse pelo jogo nos Estados Unidos, o melhor era jogar no gol. Ele tinha noção. Mas era baixo.

Passaram-se quatro dias, uma semana talvez, para que os olhares do vestiário começassem a procurar entender quem era o gringo, o maloqueiro, de onde surgiu, por que tinha tanto interesse do clube em que passasse dias ali. O forasteiro nem sequer falava português direito, não sabia a linguagem do jogo, mas chamava a atenção pela agilidade e pelo cuidado excessivo de quem o treinava.

Edinho só queria ter uma atividade durante os dias.

Então, foi descoberto.

"Não sei bem quem descobriu primeiro, mas de repente todo mundo sabia quem eu era e de onde vim."

Foi o que menos o incomodou. O problema mais sério foi a substituição do apelido. Em vez de gringo, virou príncipe. Ficou bravo.

Era filho do rei, mas quem o levava era seu tio. Rei por quê, se só percebeu essa distinção quando chegou ao Brasil? Por que tinha de ser o herdeiro de sua Realeza?

De cara, recusou o apelido.

Preferia as outras maneiras como o chamavam. O Gringo, o Maloqueiro.

O que aconteceu a partir daí, no entanto, foi a aproximação do Rei com seu Príncipe.

PELÉ PAI

Azul para meninos, rosa para as meninas, uma bola para os garotos, uma boneca para as garotas. A maneira como as crianças nascem ajuda a formatar o machismo, mas nenhum pai ou mãe brasileiro dos anos 1960 e 1970 fez isso por maldade. A ideia era dar carinho e referências, mesmo que se possa ter um olhar mais contemporâneo para esse fato e entender que as coisas não devem ser dessa maneira.

Pelé era fruto desse tempo. Foi cuidado assim por dona Celeste e seu Dondinho. A relação com seus filhos e filhas melhorou à medida que o tempo passou e chegaram à idade adulta. Antes, foi distante.

Com as filhas, especialmente Jennifer, que nasceu pouco depois de sua separação de Rose. Kely foi ser grande companheira do pai no final da vida.

Com Edinho, é justo dizer que a bola ajudou a transformar a relação pai e filho.

Pelé começou a se interessar pelos passos do filho. Se não conseguiu dedicar-se a assistir aos treinos, o que chamaria ainda mais a atenção, e se Edinho mesmo queria independência em relação à identidade do pai, a aproximação do fim das férias criou necessidades fundamentais para o novo apaixonado pelo esporte bretão.

Edinho precisava de apoio e de auxílio para saber onde incorporar a nova atividade à sua rotina em Nova York.

Davi e Pelé fizeram os contatos necessários.

O Rei conseguiu um lugar no clube de Shep Messing, goleiro campeão norte-americano com o Cosmos nos últimos dois anos de carreira do Rei.

Shep Messing tinha os campos, o espaço, a vaga, as técnicas para orientar um goleiro, que ele próprio tinha sido. Também tinha a amizade de Pelé e nasceu no Bronx, lugar que a essa altura da vida Edinho conhecia muito bem.

Pelé encontrou o lugar e o interesse. Passou a perguntar todo o tempo como as coisas estavam.

Edinho treinava sem parar. Misturava as atividades com as paixões antigas, do basquete nas quadras, da NFL, trabalhava.

Mas a dedicação ficou muito maior.

"Eu ficava no campo até vomitar."

E Pelé perguntava como as coisas iam. Telefonava, conversava.

"Depois que eu comecei a jogar, posso sempre dizer que ele foi um paizão."

A relação com as filhas não tinha o mesmo ponto de interesse. Não que Pelé fosse um pai desinteressado, despreocupado ou ausente.

Era um pai da maneira como aprendeu a ser.

Edinho repetiu:

"A gente não tem de criticar, mas compreender. Foi assim que ele entendeu. Assim compreendeu a vida, um cara que saiu de Bauru para Nova York."

Foi assim até 1989. Edinho seguiu a vida, um pouco mais perto do pai, com rotina semelhante à anterior, muitas coisas e amigos para cuidar em Nova York, enquanto a cidade que não dorme começava a se recuperar da violência. No final da década de 1980, já não havia o terror de cinco ou dez anos antes.

Nesse clima, ganhando mais técnica e mais atenção do pai, Edinho chegou à maioridade em 27 de agosto de 1988. A data coincidia com a necessidade de compreender o que pretenderia fazer com sua vida a partir dali.

A mãe seguia em Nova York, a irmã mais nova estudou na França, a irmã mais velha formava-se em Artes Visuais, Edinho precisava cuidar do que faria.

Decidiu que no ano seguinte tentaria a sorte no Santos e mudou-se para o Brasil.

Em 1989, começou a história de Edinho, goleiro.

Baixo, elástico, começou na base, foi reserva de Sérgio, num tempo em que o Santos brigava para escapar do rebaixamento. No final dos anos 1980, seguiu como suplente de Gilberto, tornou-se titular a partir de 1994, logo depois da saída de Velloso.

"Você foi bom goleiro." Ele ouviu e agradeceu.

O ponto alto da carreira foi o vice-campeonato brasileiro de 1995. Desacreditado no início da campanha, o Santos começou a deslanchar na segunda metade do torneio, sob o comando do técnico Cabralzinho, companheiro de ataque de Pelé em uma dezena de partidas do Santos da década de 1960.

Teve atuação excelente na reta de chegada, fechou o gol contra o Palmeiras e o Corinthians, clássicos que ajudaram a classificar o Santos para as semifinais, participou de uma partida épica contra o Fluminense, vencida por 5 x 2, placar que descontava a derrota por 4 x 1 no Maracanã e levava o time à finalíssima contra o Botafogo.

"A derrota foi doída", disse o goleiro do empate por 1 x 1, que tirou do Santos a chance de seu primeiro Brasileiro depois de Pelé.

No ano seguinte, em fevereiro, sofreu um gol de placa de Marcelinho Carioca, num empate por 2 x 2 contra o Corinthians. O camisa 7 corintiano deu um chapéu e chutou antes de a bola tocar o chão.

O gol de placa percorreu o Brasil e a repercussão ficou muito maior pelo que aconteceria dentro do estádio.

Pelé estava na tribuna. Espantou-se com a beleza da jogada, talvez mais encantado ainda pelo fato de seu filho ser um dos protagonistas, mesmo sem fazer a defesa pela qual torcia.

No mesmo dia, antes de sair da Vila Belmiro, anunciou que mandaria confeccionar uma placa em homenagem ao artilheiro que castigava seu filho.

Gol de placa é uma expressão criada pelo jornalista Joelmir Beting, que cobria Fluminense x Santos, pelo Rio-São Paulo de 1961, quando Pelé driblou quatro jogadores do Tricolor, partindo desde o meio de campo, invadiu a área e tocou com categoria sobre o goleiro Castilho.

Foi a placa confeccionada por Joelmir Beting que deu origem à expressão "gol de placa". Homenagem a Pelé.

Pois Pelé recriava a situação, homenageando no estádio que foi sua casa um gol de Marcelinho Carioca contra seu filho, Edinho.

Sabe por que Pelé estava nas tribunas da Vila Belmiro naquele dia?

"Quando eu comecei de verdade, ele me ajudava a treinar, chutava a bola contra mim, perguntava como estava a vida, ia a todos os jogos. Acompanhava tudo, queria saber de tudo", lembra Edinho.

Nos últimos anos de vida, mesmo como comentarista da Copa do Mundo de 1994, Pelé conversava com amigos sobre jogadores sobre os quais ia falar. Quando Edinho entrava na sala, parava tudo: "Vocês não sabem nada. O Edinho que sabe. Diz para mim, o que você acha deste jogador", falava Pelé.

O futebol aproximou pai e filho.

A COPA PELÉ

Um dos compromissos de Pelé durante o período em que Edinho passava as férias invernais em Santos era com Luciano do Valle. Não estava exatamente comprometido, mas reunido e conversando sobre um projeto que pareceu começar despretensiosamente e cresceu a ponto de ter a marca do Rei estampando uma Copa.

Mais do que isso, no décimo ano depois de sua despedida no Giants Stadium, em Nova York, Pelé voltou a jogar.

Fato que havia disputado partidas antes.

Em 1978, aproveitou-se de uma viagem à Nigéria, perto de onde o Santos parou a guerra nove anos antes, e disputou o primeiro tempo de uma partida entre o Fluminense e a seleção local. Contribuiu para o primeiro gol tricolor, marcado por Marinho Chagas, e saiu no intervalo, substituído por Luiz Carlos. Na segunda etapa, Arturzinho fez 2 x 1, placar final com vitória do Fluminense.

Em 6 de abril de 1979, só um ano e meio após o jogo do adeus, vestiu a camisa 10 do Flamengo, fazendo Zico jogar com a 9, durante o primeiro tempo de um amistoso contra o Atlético Mineiro.

O amistoso teria a renda revertida para as vítimas das enchentes em Minas Gerais, estado onde, afinal, o Rei nasceu.

A Copa Pelé seria diferente.

Assim mesmo, com o nome estampado nos ingressos, nos placares eletrônicos e com filas para comprar bilhetes.

Especialmente a abertura, único jogo em que Pelé atuaria.

Nos últimos dias de dezembro já havia filas que viravam quarteirões na avenida Brigadeiro Luís Antônio, antiga sede da Federação Paulista de Futebol. Jogariam Brasil x Itália, veteranos da Copa de 1970.

Ou quase, porque da final de dezesseis anos antes, a Itália só tinha Albertosi, Facchetti e Boninsegna, o Brasil só escalou Marco Antônio, Rivellino e... Pelé!

Bem, com Pelé, não era pouco.

A história começou sem o Rei, durante o verão brasileiro de 1985, quando Luciano do Valle, narrador e empresário que detinha o horário de esportes na Rede Bandeirantes de TV (Band), decidiu construir um time de veteranos, para relembrar os anos de ouro do futebol do país.

Perguntaram os repórteres Betise Assumpção e Ari Borges, da revista *Placar*, uma semana antes da abertura da Copa Pelé.

Falando em gênio, como Pelé entrou nessa história? – é a pergunta seguinte.

Luciano do Valle responde: *Primeiro eu o procurei para saber da possibilidade de o Mundialito utilizar seu nome. Não é uma coisa fácil, porque a marca Pelé é registrada e extremamente disputada no mundo todo. Ele topou e o problema com os royalties foi resolvido. Em seguida, fui até seu apartamento em São Paulo e, todo sem graça, perguntei se ele poderia dar o pontapé inicial do torneio. Mais alguns dias e ele respondeu positivamente. Depois, fui mais uma vez cara de pau e pedi que ele jogasse a partida de estreia.*

Vem a réplica da pergunta: *Por que, cara de pau? Isso não custou um montão de dólares?*

Luciano responde: *Não. Embora muita gente duvide, o Pelé não cobrou um tostão para ceder o nome nem para jogar pela seleção. Por isso tudo, decidi não pedir mais nada a ele. Já pedi demais e sua colaboração ultrapassou todas as expectativas. Mas, se ele quiser entrar em campo novamente, pode chegar até faltando 2 minutos para o final do jogo que seu lugar está garantido. Aliás, daqui para a frente, ninguém mais usará a mitológica camisa 10 na seleção de Seniores. É uma homenagem ao Atleta do Século.*

Assim se fez. No restante do torneio, que durou até o final do mês de janeiro, aproveitando o hiato da temporada brasileira e a desistência do então prefeito de São Paulo, Jânio Quadros, de realizar a tradicional Copa de Juniores, o Brasil jogou todo o torneio com a camisa 10 aposentada.

Mas ela foi vestida orgulhosamente na abertura do torneio, dia 4 de janeiro, no Pacaembu.

Pelé ficou em campo no Pacaembu lotado, com 45 mil espectadores, durante todos os 90 minutos. Estava em forma. Preparou-se durante todo o mês de dezembro para disputar a competição. Magro ele sempre foi. Estava firme, mostrava músculos e força. Dava piques seguros, sem medo de lesionar-se.

Deu dois chutes a gol.

O ápice da atuação foi a tentativa de uma bicicleta de frente para o zagueiro Bellugi, dez anos mais jovem e titular da Itália em cinco partidas da Copa do Mundo de 1978, na Argentina.

O Brasil venceu por 3 x 0, mesma diferença de gols da finalíssima da Copa do Mundo do México, em 1970, ápice da carreira do Rei. Apesar disso, não fez gol, como no estádio Azteca, nem deu passe para um de seus companheiros marcarem.

O primeiro foi anotado pelo zagueiro italiano Lelli, contra.

Rivellino fez 2 x 0 aos 25 minutos do segundo tempo e Dario, Dadá Maravilha, fez o terceiro dez minutos depois.

Apesar do discurso de Luciano do Valle de que não pediria mais nada ao Rei, Pelé saiu de campo dando longas entrevistas. Disse que ainda ia pensar se disputaria outra partida durante o torneio.

Não disputou.

Luciano do Valle contava na mesma entrevista à revista *Placar* que o projeto da seleção de Seniores, mais tarde chamada de Masters, nasceu de uma conversa num restaurante, entre saudosos jornalistas.

Depois de assistir a um jogo de qualidade ruim do Campeonato Brasileiro de 1984, os colegas se lembravam do passado e tiveram a ideia de pagar salários aos veteranos talentosos para formar uma seleção que fosse também atração no programa *Show do Esporte*, que durava todas as tardes e noites de domingo na TV Bandeirantes.

Assim foi. Durante um ano e meio, o projeto avançou, teve jogos com estudantes de escolas públicas nas arquibancadas, juntou atletas decadentes, outros barrigudos, alguns em plena forma.

Iniciou-se assim a relação com Roberto Rivellino, que se tornaria em seguida comentarista da TV Bandeirantes na cobertura da Copa do Mundo do México, em 1986.

Com Pelé, foi o inverso.

Antes de ser o chamariz da copa de Seniores, em janeiro de 1987, Luciano do Valle aproximou-se de Pelé para trabalhar no grupo Bandeirantes na cobertura da Copa do Mundo de 1986.

A equipe tinha Luciano como narrador principal, Jota Júnior e Marco Antônio como opções.

Os comentaristas eram Juarez Soares, jornalista, Clodoaldo e Rivellino, ex-jogadores, e Júlio Mazzei, preparador físico do Cosmos e do Santos com Pelé.

O Rei dava o ar da graça sem absoluta regularidade, mas com aparições frequentes em programas e jogos.

Nos jogos principais, os cinco da seleção brasileira, a equipe titular do canal tinha Luciano do Valle, Juarez Soares, Pelé e Rivellino. A presença dos camisas 10 e 11 do tricampeonato lá mesmo no México dava cheiro de conquista e inveja na concorrência. A Globo tentou Pelé em 1982, mas ele não estava convencido de que ser comentarista seria uma boa escolha, menos de cinco anos depois de ter abandonado os campos.

A relação era, portanto, comercial, e um pouco afetiva.

Quem conhecia Pelé sabe que o dinheiro para disputar a copa de Seniores não era o ponto principal. Para ser comentarista, sim. Ou seja, já havia uma conversa que vinha desde o acerto para as participações em jogos da seleção brasileira, desde os amistosos de

1985, quando Pelé estreou num Brasil 2 x 1 Colômbia, ao lado de Luciano.

Pelé não foi memorável em sua trajetória na Copa do Mundo do México como comentarista. Mais marcante foi a participação de João Saldanha, na concorrente TV Manchete, dizendo que Sócrates havia sido irresponsável ao cobrar pênalti com paradinha e permitir a defesa do goleiro francês Joel Bats, na partida que causou a eliminação da seleção brasileira.

Ou Rivellino, mesmo com tropeços de informação, que fixou-se como comentarista por mais três Copas do Mundo no mesmo grupo Bandeirantes.

A parceria das cabines foi para o campo, mas Luciano do Valle, que acumulava o cargo de técnico dos Seniores, não teve mais sucesso depois de aposentar a camisa 10. O Brasil empatou com o Uruguai por 0 x 0, perdeu da Argentina por 2 x 1, venceu a Alemanha na Vila Belmiro por 2 x 1, com gol de Rivellino nos acréscimos, num gramado encharcado por um dilúvio que caiu sobre o campo sagrado em que Pelé brilhou.

Chegou à final aos trancos e barrancos e perdeu para a Argentina por 1 x 0, gol de Felman.

Pelé não estaria mais ao lado de Luciano do Valle nem em sua carreira de treinador amador, vice-campeão da Copa Pelé pela seleção veterana, nem nas próximas empreitadas.

Na Copa do Mundo seguinte, estreava como comentarista da Rede Globo de Televisão.

PELÉ COMENTARISTA

"Você vê como é o futebol! Você vê como em final de Copa do Mundo tudo pode acontecer."

Foi o comentário de Pelé na final de 1994, Brasil 0 x 0 Itália, aos 25 minutos do primeiro tempo, quatro após Jorginho ser substituído por Cafu, por lesão.

"Você vê como é o futebol. A Itália tinha dois jogadores em dúvida, o Baresi e o Baggio, o Brasil chegou inteirinho e no final somos nós que temos um jogador substituído. Tudo pode acontecer."

Pelé descrevia o que via, não ia além como analista tático. O maior jogador de futebol de todos os tempos não foi um grande comentarista em nenhuma das três Copas de que participou.

Depois de 1986, na Bandeirantes, não deixou nenhum comentário marcante na Copa de 1990, a de sua estreia na Globo. Quatro anos depois, nos Estados Unidos, era uma grife. Por ser Pelé, por estar na terra onde ajudou a desenvolver o seu esporte, num país onde tinha negócios e imóveis. Pelé era comentarista por ser Pelé, mas não era um Pelé como comentarista.

Nessa geração, o melhor era Mário Sérgio.

Mário Sérgio trocou a expressão "divisões inferiores" por "divisões de base". Julgava que não podia ser inferior o trabalho de formação de atletas. Seu argumento prosperou e o termo foi adotado por todos os jornais, emissoras de rádio e TV a partir da década de 1990.

Mário costumava usar a expressão "gostar do jogo". Quando a partida estava equilibrada e um time começava a se destacar, Mário Sérgio dizia: "Tal time está gostando do jogo" ou "Tal time está deixando o outro gostar do jogo". Três décadas depois, ouve-se gente usando a mesma expressão sem citar o autor.

A grande lembrança de Pelé como comentarista é ele ao lado de Galvão Bueno, os dois de microfones em punho, saltando, enquanto o narrador gritava: "É tetra! É tetra!".

Nesse ponto, nem mesmo a comemoração era autêntica. Seu soco no ar, marca registrada para festejar seus 1.283 gols, não foi possível, enquanto Galvão Bueno agarrava seu pescoço para saltar junto.

Para o Brasil, a imagem ficou como a do narrador mais famoso do país soltando o verbo para gritar ao mundo que o país era campeão. Para o restante do mundo, a imagem é de Pelé comemorando o título.

Na mesma imagem, o Brasil vê Galvão e o mundo vê Pelé, mas não em sua melhor versão.

"Esta Copa foi feita para o Brasil. É a Copa do Pelé nos Estados Unidos."

Depois de Brasil 1 x 1 Suécia, em Detroit, terceira partida da fase de grupos de 1994, Pelé disse a frase, ao afirmar que acreditava no time de Parreira campeão. Tinha boa análise, muito indo ao encontro do que dizia Galvão Bueno. Dizia que a Copa seria do Brasil, por um sentimento que ligava ele mesmo à conquista, com sua ligação com o país da América do Norte.

Do ponto de vista técnico, afirmava que isso não se confirmaria se o Brasil jogasse com passes de lado, como fez contra a Suécia. Talvez tenha sido sua crítica mais ácida, mas o time seguiu com passes laterais e chegou ao título assim.

"Você diria que o destaque negativo hoje foi a falta de ousadia do Parreira?", pergunta Galvão Bueno, no boletim gravado para o *Jornal Nacional*.

"Eu acho que quando se empata e não se perde, não tem destaque negativo. Mas realmente estamos precisando jogar com um pouco mais de coragem."

Firme, até.

Só que o boletim ficou grande. Galvão Bueno conversa e diz que tem de gravar de novo, para ser mais curtinho. "Que nem foi no outro dia, pá, pá, pá, pá, pá, pá..."

A pergunta é mais direta e Pelé é mais ágil. "Você, como torcedor, não gostaria de um jogador mais agressivo?", pergunta o narrador.

"Não só eu como torcedor. Eu como comentarista, eu como torcedor, todo o Brasil queria um pouco mais de agressividade. E, se não tiver agressividade, nós vamos ter dificuldades para ganhar esta Copa."

Entre os comentários discretos e a tentativa de ser incisivo nas críticas a Parreira, justas naquele momento depois do empate no terceiro jogo, o que ficou marcante naquela cobertura foi a conversa de bastidores entre o narrador e os coordenadores de transmissão.

Não havia nenhum tipo de trairagem. Galvão Bueno falava com a coordenação com Pelé ao seu lado. Poderia ouvir tudo. Tudo também poderia ser conversado na mesa do restaurante, depois do fim da transmissão. Fato é que o diálogo se deu assim.

Galvão ouve observações dos coordenadores. "Olha, Fernandinho, o Ciro tem de vir para cá." Refere-se a Ciro José, diretor do canal naquele período. "Você passou o jogo inteiro no meu ouvido... sei o que estão dizendo... 'fala para o Pelé não falar', 'fala para o Pelé diminuir'... Só se eu matar ele, cara!"

Pelé se levanta nessa hora, apanha uma revista no balcão e sai de cena. Galvão continua. "Só se eu matar ele, cara. Eu fecho o microfone. Ele vem aqui e tum: abre, de novo. E abre e fala, pô! Quem contratou conversa, pô. Pô, Cirão. Pô, Cirão, você vai me enlouquecer. Eu vou dar com a marreta na cabeça dele, pô." Risos. "Vou fazer o quê? Nós não colocamos o áudio para ele, porque o *delay* atrapalha ele. O Arnaldo (Cezar Coelho, comentarista de arbitragem) já consegue. Como o Arnaldo fala menos, faz menos intervenções, ele já consegue. O Pelé não consegue com o *delay*. Então, é um troço problemático, cara! Mas não adianta falar. Fernandinho, isso tem de ser durante o jogo. Entrar e dizer: Pelé, fala mais curto. Eu cutuco, eu fecho o microfone dele, ele abre de novo. E ele já foi reclamar. Eu já tinha falado com o Ciro que ele foi reclamar. Disse: 'O Galvão não está me deixando falar'. Ele foi reclamar."[13]

Não foi trairagem de Galvão Bueno, nem foi incompetência de Pelé. A verdade é que o Rei não era comentarista, mas um convidado para comentar as partidas de Copas do Mundo, que trabalhava com isso apenas durante o período dos Mundiais e não era treinado para isso. Nem do ponto de vista do conteúdo, para o qual se aconselhava com amigos e o filho Edinho.

Nem do ponto de vista da forma, do tempo das entradas e do papel do comentarista.

Pelé era uma grife.

"Engraçado que o jogo ficou ruim para o Brasil, que não está conseguindo sair lá de trás. Quem sabe com uma jogada individual, a gente consiga chegar um pouco mais."

Pelé não falava besteiras. Também não acrescentava mais do que se estava vendo.

Corria riscos quando tentava entrar em informações detalhadas, sem profundidade. Na semifinal, jogando pela segunda vez contra a Suécia, mas agora em Los Angeles em vez de Detroit, Pelé arriscou dizer que os suecos não mostravam o futebol ostensivo do primeiro encontro, na fase de grupos.

"Eles não são o time aguerrido que foram da primeira vez. Talvez o tamanho do campo dificulte o seu sistema de marcação."

Embora o Silverdome, em Detroit, fosse um estádio fechado por uma moderna cobertura e o Rose Bowl, em Pasadena, região metropolitana de Los Angeles, fosse completamente aberto, o tamanho do campo era exatamente o mesmo determinado pela Fifa para todas as partidas de Copa do Mundo: 105 metros de comprimento por 68 metros de largura.

Seu último comentário com bola rolando na Rede Globo, em 1994, e também em qualquer outra Copa, aconteceu quando faltavam dois minutos para o final da prorrogação, com o persistente placar de 0 x 0. "Eu já vi muitos jogos se decidirem em dois minutos. A Itália mesmo, contra a Nigéria, faltava um minuto e meio, estava perdendo e conseguiu empatar o jogo. Então, por que o Brasil não pode ainda fazer um golzinho neste final de partida?"

Não fez.

Marcante mesmo é a comemoração depois do pênalti perdido por Roberto Baggio, abraçado com Galvão Bueno, enquanto ouvia o grito: "É tetra!".

O ATLETA DO SÉCULO

A capa da *L'Équipe Magazine*, a revista do maior jornal de esportes do mundo, trazia a clássica fotografia de Pelé debruçado sobre os ombros de Jairzinho, com o punho direito cerrado, comemorando o centésimo gol da seleção brasileira em Copas do Mundo, que abriu a vitória por 4 x 1 sobre a Itália, na final de 1970.

Ao lado, a expressão *Special Pelé,* a imagem do troféu de Atleta do Século e a frase *Champion du Siècle.*

A revista semanal do *L'Équipe*, publicação esportiva francesa, a única realmente poliesportiva da Europa, realizou enquetes reunindo o que considerava os vinte maiores órgãos da imprensa do planeta.

Assim, votavam jornalistas do *Guerin Sportivo*, da Itália, *World Soccer*, da Inglaterra, *Kicker*, da Alemanha, *Don Balón*, da Espanha, e *A Bola*, de Portugal. O colégio eleitoral era selecionado e cuidadosamente definido pela cúpula do maior jornal esportivo, o *L'Équipe.*

A enquete visava eleger o Atleta do Século, mesmo que soasse um pouco estranho em 12 de julho de 1980, vinte anos antes da virada do milênio.

Pelé venceu Jesse Owens por 178 votos a 169, nove pontos de distância e quase cem à frente do ciclista belga Eddy Merckx, cinco vezes vencedor do Tour de France, outras cinco do Giro d'Italia e uma da Volta a Espanha. Herói do ciclismo europeu, Merckx foi escolhido Atleta do Século da Bélgica, em 1999, apesar de testes positivos para o uso de anfetaminas durante o Giro d'Italia de 1969.

O segundo colocado, o norte-americano Jesse Owens, um monstro sagrado que desafiou Adolf Hitler às portas da Segunda Guerra Mundial durante a edição dos Jogos Olímpicos de 1936, em Berlim. Nascido James Cleveland Owens, em Oakville, no Alabama, conquistou quatro medalhas de ouro diante de Hitler, deixando o alemão Erich Borchmeyer em quinto lugar na final dos 100 metros rasos.

Owens era também um rival para Pelé, por haver falecido apenas três meses antes de o *L'Équipe* decidir realizar a pesquisa. Fumante compulsivo, o rei do atletismo mundial morreu em março de 1980 e o diário francês escolheu Pelé em 12 de julho.

A morte recente poderia ser um ingrediente para que outros eleitores, comovidos pela perda do ídolo que desafiou Hitler, votassem na memória de 1936 em vez da estupenda categoria de um tricampeão mundial de futebol.

Participaram da enquete representantes de publicações como *Sports Illustrated*, dos Estados Unidos, *La Gazzetta dello Sport*, da Itália, *Kicker*, da Alemanha, *World Soccer*, da Inglaterra, e *El Gráfico*, da Argentina.

Em síntese, Pelé tinha tudo o que Owens possuía, exceto a capacidade de desafiar os nazistas no reduto deles. Tinha a enorme capacidade física, a velocidade incomum para um jogador de futebol, a potência dos músculos e uma vantagem inquestionável: arte.

Os franceses jamais se esqueceram dos três gols do Rei do Futebol, com apenas 17 anos, na semifinal da Copa do Mundo da Suécia, contra a França. O que parecia o melhor ataque do planeta até chegar àquela altura do Mundial despedaçou-se diante de Pelé.

O placar de Brasil 5 x 2 França reconstruiu-se nas páginas do *L'Équipe*, em sua edição de 25 de junho de 1958, com o título: "Pelé: 3, France: 2". Ao lado, o texto: "*Le Dieu noir dans ses ouevres*". O Deus negro e suas obras.

Foram anotados por Pelé três gols em 26 minutos – o terceiro, quarto e quinto da goleada sobre a França. Verdade que quando sua primeira bola entrou, o placar já anotava Brasil 2 x 1. Também que o Brasil jogou boa parte da semifinal com um homem a mais em função da lesão do volante Jonquet.

Aos 7 minutos do segundo tempo, Nílton Santos cruzou, o goleiro Abbes saltou para interceptar a bola e largou-a nos pés de Pelé, que tocou de pé esquerdo para o fundo da rede.

Doze minutos mais tarde, Garrincha driblou o lateral Marcel e passou a Pelé. Dele a Vavá. O centroavante, mais bruto com a bola no pé, dividiu e a bola sobrou para Pelé chutar forte, de direita, no alto. Brasil 4 x 1.

O quinto gol brasileiro saiu de uma troca de passes entre Zito, Didi e Zagallo. A bola retornou para Didi e, então, para Pelé. Sem deixar a bola quicar, emendou para o gol: Brasil 5 x 1. Piantoni diminuiu aos 38 do segundo tempo.

Os franceses já estavam encantados.

Os três gols definidos pela manchete do *L'Équipe* foram apenas o segundo, terceiro e quarto de Pelé em Copas do Mundo, mas a França jamais esqueceu.

O troféu Atleta do Século emocionou Pelé, a ponto de fazê-lo chorar ao dar a volta olímpica com a estatueta nas mãos, pouco antes do amistoso França 1 x 3 Brasil, em 15 de maio de 1981.

Apenas dez meses depois da eleição do *L'Équipe*, o jornal encontrou a data propícia para entregar o prêmio. A seleção brasileira fazia excursão à Europa, venceu a Inglaterra em Wembley pela primeira vez na história, em 12 de maio, e três dias depois jogou contra os franceses no estádio Parque dos Príncipes, em Paris.

Pelé entrou no gramado vestindo um terno claro, bege. Pouco antes, passou pelo vestiário da seleção brasileira e ouviu de Zico que faria um gol em sua homenagem. Fez mesmo. Os outros foram anotados por Reinaldo e Sócrates.

A seleção francesa era a mais forte já montada desde a terceira colocação na Copa do Mundo da Suécia, aquela em que Pelé evitou que a França fosse campeã pela primeira vez.

Vinha sendo montada desde 1975, pelo técnico Michel Hidalgo, disputou o Mundial da Argentina, em 1978, e preparava-se para chegar ao quarto lugar no ano seguinte, na Espanha. Tinha Michel Platini como estrela suprema.

Mesmo assim, o Brasil se sobrepôs, jogando como se estivesse onze anos atrás no tempo, disputando a Copa do México, ainda com seu Rei em campo. O 3 x 1 saiu de maneira soberba, rapidamente, com Zico, Reinaldo e Sócrates marcando, este com um lençol antes de finalizar para o gol.

Ao subir ao gramado, Pelé recebeu o *Champion du Siècle* das mãos do diretor do *L'Équipe*, Jacques Goddet, diante do Embaixador brasileiro na França, Luiz Gonzaga do Nascimento e Silva. Só então iniciou a volta olímpica, concluída com um choro copioso.

Pelé se encantou naquele dia com a extraordinária homenagem. Os franceses também. Eles, de fato, derretiam-se pelo Rei desde quando foram derrotados em 1958, com os três gols do mais jovem jogador a marcar em uma semifinal de Copa do Mundo.

Ao final da partida, vitória brasileira fácil, jornalistas invadiram o campo, novamente para entrevistar. Alguns ultrapassavam limites. Queriam tocá-lo.

Pelé estava realmente emocionado.

"Obrigado por tudo! Eu adoro vocês", repetia o Rei.

Em meio à confusão, ainda disse a frase: "Se eu pudesse votar, também teria escolhido Pelé".

PELÉ E AS DOAÇÕES AO SANTOS

Apenas três dias depois de Pelé despedir-se do futebol, na Vila Belmiro, ajoelhando-se no centro do gramado diante de 20 mil espectadores que enchiam as arquibancadas do lendário estádio, o Santos voltou a campo pela primeira vez.

Só 3.251 pessoas pagaram ingresso para entrar no Pacaembu e assistir a Juventus 1 x 2 Santos. O primeiro gol da era pós-Pelé foi marcado pelo ponta-direita Gílson e a vitória assegurada com gol de Edu.

A camisa 10 foi vestida por Cláudio Adão, dono da 9 três dias antes, na despedida do Rei. Por mais que fosse agraciado com o número sagrado, o substituto de verdade era Edu.

Jonas Eduardo Américo, o mais jovem jogador brasileiro inscrito numa Copa do Mundo, com 16 anos, na Inglaterra.

Os anos difíceis levaram ao risco de rebaixamento no Campeonato Paulista de 1976. Contratações de alto valor de mercado, muita festa na chegada e igualmente alegria na saída.

Apesar de pagar caro por um craque mundialista, o Santos só viu Mifflin atuar pelo clube em 34 partidas e marcar apenas um gol.

A camisa 10 só voltou a ter um dono de verdade com Aílton Lira, em 1977, por suas cobranças de falta, e com Pita, em 1978.

Chico Formiga, companheiro do Rei na conquista do título estadual de 1958, o seu primeiro, foi o técnico a escalar Pita com o número inesquecível, oferecer a 8 para Aílton Lira e montar o primeiro time campeão pelo Santos após a Era Pelé. O mais longo

Campeonato Paulista de todos os tempos iniciou-se em 20 de agosto de 1978, com um clássico Santos 1 x 1 Corinthians.

O rival estreava Rui Rei, centroavante da Ponte Preta na final em que os corintianos saíram da fila em 1977, e Sócrates, milionário reforço recém-chegado do Botafogo, de Ribeirão Preto. O Santos fez 1 x 0 com Pita e Rui Rei marcou o gol de empate.

Aquele Paulistão só terminou em junho de 1979 e levou o Santos a outro período de vacas magras entre 1978 e 1983. O presidente Ernesto Vieira, então, resolveu colocar a mão no bolso para montar um esquadrão, com dinheiro do patrono e vice-presidente de futebol Mílton Teixeira.

Chegaram Serginho Chulapa, do São Paulo; Paulo Isidoro, do Grêmio; Lino, do Athletico Paranaense; Dema, do Comercial de Campo Grande; e Camargo, da Portuguesa.

Brilhante, o time outra vez dirigido por Chico Formiga chegou ao vice-campeonato brasileiro, derrotado no Maracanã por 3 x 0 pelo Flamengo, de Zico, com 155 mil espectadores no então maior estádio do planeta.

Aquele ano terminou com frustração na fase semifinal do Campeonato Paulista. Um gol de Darío Pereyra e um triunfo do São Paulo por 2 x 1, no Morumbi, tirou a chance do título estadual, o segundo pós-Pelé, e evidenciou a dificuldade de confiar no goleiro Marolla, o titular daquela época.

Era preciso um novo e especial arqueiro.

O escolhido foi o campeão da Copa América, numa final contra a seleção brasileira, derrotada na Fonte Nova, com empate por 1 x 1 combinado à vitória uruguaia por 2 x 1, em Montevidéu: Rodolfo Rodríguez.

Experiente – 28 anos –, alto – 1,91 m –, acostumado a troféus, como a Libertadores de 1980, pelo Nacional, o Mundialito e a Copa América, pela seleção de seu país, Rodolfo Rodríguez era o que o Santos precisava para ganhar o estadual de 1984. Só faltava um detalhe: dinheiro.

Rodríguez custava US$ 120 mil, um assombro, levando em conta que Maradona representava o recorde mundial de transferências naquele período, quando o Barcelona pagou US$ 5 milhões ao Boca Juniors.

O noticiário da época dizia que Pelé havia emprestado o dinheiro ao Santos e o receberia de volta. Nunca recebeu.

Também jamais cobrou.

Houve pelo menos outros dois momentos em que Pelé usou de seu prestígio, ou de seus cofres, para ajudar o Santos na busca por melhores resultados. O mais importante deles, ao participar da construção do Centro de Treinamento na entrada da cidade.

As obras haviam começado na primeira gestão do presidente santista Marcelo Teixeira, filho de Mílton Teixeira, o vice-presidente no Brasileiro de 1983 e presidente campeão paulista de 1984, com Rodolfo Rodríguez. Marcelo conseguiu o terreno da prefeitura e da Companhia das Docas, logo depois da saída do túnel, a 1,5 quilômetro do estádio da Vila Belmiro.

As obras pararam em 1994 e nunca foram retomadas, até que o Santos contratou Vanderlei Luxemburgo em 1997. Apresentado às instalações do clube, o novo treinador perguntou onde seriam os treinos. Inconformou-se com a informação de que, como na Era Pelé, o Santos seguia treinando na Vila – ou improvisadamente no Quarto Comando da Polícia Militar.

Luxemburgo ameaçou não permanecer se não houvesse um trabalho urgente para o novo CT. O presidente santista na ocasião era Samir Abdul-Hak, antigo advogado do Rei e, portanto, próximo a ele.

A primeira ideia foi pedir o dinheiro necessário para a patrocinadora, a Unicór, empresa do setor de saúde. Queria-se, pelo menos, reiniciar as obras e improvisar alojamento, para que o time principal tivesse um local adequado para treinar.

O dono da patrocinadora, Renato Duprat, que já tinha usado a imagem de Pelé na assinatura do contrato em 1995, afirmou não ter verba disponível para a obra, mas que poderia haver uma solução publicitária, com uma ação que incluísse Pelé num comercial de seu plano de saúde.

Um dos mais belos filmes publicitários da década de 1990, então, foi produzido, com Pelé cobrando um pênalti contra Edinho seu filho, goleiro titular do Santos naquele momento.

Pelé cobrava, Edinho defendia e, nas arquibancadas, o avô Dondinho aplaudia.

"Eu passei horas caindo para o mesmo lado. Já estava com o ombro machucado e perguntava se não podíamos gravar do lado oposto. Os diretores do filme respondiam que não, porque o ângulo da imagem tinha de ser aquele. Saí até machucado."

Pelé participou pelo mesmo tempo.

Não cobrou cachê.

Três anos antes, o Rei fez provavelmente a maior de suas doações para o Santos. Em 1994, o Palmeiras trouxe o meia Giovanni, de Belém, onde atuou pela Tuna Luso e pelo Remo.

Levado a um hotel em São Paulo, o talentoso meio-campista estranhou o frio e decidiu voltar para o Norte do país. Aflitos, os empresários responsáveis pela transferência tentaram uma saída emergencial e o Santos se interessou.

Faltava só o essencial: grana.

Pelé foi chamado às pressas pelo presidente Samir Abdul-Hak. Eram US$ 300 mil. Pelé se dispôs a doar metade do valor e a outra metade, dividida em três partes, seria oferecida uma parte pelo diretor Clodoaldo Tavares de Santana, o eterno tricampeão do mundo, uma parte pelo vice-presidente José Paulo Fernandes e outra pelo presidente do clube.

Três anos depois, o Barcelona se dispôs a pagar US$ 9 milhões pelo atleta. O Santos, então, procurou o Rei para devolver-lhe o dinheiro. A resposta: "Vocês me devolvem o dinheiro que coloquei e está tudo certo".

Edinho se lembrou com orgulho e divertimento do caso. Porque os outros sócios não teriam coragem de receber o dinheiro proporcional aos US$ 9 milhões, se Pelé deixou o valor de lado. Pelé recebeu apenas os US$ 150 mil que tinha investido, sem inflação, até porque naquele início de governo Fernando Henrique Cardoso, o dólar se manteve sempre perto de R$ 1,00.

Nesse tempo, Pelé era ministro dos Esportes e cartão de visita do presidente da República nos encontros com chefes de Estado em todos os cantos do mundo.

PELÉ MINISTRO

Numa manhã de novembro de 1994, a redação da revista *Playboy*, em São Paulo, entrou em polvorosa. Não se tratava de uma modelo descoberta que posaria nua, nem de uma incrível entrevista com o presidente dos Estados Unidos. O telefone não parava de tocar em busca do diretor de redação, José Carlos do Amaral Kfouri, o Juca Kfouri.

A notícia era de que Fernando Henrique Cardoso estava em casa, no bairro paulistano do Itaim, zona sul da capital, para convidá-lo a assumir o Ministério dos Esportes, que seria criado no novo governo, depois das segundas eleições diretas para a Presidência da República, após 21 anos de Ditadura Militar.

Sua secretária, Rita de Cássia, a Ritinha, negava insistentemente as perguntas sobre o presidente eleito estar na casa de Juca, até que, num dos telefonemas, o chefe avisou: "Pode dizer que sim, é verdade".

Nesse momento, já havia dezenas de carros de reportagem, repórteres, cinegrafistas e fotógrafos em frente ao prédio onde morava Juca Kfouri. Só no final do dia foi se saber que o convite feito a Juca tinha sido estendido e o verdadeiro ministro também estava lá, no apartamento do Itaim: Pelé.

O convite inicialmente seria feito mesmo a Juca Kfouri, aluno de Fernando Henrique Cardoso na Faculdade de Ciências Sociais. Diretor de redação da *Playboy* e da *Placar*, naquele tempo, crítico feroz das gestões da Confederação Brasileira de Futebol (CBF) e do Comitê Olímpico Brasileiro (COB), fiscal de dirigentes desde a década de 1980, Kfouri disse a FHC que a escolha não teria sucesso, porque nenhum dirigente importante o procuraria para solucionar os problemas do esporte.

"Vão telefonar diretamente para o seu gabinete e passar por cima do Ministério. Neste caso, a nova pasta não alcançará o objetivo a que se propõe", sugeriu Juca.

Fernando Henrique compreendeu o argumento.

Pelé seria o homem ideal.

Ídolo nacional, imagem do país no exterior, capacidade de se relacionar com todas as esferas do futebol do Brasil.

Havia e sempre houve uma prioridade jamais atacada na política esportiva e que não estava clara para o governo Fernando Henrique: levar o esporte às escolas.

Democratizar a prática esportiva e tirar da quantidade de praticantes a qualidade para a alta performance.

A prioridade do Ministério dos Esportes, com Pelé, foi a política do alto rendimento. Tinha como bandeira a modernização do futebol e a garantia dos direitos trabalhistas aos atletas profissionais.

Nesse ponto, leia-se, jogadores de futebol.

Fernando Henrique Cardoso começou o mandato usando o Rei como cartão de visitas em viagens internacionais. Depois de alguns compromissos formais com chefes de Estado, interrompidos por longas filas para autógrafos com o maior atleta do século 20, FHC desistiu.

Juca Kfouri conta que um dos episódios mais marcantes para a desistência aconteceu na China. Fernando Henrique imaginava ter Pelé como escudeiro, mas que do outro lado do planeta, numa nação sem tradição no futebol, a presença de seu ministro não seria tão notada.

Pois formaram-se imensas filas para vê-lo, tomar autógrafos e mais pedidos de fotos haveria se o telefone celular já estivesse em suas versões mais avançadas.

Estávamos em 1995.

Outras vezes, a comitiva do presidente já estava toda embarcada e ficava à espera do ministro, que não renunciava ao dever de atender a cada pessoa que lhe pedisse uma assinatura, uma fotografia ou simplesmente um carinho.

O Brasil de Fernando Henrique tornou-se a única República em que um Rei era mais importante do que o presidente.

E foi mesmo, porque mesmo sem interferir no que deveria ser a prioridade do Ministério do Esporte, o acesso à prática a partir da escola, Pelé tocou em interesses antigos e arraigados aos jogos de poder dos cartolas do Brasil.

Uma delas antes mesmo da promulgação da lei, em março de 1998, o presidente da Fifa, João Havelange, ameaçou desfiliar a CBF e retirar a seleção brasileira da Copa do Mundo, por supostamente haver artigos na nova legislação que feririam o estatuto da Fifa.

Em rápida análise dos documentos da federação internacional, o repórter Marcelo Damato, da *Folha de S.Paulo,* desmentiu os argumentos do cartola máximo da bola mundial:

O estatuto da Federação Internacional de Futebol Association (Fifa) não sustenta a ameaça feita por seu presidente, João Havelange, de tirar o Brasil da Copa do Mundo da França, no ano que vem.

Havelange declarou duas vezes nesta semana que o projeto da Lei Pelé contém pontos contrários ao estatuto da entidade.

A sua aprovação, segundo o dirigente, levaria à suspensão ou eliminação da Confederação Brasileira de Futebol (CBF) do quadro de associados da Fifa.

A seleção brasileira ficaria, assim, impedida de disputar a Copa.

Havelange citou dois pontos do projeto que colidiriam com o estatuto: a) a permissão para que os árbitros formem empresas comerciais para prestarem serviços às federações; e b) o fim da subordinação dos tribunais de justiça esportiva às federações.

O problema é que no estatuto não trata da formação de empresas de arbitragem, nem da formação dos tribunais esportivos nacionais do futebol.

A reportagem da *Folha de S.Paulo* respondendo às ameaças de Havelange foi publicada em 8 de agosto de 1997. A Lei Pelé só entraria em vigor no dia 24 de março do ano seguinte.

Marcelo Damato explicava que os artigos propostos eram idênticos aos da Lei Zico, aplicada a partir de 1993, de acordo com projeto de Arthur Antunes Coimbra, o Zico, durante o período em que ocupou a Secretaria Especial de Esporte, instituída durante o curto governo de Fernando Collor de Mello (1990-1992).

A bravata de Havelange não avançou, o Brasil disputou e perdeu a final da Copa do Mundo de 1998 para a França, país sede.

A grande reforma proposta por Pelé, que causou celeuma e debates ásperos até décadas mais tarde, com o discurso acalorado de que as novas regras tiravam a vida dos jogadores do controle dos clubes, o que seria positivo, mas a entregavam para empresários de atletas, muitas vezes inescrupulosos.

A verdade é que entregou a decisão aos profissionais. O que eles faziam com isso passava a ser problemas deles. Num país cujo maior déficit é a educação, onde a maior parte dos atletas provém das camadas mais baixas da população, cair na mão de agentes inescrupulosos poderia ser inevitável.

Mas a Lei Pelé aboliu a escravidão dos jogadores. Antes vinculados aos clubes por um cordão invisível chamado passe, que não se extinguia nem sequer com o encerramento do contrato de trabalho, passavam a ter a vida regulada pela Consolidação das Leis Trabalhistas (CLT) e por contratos assinados por tempo determinado. Concluído este período, o jogador estaria livre para aceitar novas propostas e mudar de clube, fosse dentro do Brasil ou no exterior.

Na prática, o que aconteceu com o jogador brasileiro foi equiparar-se ao que a Corte Europeia concedeu aos europeus depois do julgamento do caso Bosman, em 1995.

Jean-Marc Bosman era um atleta belga, vinculado ao Liège, que recebeu uma proposta de trabalho do Dunkerque, da França, ao final de seu contrato.

O Liège impediu sua saída, com base no vínculo por meio do passe, Bosman recusou-se a continuar trabalhando e entrou com ação na Corte Europeia alegando ser um trabalhador livre, em final de contrato, e com possibilidade de atuar em qualquer país ligado à Comunidade Europeia, depois do Tratado de Maastricht, em 1993.

O argumento de Jean-Marc Bosman era de que qualquer médico, engenheiro, advogado ou jornalista poderia trabalhar livremente em qualquer país da comunidade, sem limitação por ser estrangeiro. Logo, qualquer trabalhador do futebol deveria ter o mesmo direito. Da mesma forma, ao final de seu contrato, estaria livre para mudar de emprego. A vitória de Bosman em dezembro de 1995 acabou com as limitações na Europa.

Pelé fez basicamente o mesmo, no Brasil. Não havia a necessidade de interferir na questão da nacionalidade, mas pela sentença Bosman o fim do contrato já havia feito o passe morrer de caduco em todo o planeta. Teria de morrer também aqui.

A Lei Pelé tratou disso.

Não sem polêmicas.

A nova legislação entrou em vigor em todos os seus artigos em 24 de março de 1998. O contrato de Ronaldinho Gaúcho foi assinado antes da entrada em vigor da lei, era o argumento do Grêmio para que o passe persistisse e ele pudesse manter o jogador ou ser remunerado numa eventual venda.

Os advogados de Ronaldinho argumentavam que seu contrato acabou antes do fim do passe, mas se esperasse pela entrada em vigor do artigo da Lei Pelé, e não renovasse seu vínculo, estaria automaticamente livre. Conseguiu uma liminar e assinou pré-contrato com o Paris Saint-Germain.

Pelé foi chamado às pressas para uma comissão com Zico e Raí – representantes dos atletas –, Ricardo Teixeira – presidente da CBF –, Fábio Koff – ex-presidente do Grêmio – e Carlos Melles, ministro dos Esportes sucessor de Pelé. Tudo isso em fevereiro de 2001.

Ronaldinho transferiu-se para o Paris Saint-Germain. Em novembro, nove meses após o início do imbróglio, a Fifa solucionou o impasse, determinando ao clube francês pagar US$ 5,8 milhões ao Grêmio. Muito menos do que os gaúchos pretendiam. Dois anos depois, o Barcelona pagou 30 milhões de euros ao PSG pela rescisão de seu contrato na França.

Pelé nunca disse com todas as letras se Ronaldinho estava livre ou não, ao final de seu contrato com o Grêmio, em fevereiro de 2001.

O ministro, que assina a lei, não teria condição de determinar os trâmites jurídicos da questão sozinho. Evidentemente, a legislação foi feita por sua equipe, com sua autorização, mas com todo o arcabouço jurídico do ministério. Pelé não tinha obrigação de interpretar. Talvez de recuperar pareceres, para dar sua impressão, se Ronaldinho estaria livre quando o artigo sobre o fim do passe entrasse em vigor, ou se deveria manter-se vinculado ao Grêmio, por ter assinado o acordo antes da lei.

Nos anos seguintes, derreteu-se por seu talento e exaltou seus dribles e gols em comentários durante e após jogos de suas equipes, tanto no Paris Saint-Germain, quanto no Milan.

À parte a polêmica do caso Ronaldinho, Pelé fez um gol de placa ao libertar os jogadores do passe e equipará-los a trabalhadores comuns em período final de contrato.

OS SÓCIOS DE PELÉ

Pelé foi sócio do empresário carioca Hélio Viana e seu amigo por quinze anos, até que, em dezembro de 2001, às vésperas do sorteio dos grupos da Copa do Mundo, promovido pela Fifa na Coreia do Sul, anunciou o rompimento: "Fui traído".

A ruptura se deu após denúncia de que a Pelé Sports & Marketing, empresa em que os dois amigos eram associados, recebeu US$ 700 mil para promover uma partida beneficente para crianças na Argentina, em 1995.

O dinheiro foi pago e o evento jamais realizado.

Pior que o evento foi contratado em 31 de janeiro de 1995, quando Edson Arantes do Nascimento já era ministro.

A acusação chegou aos jornais por meio dos repórteres Sérgio Rangel e Mário Magalhães, da *Folha de S.Paulo*.

O convênio assinado entre a Pelé Sports & Marketing e o Unicef previa que a empresa do Rei não receberia nenhum dinheiro para organizar o evento em Buenos Aires. Porém, em um contrato paralelo com a Sports Vision, com sede nos Estados Unidos, ficou acertado que haveria pagamento de US$ 3 milhões para que Pelé estivesse presente.

A Sports Vision receberia o dinheiro de outra empresa, numa operação triangular. A Global Entertainment faria o pagamento mediante empréstimo do Banco Patricios, na Argentina. A crise econômica do país vizinho provocou a falência da instituição bancária antes do pagamento.

Sem dinheiro, o evento não aconteceu.

Mas comprovou-se que a Pelé Sports & Marketing recebeu o valor de US$ 700 mil.

Traído, como afirmou se sentir, Pelé anunciou inicialmente o fechamento da sede da empresa no Rio de Janeiro, de onde despachava seu sócio Hélio Viana.

A denúncia veio à tona por causa de outro empresário, Roberto Seabra, este sócio de Hélio Viana numa empresa chamada Klavi Projetos Especiais, também especializada em marketing esportivo e, portanto, concorrente da Pelé Sports & Marketing.

Todas as relações perigosas.

E, pior, contrato assinado enquanto Pelé era ministro dos Esportes.

O escândalo pegou o estômago do Rei, num período em que já não estava mais no governo, mas em que se colocava em dúvida exatamente sua relação com as crianças.

> Pelé, que há 32 anos dedicou o milésimo gol de sua legendária carreira às crianças pobres do Brasil, é acusado agora de se apropriar do dinheiro das crianças pobres do mundo. Em Nova York, onde se encontrava na semana passada justamente para participar de uma campanha do Unicef, disse desconhecer que sua empresa tivesse recebido o dinheiro e responsabilizou seu sócio, o empresário Hélio Viana, por possíveis irregularidades.

O texto acima é da revista *Época*, que lembrava o discurso de 1969, sobre proteger as criancinhas, logo depois de seu milésimo gol. Pelé seria, para sempre, refém de suas próprias palavras.

Quem conviveu com o Rei naqueles dias sabe que ficou furioso, sentiu-se mesmo traído, entendeu que Hélio Viana tirou proveito de sua fama e prestígio. O caso só veio à tona porque Roberto Seabra, sócio de Viana na Klavi, moveu processo para receber 50% do dinheiro pago à Pelé Sports & Marketing.

Assim, Pelé compreendeu que o dinheiro chegou à empresa, mas não a ele. E nem o evento foi realizado.

"Não é verdade que eu sabia de desvio de dinheiro. [...]" Em pergunta formulada pela *Folha de S.Paulo*, hoje, no prédio da ONU (Organização das Nações Unidas), durante evento de lançamento da campanha beneficente para o Mundial de 2002, Pelé afirmou que já mandou investigar o escritório da ps&m Ltda., da qual é sócio, no Rio de Janeiro, para verificar a irregularidade.

Esse texto é da *Folha de S.Paulo*, publicado durante o período do sorteio dos grupos para a Copa do Mundo de 2002.

"Para falar mais claro, estou fechando a empresa do Rio", declarou o ex-jogador e empresário, na única pergunta relativa ao caso Pelé-Unicef permitida pela assessoria de imprensa da Fifa, responsável pelo evento na ONU. [...]
"Há 32 anos eu ajudo o Unicef. Quem me conhece sabe que eu não faria isso."

Na mesma entrevista, disse estar atrás do culpado por esse escândalo ligado a seu nome. Afirmou que havia tempo não estava satisfeito com o desempenho da empresa e desconfiava de irregularidades.

"Desde o milésimo gol vocês sabem que eu trabalho com crianças, que eu peço para as crianças e que eu nunca cobrei nada. Não ia ser agora", defendeu-se o ex-jogador, na TV.

O Unicef se pronunciou a favor de que não houvesse nenhum prejulgamento sobre Pelé. A imagem saiu ilesa.

Só trouxe de volta discussões sobre as pessoas com as quais o Rei se associava.

Desde a sociedade fracassada com José Ozores González, o Pepe Gordo, no final da década de 1960, sempre havia desconfianças sobre os sócios das empresas de Pelé. Exceto seu irmão, Zoca, sempre homem de confiança.

Na esteira do escândalo do Unicef, a revista *Época* publicou um diálogo entre Pelé, Zoca e um funcionário:

– Você consultou nossos advogados? – perguntou o irmão, Jair Arantes do Nascimento, o Zoca.

– Não precisa, tudo está sendo tocado por gente de confiança – desconversou Pelé.

– Só espero que essa Pele Pro não fique conhecida como “Pelé Problemas” – comentou um dos presentes.

Pelé sempre foi ingênuo? Ou também levou vantagem em alguma transação? As histórias de desprendimento nos casos da compra e venda de jogadores como Giovanni e Rodolfo Rodríguez, no Santos, fazem imaginar que, na maior parte das vezes, o Rei confiou em quem não deveria.

Hélio Viana era advogado discreto em Volta Redonda, antes de ser apresentado a Pelé, numa reunião com o governo do estado do Rio. Trabalhava no gabinete de Leonel Brizola, então governador. Pelé e suas empresas tinham um débito com o Banco do Estado do Rio de Janeiro (Banerj).

Viana era assessor da Secretaria Estadual de Esportes e sugeriu que o Rei fizesse uma série de comerciais para o banco, a fim de quitar qualquer débito. Brizola adorou ter Pelé por perto e assim se fez negócio.

O Rei gravou uma sequência de filmes vestido com uma camisa social azul-clara, calça azul-marinho, violão e cercado de crianças de camiseta amarela. Cantava: “ABC, ABC, toda criança tem que ler e escrever". Ao refrão, emendava a frase: "É no CIEP que nós vamos aprender".

Os comerciais eram do CIEPs e tinham o selo do Banerj.

Os CIEPs (Centros Integrados de Educação Pública) foram criação do antropólogo, historiador e sociólogo Darcy Ribeiro enquanto vice-governador do estado do Rio de Janeiro. Eram o xodó de Brizola, seu maior legado em termos de educação.

Mas por que Pelé precisaria ter uma dívida com um banco do Rio, em 1986?

Certamente por algum negócio mal gerenciado ou sem o olhar do dono. Ao mesmo tempo, saía de uma possível arapuca com uma ação que tinha tudo a ver com o que mais o emocionava: crianças. Nesse ponto, Pelé nunca foi demagogo. Ele realmente se preocupava com a educação, mesmo sem ter sido um pai de relação exemplar com seus filhos por todos os anos. Podia se dedicar a outras coisas, mas gostava e dava atenção especial à infância.

Sobre os sócios, Pelé aprendeu muito sobre negócios, mas correu também muitos riscos. Disse a vida toda que, com Hélio Viana, compreendeu ser necessário agir com a cabeça e não com o coração quando o assunto era dinheiro. Viana dizia que o destino de Pelé seria morrer igual a Garrincha, pobre e sem cuidados, não fosse sua assistência empresarial.

Exagero.

Pelé nunca teve problemas com o alcoolismo.

Morreu com sete filhos reconhecidos. Garrincha teve catorze.

O patrimônio de Pelé já era gigantesco quando conheceu Hélio Viana, em 1986.

A relação entre os dois acabou de forma traumática, com proibição de Pelé de que entrasse no escritório das empresas, no Rio de Janeiro, e processos por corrupção.

Não foi o último sócio suspeito do Rei, nem seu último tombo nos negócios.

Em outubro de 2009, desembarcou em Luanda, para ser embaixador de uma série de investimentos imobiliários na capital de Angola. Hospedou-se no hotel Alvalade, no centro, e participou de eventos como comerciais de TV, fotografias ao lado de maquetes de imóveis e visita ao presidente angolano, José Eduardo dos Santos, que ficou no poder de 1979 a 2017.

"É um prazer investir em Angola. Deus sempre me colocou em equipes vencedoras."

Curiosamente, os investimentos de quatro empresários brasileiros na África aconteciam pouco depois de os angolanos se classificarem para a Copa do Mundo pela primeira vez na história – participaram em 2006, na Alemanha, com empates contra México e Irã, e derrota para Portugal.

Pelé apresentava-se como sócio de Antonio Paulo de Azevedo Sodré, João Gualberto Ribeiro Conrado Júnior, Paulo Henrique de Freitas Marinho e Ricardo Boer Nemeth.

O complexo Bem-Morar tinha outdoors pela cidade com a fotografia de Pelé, mas ruiu em dois anos. Foram mais de 500 contratos não cumpridos, sem entrega de casas de classe média, apartamentos e quintas.

Em março de 2012, o advogado Paulo Gustavo, que defendia Pelé na ação, afirmava que não havia nenhum tipo de sociedade. Dizia ter havido e já expirado um contrato de cessão de uso de imagem para o lançamento dos empreendimentos.

Nessa época, Pelé ainda teria a receber quatro unidades residenciais, que também não foram entregues, ou seja, Pelé foi vítima do empreendimento que o próprio Pelé serviu como avalista.

Menos suspeito foi seu sócio argentino, Pepe Altstut, que construiu o Memorial Necrópole Ecumênica, cemitério vertical do qual o Rei foi garoto-propaganda e onde foi enterrado após sua morte, em 2022. Nada de errado nesse empreendimento, mas a outra iniciativa da sociedade foi a tentativa de sedimentação de um clube de futebol chamado Litoral Futebol Clube.

Tanto o cemitério quanto o clube de futebol foram fundados em 2003. O time teve investimento de Altstut, Pelé seria um professor esporádico. Na inauguração, falou também sobre o prazer de lidar com crianças e jovens e já ter feito isso logo depois da inauguração do Centro de Treinamento Rei Pelé, do Santos.

Menos de quatro anos depois, apesar do investimento, o Litoral Futebol Clube deixou de existir.

Nesse caso, sem arranhões à imagem real.

Dada a quantidade de sócios suspeitos ou envolvidos em irregularidades, Pelé teve sempre a sorte de não ter nada grudado à própria reputação. Nem como empresário, nem como ministro, nem quando levou um golpe de seu sócio por um negócio assinado durante um período em que deveria estar afastado dos negócios, por estar no Ministério dos Esportes, em 1995, durante o processo de separação da Pelé Sports & Marketing e do litígio com Hélio Viana.

O TERCEIRO DESAFIANTE – PELÉ OU MARADONA

Passados vinte anos da escolha de Pelé como Atleta do Século pelo jornal francês *L'Équipe*, a Fifa (Federação Internacional de Futebol) decidiu fechar o século com outra votação. O melhor futebolista do século 20 seria eleito por uma votação organizada pela Federação Internacional de História e Estatísticas do Futebol (IFFHS), que reuniu um júri formado por historiadores, jornalistas e especialistas no assunto, e também pelo voto popular, aberto na internet.

Deu Pelé no júri especializado e Maradona no voto popular.

A diferença não foi pequena, não.

O argentino recebeu apoio de 53,7% dos eleitores da internet e Pelé ficou só com 18,5%.

1	Diego Maradona	Argentina	53,70%
2	Pelé	Brasil	18,53%
3	Eusébio	Portugal/Moçambique	6,21%
4	Roberto Baggio	Itália	5,42%
5	Romário	Brasil	1,69%

Pela Federação Internacional de História e Estatísticas do Futebol, Pelé teve 1.705 pontos, seguido pelo holandês Johan Cruyff (1.003), pelo alemão Beckenbauer (1.228), pelo hispano-argentino Di Stéfano (1.215) e por Maradona (1.214), aqui em quinto lugar.

1	Pelé	Brasil	1.705
2	Johan Cruyff	Países Baixos	1.303
3	Franz Beckenbauer	Alemanha	1.228
4	Alfredo Di Stéfano	Espanha	1.215
5	Diego Maradona	Argentina	1.214

Por mais que a escolha dos especialistas tivesse mais valor, mexeu com o Rei ser preterido por Maradona. Ainda mais para quem passou a vida repetindo que "A voz do povo é a voz de Deus!".

Pelé chegou a Roma, para a entrega das premiações, com elegância. Estava na capital da Itália um dia antes de Maradona, na véspera da entrega dos troféus. Maradona chegaria só no dia da cerimônia.

Pelé tinha boa relação com a entidade global do futebol, sob o comando do suíço Joseph Blatter, depois de anos de áspero e frio convívio com João Havelange. Maradona era um quase inimigo da Fifa, hostil ao xingar o público na execução do hino nacional da Argentina na final da Copa do Mundo de 1990, e, principalmente, depois de ser excluído do Mundial de 1994, em meio à competição, por uma acusação de doping.

A elegância e a realeza não impediram declarações com alfinetes para Maradona. Aos poucos, Pelé foi subindo o tom e perdendo a linha.

Em Roma, os comentários eram de que a Fifa programara a entrega do prêmio ao vencedor da internet e, surpresa com a escolha por Maradona, promoveu a escolha dos especialistas, com publicação na revista oficial da entidade.

A *Folha de S.Paulo* publicou que haveria apenas um Melhor do Século, segundo confirmação oficial da Fifa. Que, na sequência, a entidade afirmou que o Comitê Executivo ratificaria a decisão. O presidente da entidade, Joseph Blatter, pensava diferente e assim se fez: um prêmio para cada um. "Maradona receberá um prêmio e Pelé ficará com outro."

Para evitar a saia justa, Blatter conseguiu fazer com que os troféus tivessem os nomes de "Juventude" e "Família Fifa". O Rei ganhou a premiação da Família; Diego, da Juventude.

Cogitou não dar o troféu se Maradona não comparecesse, percebeu que haveria mal-estar e prometeu premiar o argentino, mesmo em caso de ausência.

Pelé, elegante, alfinetava: "Não estou magoado. Vejo como um incentivo para o Maradona. Ele perdeu uns cinco ou oito anos da carreira por causa das drogas. É uma chance de voltar à sociedade".

Lembrou-se de outros rivais que teve no caminho para ser escolhido como Atleta do Século, como Kopa, Fontaine, Puskas e Di Stéfano: "Depois, pegaram o Mazzola, o italiano. Aí, o George Best, o Eusébio. Mais tarde, o Cruyff. Compararam o Falcão, quando virou Rei de Roma. Começaram a falar do Zico e, depois, veio o Maradona. Ele ganhou um Mundial. Eu venci cinco, dois deles com o Santos. Ele ganhou um campeonato na Argentina. Eu ganhei uns dez no Santos. Eu marquei mais de mil gols. Ele fez uns 400. Se faz comparação com êxitos, com títulos".

Pelé dizia ter no currículo inúmeras eleições para melhor do século. "Ganhei na França, com o *L'Équipe*, nos Estados Unidos, na eleição da Reuters, até na eleição olímpica. E olha que o Pelé não foi muito de Olimpíada."

Como se percebe, em alguns momentos, mordeu a isca.

Em parte, com razão.

"O único problema desta eleição pela internet é que as pessoas não tiveram conhecimento, a votação não teve divulgação. Veja, nosso país tem 160 milhões de habitantes e ninguém sabia que se estava fazendo esta escolha. Poderia ser diferente."

O Rei estava certo. A lista da internet foi quase clandestina. Quem tinha acesso aos computadores eram os mais jovens, que viram Maradona mais de perto, especialmente na Europa Ocidental.

É possível ponderar que a escolha do *L'Équipe*, vinte anos antes, também teve seus problemas. A escolha de Eddy Merckx em terceiro lugar certamente causou estranheza em grande parte do público, que não o conhecia. Nesse caso, não se debateu.

Por outro lado, Pelé estava totalmente correto ao lembrar que houve desafiantes em todas as épocas. Quando começou, perguntava-se se era melhor ou pior do que Di Stéfano. Mais tarde, a questão sobre Eusébio, especialmente quando Portugal tirou o Brasil da Copa do Mundo de 1966. Então, veio Cruyff, no ocaso da carreira do Rei.

Maradona alimentou essa discussão em alguns momentos. "Pelé é um escravo e está a serviço da Fifa", disse o argentino, em 1998.

Pelé mordeu a isca algumas vezes. "A Argentina tem muitos grandes jogadores. Di Stéfano, Maradona, Sívori, Messi... Decidam primeiro quem é o melhor da Argentina, para depois saber quem pode ser o melhor do mundo."

Não precisava.

A noite de 15 de agosto de 2005 quase terminou com isso.

A primeira edição do programa *La Noche del Diez*, atração apresentada por Diego Armando Maradona, no Canal 13, na Argentina.

Pelé aceitou o convite para ser o primeiro entrevistado.

Entrou no palco com Maradona, através de uma nuvem de fumaça branca, sob o olhar admirado do maior craque argentino até aquela data – em 2005, Messi estreou pela Argentina.

"Obrigado, obrigado, obrigado!", disse o Rei na entrada em cena. Falava em português.

"Sente-se, Rei!", disse Maradona.

Diego chamava Pelé de Rei, supremo reconhecimento.

"Gracias por aceitar o convite. Gracias por presentear os argentinos nesta *Noche del Diez.*" Assim, Maradona abriu a entrevista.

Pelé respondeu: "Tu sabes que, no Brasil, os jornalistas, e tu sabes como são os jornalistas, me perguntavam... Você vai ao show do Maradona? E eu questionava: por que não? Eu vou, porque Maradona é um vencedor. É símbolo. E, para mim, é um orgulho estar aqui. De coração".

Maradona provocou: "Qual a relação com Havelange, Rei?".

"Hoje, já passou. A classe dos jogadores de futebol não é unida. Já se passou esta relação. Hoje, a Fifa tem mais nações associadas do que a ONU e Unesco."

"Que lugar tem o Rei Pelé na Fifa?", perguntou Diego.

"Eu estou no mundo", disse Pelé.

Maradona prosseguiu: "Não te pergunto como jornalista, mas como jogador de futebol".

"Acho que hoje a Fifa é mais democrática do que antes, porque há jogadores nas comissões, há mulheres e há ex-jogadores como Perfumo. A Fifa está trabalhando melhor com os países pobres, democratizando-se mais."

A resposta foi vazia. Pelé defendia que a entidade trabalhasse pelos países pobres e pelo futebol feminino.

Pelé continuou: "Também quero te fazer uma pergunta. Só nós dois. Este episódio da Copa de 1990, de que colocaram sonífero na água dos jogadores do Brasil, é verdade?".

"Eu não fui. Eu não fui!", respondeu Maradona.

"Eu sei. Posso dizer o pecado, mas não o pecador."

Pelé referiu-se ao fato de os massagistas da Argentina terem colocado um sonífero na água que entregaram para o lateral Branco, da seleção brasileira. Diego confirmou.

Apesar das pequenas provocações, o programa terminou com Maradona dizendo que seu sonho era fazer uma dupla em cabeceios com Pelé.

"Será que conseguimos?", questionou o Rei.

Levantaram-se. Diego tinha uma bola em mãos.

Ele a ergueu à altura da cabeça e começaram a tabelar. Um, dois, três, 27... 13 cabeceios certos de cada um até o primeiro equívoco de Maradona, que recolheu a bola com as mãos, antes de deixá-la cair ao chão.

Nos quinze anos seguintes ao programa, até a morte de Maradona, ainda houve pequenas hostilidades da parte do argentino. À morte de Diego, Pelé homenageou-o: "Perdi um grande amigo e o mundo perdeu uma lenda".

OS NÚMEROS DE PELÉ x MESSI E CRISTIANO RONALDO

Pelé nunca morrerá.

Nem sequer para deixar de ser comparado.

Armando Nogueira escreveu: "Pelé já era o melhor muito antes de ser e continua sendo mesmo depois de ter sido".

No mesmo texto da edição de 50 anos do Rei, publicado pela revista *Placar* em 1990, republicado por Armando Nogueira no livro *O voo das gazelas*, no ano seguinte, o brilhante jornalista nascido no Acre definiu o Rei.

O melhor é sempre a referência.

E, portanto, comparado.

Edson Arantes do Nascimento faleceu na tarde de 29 de dezembro de 2022, de falência múltipla dos órgãos, produzida por um câncer de cólon.

No dia seguinte à sua morte, sua imagem esteve na primeira página de todos os jornais do planeta.

Alguns dias depois, um texto chamava a atenção pela comparação dos números com Messi e Cristiano Ronaldo.

Em todos os esportes, os números e marcas tornam impossível pensar que um atleta competitivo de cinquenta anos antes possa ser melhor do que no presente. Se Jesse Owens desafiou Adolf Hitler correndo 100 metros rasos a 10,2 segundos, Usain Bolt fez o recorde em 2009 a 9,58 segundos. Quem foi melhor?

Bolt, é claro.

Ainda que se desconte a qualidade dos equipamentos, os números são incontestáveis.

Michael Jordan foi melhor do que Wilt Chamberlain no basquete da NBA. Sua força física torna impossível discutir.

O futebol é diferente.

No dia seguinte à morte do Rei, a situação, em números absolutos, era esta: contando partidas oficiais e não oficiais, Pelé tinha 1.283 gols, sendo 516 em jogos amistosos, excursões ou partidas da seleção brasileira, que não contam para a estatística da Fifa.

Messi tinha 793 gols oficiais mais 17 não oficiais, enquanto Cristiano Ronaldo, maior artilheiro da história do futebol em jogos oficiais, possuía 819, mais 20 não oficiais.

Nessa análise simplista, Pelé seria o terceiro.

E, mesmo assim, o único jogador a contabilizar, com lista detalhada e confirmada, mais de mil gols a partir do momento em que se tornou profissional.

Parece um equívoco desconsiderar que, nos tempos de Pelé, não havia patrocínios de camisetas pagos com milhões de euros, nem direitos de televisão por jogos de campeonatos nacionais. O que pagava a conta eram as excursões do Santos, ano após anos.

Pelé chegou a jogar 127 partidas e marcar 103 vezes em 1959, ano em que mais pisou em gramados. Se não pisasse, o Santos não ganhava dinheiro. Se afirmasse que faria excursões sem o Rei, ninguém pagaria a cota para a viagem.

Por isso, é justo comparar os 1.283 gols de Pelé, oficiais ou não, com os marcados em partidas de campeonatos de Cristiano Ronaldo e Messi.

Meses depois da morte do Rei, e impulsionado pela conquista da Copa do Mundo do Catar pela Argentina, o técnico espanhol Vicente Del Bosque afirmou ter visto Pelé, Maradona e Messi e considerava Messi o melhor.

Pergunta: quantas vezes Del Bosque viu Pelé?

Ele se sentou na Vila Belmiro quarta-feira e domingo, semana após semana?

Não!

A chance de ver era diferente, a qualidade do gramado, do uniforme, da chuteira, tudo era diferente.

E, mesmo assim, Pelé ganhou três Copas do Mundo, dois Mundiais de Clubes, marcou 1.283 vezes, foi embaixador do futebol em todo o planeta.

"A vida de Pelé é mais do que futebol. Mudou as percepções para melhor no Brasil, na América e no mundo. Seu legado é impossível de resumir em palavras." A frase é do presidente da Fifa, Gianni Infantino.

O dirigente também disse que se não existisse Pelé, o interesse pelo futebol teria sido diferente em todo o mundo. Quem sabe se Cristiano Ronaldo e Messi não começaram a jogar porque seus pais e avós gostavam do jogo para ver Pelé?

Sabe o que é ser Rei do futebol?

Ser Rei é estrear aos 16 anos, passar dezoito anos jogando e vencendo mais do que os maiores craques do planeta, aposentar-se e seguir ouvindo comparações sobre os jovens craques.

Quem pode melhorar o desempenho de Pelé?

Só Pelé.

Ser Rei é viver 82 anos e passar 66 deles ouvindo que Di Stéfano pode ter sido melhor; que Puskas pode ter feito mil gols, mas não tem lista; que Eusébio pode ter sido mais rápido; Cruyff, mais cerebral; Maradona, mais carismático; Messi e Cristiano Ronaldo terem mais gols em partidas oficiais, com súmula.

E, durante estes 66 anos, o ponto de comparação é sempre o mesmo: Pelé.

Isso é ser Rei.

Isso é ser Pelé.

AGRADECIMENTOS

A Adriana, minha eterna companheira, e aos meus filhos João Pedro e Bruna, que têm sempre paciência com o pai que se dedica ao trabalho.

A Celso Unzelte, amigo e irmão.

A Edson Cholbi do Nascimento, o Edinho.

Ao meu pai, Luiz, santista e quem me ensinou a admirar Pelé.

À minha mãe, Irene, que me disse para seguir o que meu coração mandasse.

NOTAS DE FIM

1 Trecho de NASCIMENTO, Edson Arantes do. *Pelé*: Minha vida em imagens. São Paulo: Cosac Naify, 2010. *apud* LIVRARIA da Folha. Pelé explica o discurso sobre as crianças no milésimo gol; leia trecho de autobiografia. *Folha de S.Paulo*, 2 jun. 2010. Disponível em: https://www1.folha.uol.com.br/folha/livrariadafolha/743409-pele-explica-o-discurso-sobre-as-criancas-no-milesimo-gol-leia-trecho-de-autobiografia.shtml. Acesso em: 13 out. 2025.

2 SACONI, Rose. Fotos históricas: o casamento de Pelé. *O Estado de S. Paulo*, 6 ago. 2015. Disponível em: https://www.estadao.com.br/acervo/fotos-historicas-o-casamento-de-pele/?srsltid=AfmBOo09XmQUSZFomzs3zpf9pnC1t7YFaAR-js-m4XdtAAy79M1Wx9h_h. Acesso em: 13 out. 2025.

3 XUXA MENEGHEL. Entrevistada: Xuxa Meneghel. Entrevistadores: Sérgio Mallandro e Renato Rabello. Podcast Papagaio Falante, 7 abr. 2022. Podcast. Disponível em: https://www.youtube.com/watch?v=curzpCATAuw. Acesso em: 13 out. 2025.

4 Ibidem.

5 Ibidem.

6 Ibidem.

7 Ibidem.

8 Ibidem.

9 JUSTIÇA reconhece paternidade de Pelé. *Folha de S.Paulo*, 15 ago. 1996. Disponível em: https://www1.folha.uol.com.br/fsp/1996/8/15/esporte/13.html. Acesso em: 13 out. 2025.

10 FILHOS de Sandra falaram com Pelé no hospital: "a gente conseguiu finalizar perdoando". *Folha de S.Paulo*, 2 jan. 2023. Disponível em: https://www1.folha.uol.com.br/esporte/2023/01/filhos-de-sandra-falaram-com-pele-no-hospital-a-gente-conseguiu-finalizar-perdoando.shtml. Acesso em: 13 out. 2025.

11 Ibidem.

12 Da página 217 à página 228, as aspas indicam respostas de Edinho ao autor, na referida entrevista para este livro, realizada em outubro de 2022, em Santos. (N.E.)

13 O episódio dos bastidores foi descrito em reportagens da época, como em: ANTENORE, Armando. Pelé irrita Galvão Bueno em transmissão. *Folha de S.Paulo*, 1º jul. 1994. Disponível em: https://www1.folha.uol.com.br/fsp/1994/7/01/esporte/31.html. Acesso em: 13 out. 2025.

BIBLIOGRAFIA

ACERVOS

FOLHA de S.Paulo (1956-2023).
O ESTADO DE S. PAULO (1956-2023).
REVISTA Placar (coleção própria).

LIVROS

CORDEIRO, Luiz Carlos. *De Edson a Pelé*: A infância do rei em Bauru. São Paulo: DBA, 1997.

FILHO, Mario. *O Sapo de Arubinha*: Os anos de sonho do futebol brasileiro. São Paulo: Companhia das Letras, 2015.

L'ÉQUIPE. *La Coupe du Monde* (1930-1998). Dois tomos. Paris: L'Équipe, 1998.

MUYLAERT, Roberto et al. *Pelé 70*. Santos: Realejo, 2010.

NASCIMENTO, Edson Arantes do. *Pelé*: Minha vida em imagens. São Paulo: Cosac Naify, 2010.

RODRIGUES, Nelson. *A pátria em chuteiras*: Novas crônicas de futebol. São Paulo: Companhia das Letras, 1994.

RODRIGUES, Nelson. *À sombra das chuteiras imortais*: Crônicas de futebol. Seleção e notas de Ruy Castro. São Paulo: Companhia das Letras, 1993.

SIQUEIRA, André Iki. *João Saldanha*: Uma vida em jogo. São Paulo: Companhia Editora Nacional, 2007, p. 338, 346, 348.

SOTER, Ivan; FONTENELLE, André; SCHWARTZ, Mario Levi; WOODS, Dennis; e STORTI, Valmir. *Todos os jogos do Brasil*. São Paulo: Editora Abril/Placar: 2006.

Acreditamos
nos livros

Este livro foi composto em Arno Pro e
impresso pela Lis Gráfica para a Editora
Planeta do Brasil em outubro de 2025.